二十世纪七十年代末在位于四川的核工业部第一研究设计院工作时留影

人生历程

——丛书主编李建中和夫人

二十世纪八十年代在中共漯河市委工作时留影

二十世纪九十年代在中共三门峡市委工作时留影

二〇〇六年五月重返核工业部第一研究设计院时留影

在河南省科协工作时留影

二〇一一年开始连续三年开花
亲手养育的巴西木从

22 信息革命

科普通鉴

丛书主编 李建中
丛书副主编 谈朗玉 李大东 张令朝
本卷主编 李大东

KEPU TONGJIAN
XINXI GEMING

中国科学技术出版社
河南科学技术出版社

图书在版编目（CIP）数据

信息革命/李大东主编.—郑州：河南科学技术出版社，2013.10
（科普通鉴/李建中主编）
ISBN 978-7-5349-6593-7

Ⅰ.①信…　Ⅱ.①李…　Ⅲ.①信息革命-普及读物　Ⅳ.①G202

中国版本图书馆 CIP 数据核字（2013）第 227482 号

出版发行：中国科学技术出版社
地址：北京市海淀区中关村南大街 16 号　邮编：100081
电话：（010）62106522
网址：www.cspbooks.com.cn
河南科学技术出版社
地址：郑州市经五路 66 号　邮编：450002
电话：（0371）65737028
网址：www.hnstp.cn
策划编辑：李喜婷　冯　英
统筹编辑：尚伟民　蒋云鹏　徐　涛
责任编辑：陈花庆
责任校对：周青珠　刘洪昌
封面设计：赵　钧
版式设计：赵玉霞
责任印制：朱　飞
印　　刷：郑州金秋彩色印务有限公司
经　　销：全国新华书店
幅面尺寸：185 mm×260 mm　印张：13.5　字数：219 千字
版　　次：2013 年 10 月第 1 版　2013 年 10 月第 1 次印刷
定　　价：32.00 元

《科普通鉴》丛书

主　编　李建中

副主编　谈朗玉　李大东　张令朝

《科普通鉴·信息革命》编委会

序

科技是人类智慧的伟大结晶，创新是文明进步的不竭动力。

回望文明历程，科技之光涤荡了人类旅途之蒙昧阴霾，科技之火点燃了人类心灵之求知火焰，科技之灯照亮了人类发展之光辉前程。科学技术的每一次重大突破，每一项发明创造的诞生，不仅推动人类对客观世界之认知发生质的飞跃，而且促使人类改造世界之能力得到提升。18世纪中期以来的200多年，是科学技术突飞猛进的历史时期。数学、物理、化学、天文学、地学和生物学等各个领域的研究均取得了空前成就，并引发了一次又一次重大科技理论革命，特别是牛顿力学、爱因斯坦相对论和量子力学的创立，深刻改变了人类生存状态和生产、生活方式。在不计其数的科技发明、发现、创造中，蒸汽机、电话、火车、汽车、医用X光片、青霉素、DNA双螺旋结构、火箭、阿波罗10号太空舱、计算机等无疑是改变世界的重大发明、发现及创造。

放眼现代社会，科技已经成为推动经济快速发展的主导力量和创造社会财富的主要源泉，成为国家间、区域间竞争的核心和壮大综合国力的决定性力量。为了在竞争中取得优势地位，各国、各地区，特别是发达国家及地区都高度重视科技创新和发展。进入21世纪的短短十余年间，全球科技创新浪潮此起彼伏，科技发展日新月异，创新成果大量涌现。人类基因组序列图完成，细胞重新编程技术，人类最早祖先确定，宇宙存在暗物质猜想，干细胞研究的新进展，纳米技术研究的新突破，欧洲强子对撞机启动，人类探测器创最远纪录，七大数学难题之一——庞加莱猜想被证明，则可能是最具科学价值的重大科技成就。

展望未来，人类前进的道路上依然存在无数难题等待破解，依然存在众多未知世界等待认识。尤其是随着人口数量急剧增加、自然资源逐渐枯竭和生态环境的日益恶化，人类正遭遇着前所未有的生存挑战和危机。毫无疑问，应对挑战、解决危机，只有依靠科技的不断创新与发展。在可以预见的未来，为了拓展生存空间，提高生存质量，必将掀起一场以信息科技革命为先导、新材料科技为基础、生命科技为核心、新能源科技为动力、海洋科技和航天科技为内拓和外延的新的科技创新浪潮。

伴随知识经济向创意经济的转变，科学技术进入了多学科交叉、互为渗透、综合发展的历史时期，形成了学科林立、知识纷繁的新格局。面对浩如烟海的科技世界，经与有关专家学者反复研究论证，从理、工、农、医和高新科技五大领域中确定了26个社会公众关注度较高的选题编著成书。

弘扬科学精神，传播科学思想，倡导科学方法，普及科学知识，促进创新创造，是编著本书的基本思想。考虑到读者对象年龄、职业、身份的多样性和对知识需求的差异性，力求做到重点突出，脉络清晰，融入人文精神，体现人文情怀，以达引人入胜的效果。

此套大型科普丛书，涉及领域广，学科多，在内容和表述上尽可能避免交叉重复或冗长繁杂，在体例和风格上尽可能保持相对统一。但是，由于我们学识水平有限，编著时间仓促，缺乏相应经验，个别章节仍然存在这样那样的问题。这些缺憾，我们将在再版重印时加以修订改进。诚恳希望广大读者对本书的修订改进提出宝贵意见和建议，使本书的质量再版时有一个较大提高。

通览科技文明，鉴取创新精粹。期待有缘阅读本书的各界人士，汲取科技精髓，激发创新思维，为中华民族的伟大复兴贡献聪明才智。

即将退休前夕，主持编著了这套大型科普丛书，期望能对后人创新思维、报效祖国产生一些积极的影响。借此机会，感谢我的妻子曹四梅对编著本书所给予的宝贵意见，特别要感谢她三十多年来对我工作的支持和无私的奉献！我的妻子曹四梅，原籍安徽宿州，1957 年出生于河南项城，婚后三十五年，对我生活上的照顾无微不至，才使我有足够的时间和精力投身于国家的事业。回首往昔，岁月峥嵘；弹指一挥间，履职三十六个春秋。极目长天，光阴荏苒；伴随万物生，年轮滚动催生霜鬓。谨用一首《复兴华夏》的藏头诗作为对伟大祖国的美好祝愿。

复礼克己演春秋，

兴业建邦造英雄。

华族鼎立环球日，

夏禹仙界贺奇功。

祖国广袤无垠的辽阔疆域，哺育着伟大的华夏民族繁衍生息。白发的烙印，既留下了少年时代的天真烂漫，又刻画了中青年时代的历史轨迹。我热爱我的祖国，更加由衷真诚地祝愿国家富强昌盛、人民安康幸福！

河南省科学技术协会主席、党组书记　李建中

2013 年 6 月

目　录

引　言

信息时代，我们生活在信息的海洋里，每时每刻都享受着信息化带来的方便与快捷，信息技术已经渗透和占据了我们工作以及生活的每个环节，信息化已成为人们工作、生活不可或缺的重要组成部分。

从信息技术的诞生到当今的信息化时代，信息获取与传递已从原始方式到普适计算，历经了电气时代、计算机网络时代以及当今的信息化时代；电子产品从电子管、晶体管到超大规模集成电路；信息技术从电报、有线电话、无线电广播、互联网、物联网、云计算到多网融合；沟通交流形式也从有线、无线、传感技术到人工智能；社会形态也从有形世界发展到虚拟社会。

信息技术几经变革，每一次变革都对人们的思想、工作、生活产生了巨大的冲击和深远的影响，革命性地改变了人们的传统观念。人们相互交流沟通、工作和生活的方式也发生了革命性的变化，打破了空间、距离、国界、民族、语言、年龄等诸多限制，将我们赖以生存的地球变成了一个村落，人们可以方便、快捷、自由、平等地进行沟通和交流，充分享受信息化带来的前所未有的智能化与现代化生活。

但是，利剑双刃，在信息化给我们带来莫大好处的同时，也产生了诸多矛盾与问题，如不加强治理和防护，也将带来灾难性的后果。美国权威智囊团兰德公司曾做过这样的一段假想："21 世纪的某一天，因遭到信息攻击，美国部分军用和部分民用电话系统中断；因为信息误导，马里兰州一列时速 320 km 的客车与一辆载货列车相撞；一家原油提炼厂的计算机遭到破坏，继而引起爆炸和大火；

由于病毒感染，美国五角大楼与其大部分军事基地失去联系，作战命令无法下达，部队调遣和装备、食品与油料的配给计划表数据出现错误，无法正常执行，战场预警机的屏幕上出现无名斑点，无法实施指挥；银行计算机出现混乱，账目被任意修改，人们纷纷从银行提出全部存款，金融业务被迫停止；纽约和伦敦的股票市场指数狂跌；政府电视台播音员的面孔突然被换成了敌方领导人的面孔，他号召军队发动推翻现政府的政变；美国有线电视网的电视信号中断；美国出现全国性的大恐慌”。这虽只是一段假想，但从中可见信息危害之一斑，区区几条计算机程序，就可以造成整个国家的混乱和恐慌，信息攻击已成为信息时代人类社会所面临的巨大威胁。

信息时代，如何安全、高效地利用信息，使其更好地服务于我们的工作和生活，也是全人类必须应对的一场新的挑战。

1　信息起源

通信是信息交换与传递的手段。自从地球上有了人类以来，人与人之间便有了信息的交流，但落后的通信手段严重阻碍了人类文明的发展，犹如漫长的黑夜笼罩着人们的生活。千百年来，打破信息传递的空间和时间障碍，快速而准确地传递信息，一直是人们梦寐以求的事情。通信技术的发展终于使得人类这一梦想变成了现实。随着人们对电磁技术认识的不断加深，新的通信技术和通信手段逐渐产生，19 世纪末 20 世纪初，电报机、电话机、无线电广播、电视机、电子计算机，一个个神奇的发明诞生并改变了人们的生活，最终形成了一种新的通信技术——电子信息技术，犹如黎明驱散黑暗，破晓的光明璀璨四射，引发了一次又一次波澜壮阔的社会变革。

1.1　信息与人类

1.1.1　认识信息

说起信息技术，我们首先要明白信息是怎么回事。那么什么是信息呢？对“信息”一词，人们有许多种从不同角度给出的解释，一般说来，信息是人类社会和大自然一切事物运动变化的表征。由于人类社会和大自然是不断运动变化的，它们就会不断产生和传递信息，而一旦事物消亡，或者说运动终止，那么也就不再产生新的信息。因此，一个静止的世界是不产生信息的，运动、变化的世界才是充满信息的世界。

人类正是通过不断获取自然界的信息来了解自然、认识自然，通过不断获取人类社会各方面的信息来了解社会、认识社会，并通过交换和使用彼此获得的信息来促进人类科学技术的不断发展和社会的不断进步。

随着科学技术的发展，人类对信息的认知也在不断加深，“信息”所包含的内容也在不断丰富。对人们来说，不论何种信息，都需通过语言、文字或图像的方式来描述并反映出来，因而信息与语言、文字和图像密不可分，在一定程度上可以说：信息技术是关于语言、文字和图像的技术。但语言、文字和图像又不能与信息等同，例如用同一种语言描述同一事物，有人文字简洁，却描述得十分清楚；而另一个人虽然文字冗长，却词不达意，不能使听者明白其要表达的意思。因此，人们又逐渐将语言、文字和图像看成是消息，而将信息看成是消息所表征的自然界事物运动变化的内在规律和本质。可在不少情况下，人们又并未将二者严格区分开来，往往“信息”一词指的就是消息，“消息”一词指的就是信息。

1.1.2 信息造就的人类社会

人类不断地从自然界获得信息，逐渐提高了对自然界的认识，丰富了科学知识，并进一步发明出更加先进的信息技术，使信息交流更加畅通、便捷，最终将信息转化为人类的共同资源和财富。纵观人类的发展历史，可以说正是人类信息技术的进步才促进了人类社会的进步。

人类的祖先之所以能够由动物进化为人，首先是因为产生了语言，有了语言才可以彼此交流、沟通，交换各自得到的信息，因此，语言的产生拉开了人类文明的序幕，促进原始人类社会的诞生。随后，文字又被人类创造出来，弥补了语言在信息传播距离和时效上的不足。通过文字，人类可以记录语言和其他更多的信息内容，使得人类的知识可以长期保存并传承下去。而印刷术的发明和广泛应用，大大加强了文字在信息记录和传播上的能力，人类社会文化逐渐繁荣兴盛，生产技术日益积累，生产力不断提高，有力地促进了人类生产技术的革命和社会文明的进步。

迄今为止，人类社会共经历了三次重大的技术革命。第一次是农业革命，发生在大约一万年前，它使人类从食物采集者变成食物生产者，使人类社会从原始社会过渡到农业社会。第二次是工业革命，发生在二百多年前，它使人类的生产方式从手工生产变成机器生产，使人类社会从农业社会过渡到工业社会。第三次是现在正在进行的信息革命，发生在六十多年前，它使人类的消费模式从物质消费型转向信息和知识消费型，使人类社会进入了信息化发展阶段。

从时间上可以看出，人类社会文明的发展呈现明显的加速性，这正是信息技术不断进步的结果。在人类社会的任何发展阶段，都存在着大量的信息，人们需要不断地对信息进行收集、处理和传递，随着信息技术的进步，这种收集、处理和传递的方式不断地进行着改进，逐渐积累，引发了一次次的信息革命。原始社会先后出现了语言和文字，分别可以算是第一次和第二次信息革命；农业社会发明了纸张和印刷术，可以算是第三次信息革命；工业社会建立了交通网和通信联络系统，可以算是第四次信息革命。而在当今第五次信息革命所形成的信息社会里，信息生产已成为系统的和大规模的生产活动。千百万人从事着信息生产或与信息技术相关的生产活动，信息产业也即将超过传统的工业而成为社会的首要产业，物质生产更加依赖于知识和信息的生产，物质产品的价值也更多地取决于它们所包含的知识量和信息量的多少。信息和知识本身已经成为一种无形的财富，一种重要的资源。

在信息社会和知识经济时代，信息和知识资本将决定一个人的财富。谁拥有更多的信息和知识，谁将能够为社会创造出更多的价值并获得更高的报酬。在几十年前世界富豪排行榜上，前十名几乎全是石油大王，而今天，排名前十位的世界富豪所从事的行业有一半以上与信息技术等高科技产业有关。世界首富比尔·盖茨的财富则来源于计算机软件包含的知识中，几十年的时间内，他的个人财富由几乎为零发展到五百多亿美元，这不能不说是信息技术创造的一个奇迹。

如今正在进行的第五次信息革命，是人类社会有史以来最伟大的一次技术革命。信息革命最显著的成果是信息技术的开发和广泛应用，使得以信息技术为核心的高新技术产业迅猛发展起来。信息技术以微电子技术为基础，以计算机和通信技术为标志，渗透于各种传统技术中，成为一门综合性很强的技术。信息技术也是当今高新技术领域中发展最快、竞争最激烈、影响最深远的先导性技术。世界各国都围绕信息技术及产业化应用，投入了大量的人力、物力、财力，展开了激烈的竞争，争取信息技术上的领先地位，争夺信息社会中的主导权。

目前，发展迅速的信息技术主要包括微电子技术、现代通信技术、计算机技术、网络技术、软件技术。微电子技术是计算机技术的基础，软件技术是计算机技术的核心，而计算机技术又是现代电子信息技术的核心，网络技术的成熟标志着现代社会已进入网络时代。随着全球“信息高速公路”的建成，计算机网络已经覆盖到各个方面——政府、军队、学校、商店、医院、银行、公共交通、家庭，等等，逐渐形成了一个遍及整个世界的巨大信息网络，使得事务处理、贸易和金融往来、购物、医疗、教学、信息交流、科学研究、学术会议、旅游、文化娱乐、休闲等都可在网络上进行，人们的工作、生活方式产生了重大变化，给信息产业乃至整个社会带来了革命性的影响。

信息技术不仅改变了我们的生活方式，更丰富了我们的文化娱乐方式。如今从网上下载的数码音乐，其保真程度已超过传统的传播媒介；通过网络下载电影，或者通过宽带视频在线点播，令人目不暇接；网络游戏不单对儿童有吸引力，也给无数成年人带来巨大的乐趣；网络艺术馆、博物馆精彩纷呈；体育网站随时播报各项火爆赛事；网络文学百花齐放，各种微博、个人主页成为网络达人的新宠；远程医疗保健、网络诊断治疗已不再是梦想；即时视频聊天、网络可视电话也将大规模应用；旅游网站时刻向你介绍着全世界的风景名胜，你可以通过网络安排旅游路线，预订机票、酒店，更能预先知道途经地的未来天气情况，甚至可以进行一场网上虚拟旅行；国际会议、商务谈判和签约也可以通过网络进行；许多公司职员和政府工作人员甚至可以在家里网络办公。现代信息技术的不断提高和应用，极大地提高了人们的工作效率，使大部分人免除了旅途劳顿，降低了交通压力，同时也减少了环境污染。

随着科学技术的不断发展，信息技术由低级到高级，由简单到复杂，而各种各样性能不断改善的通信系统的应用，又促进了人类社会进步和文明发展。信息革命与其成果广泛的、实际的应用，不断给人类带来福音，对世界经济、政治和其他领域产生着极为深刻的影响，全世界各个国家之间经济、科技、文化等方面的相互交融日益加深，世界格局也因科技的发展不断改变，人类的生活、工作方式也正在发生着根本性的变化。信息技术展示的美妙的图画，无疑将把人类带进一个崭新的世界。

1.1.3 古代的通信手段

早在远古时代，人类远距离通信的历史就已经开始，那时候人们还不知电和磁为何物，要传递消息几乎只能依靠两条腿或者骑马。目前国际上非常普及的马拉松长跑比赛项目，就是为了纪念一位两千多年前为传送捷报而牺牲的英雄而设立的。

那是公元前490年，希腊军队在马拉松平原击退波斯军队的入侵。传令兵菲迪皮茨不停顿地从马拉松跑到首都雅典报告喜讯，当他跑完40 km的路程，赶到雅典广场说完“我们胜利了”的消息之后，就精疲力竭，倒地而死。为了纪念这位战士的英雄事迹，1896年，在世界第一届奥运会上，人们举行了从马拉松到雅典的赛跑，定名为“马拉松赛跑”。

千百年来，人们远距离通信的重任主要由马匹和驿使在担当着。据历史记载，我国远在周朝时就建立了专门传递官府文书的驿站，通过骑马将文书一个驿站接一个驿站地传递下去，同时也建立了一套较为完整的邮驿制度，以实现快速、准确的通信。后来邮驿制度在使用中不断完善，形成了连接东西方的驿站传递制度，直到清朝中叶以后，随着近代邮政的建立，古老的邮驿制度才逐渐被淘汰了。

自古以来，人们想尽了各种办法来加快消息传递的速度，曾经采用了许多不同的通信方式。一些十分实用的通信方式甚至今天还在沿用，如击鼓传信、烽火告警、信鸽、旗语、灯塔等。根据出土的甲骨文记载，我国早在距今3 400年前的殷商时代，就有了有组织的击鼓传声的通信活动。当时国土边境防守的军队将士们，在边境站设置了大鼓，一旦出现敌情，守将就命令守兵击鼓传信，鼓声频传，一站接一站，把敌人入侵的紧急军情向天子报告。在东周时期，我国就有了烽火告警：在边境和要塞，用砖砌成一座座高出地面约七米的方形烽火台。平时，烽火台中堆满了柴草。一旦有紧急军情，就点燃起来，火光冲天，黑烟滚滚，目标十分明显，远远就可以看到。邻近的烽火台看到以后，相继点燃烽火，军队看到烽火信息后，就立即出兵迎敌。这虽然只是一种简单的视觉通信方法，但效率比派人送信还是要高得多，而烽火台亦堪称人类最早的大型远距离通信装置。

随着海上航行成为世界潮流，为了便于海上远距离交流，人们逐渐发明了许多舰船之间使用的信息传递方法。据说世界上最早的航海灯塔建于公元前7世纪，位于达尼尔海峡的巴巴角上，像一座巨大的钟楼矗立着。那时的人们在灯塔里燃烧木柴，利用它的火光指引航向。在18世纪以前，人们基本上是依靠发炮或者扬帆作为指令，命令不同船只的航行。1777年，英国的美洲舰队司令豪上将印了一本信号手册，成为第一个编写信号书的人。后来海军上将波帕姆爵士用一些旗子做“速记”字母，从而创立了第一套完整的旗语字母。1817年，英国海军马利埃特上校编出第一本国际承认的旗语信号码，从此旗语才在世界上通行起来。航海信号旗共有40面，包括26面字母旗、10面数字旗、3面代用旗和1面问答旗。旗的形状各异：有燕尾形、长方形、梯形、三角形等。旗的颜色和图案也各不相同。

我国明朝时期，边防军还发明了一套悬灯、举旗与放炮相结合的特殊报警方法，也十分先进，其通信口诀为：“一灯一炮贼从东，双灯双炮看南风，三灯三炮防西面，四灯四炮北方攻。”又有规定：“令边举放烽炮，若见敌一二至百余人，举放一烽一炮，五百人以上二烽二炮，千人以上三烽三炮，五千人以上四烽四炮，万人以上五烽五炮。”可是这么点灯放炮的折腾，最终也只能告诉军队敌人是从哪边来、大约有几百或几千人而已。

仔细思考古代的这些通信手段，我们就会发现它们都有着共同的缺点：使用方法复杂、滞后性严重、准确度低、可靠性差，等等。人们急需一种更快速、更准确、更可靠的信息传递方法，而电磁科学的发展满足了人们的这一需求。

1.2 现代通信技术

1.2.1 神奇的电与磁

实际上，人们对于电磁现象的了解由来已久——“电”这个词就是来自于希腊语 elektor。但那时人们唯一知道的电现象就是摩擦琥珀能使其具有吸引羽毛、线头等小东西的能力。由于琥珀表现出的这种能力与天然磁石吸引小铁片的现象类似，早期的人们有时会把磁性和我们今天所称的“静电”（摩擦某些物体所产生的电）混淆起来。

直到1600年，英国著名的医生、物理学家吉尔伯特发表了一部巨著《论磁》，他系统地总结和阐述了他对磁的研究成果，开创了电学和磁学的近代研究。《论磁》共有六卷，书中的所有结论都是建立在观察与实验基础上的。著作中记录了磁石的吸引与排斥，磁针指向南北，烧热的磁铁磁性消失，用铁片遮住磁石可使其磁性减弱等性质。他研究了磁针与球形磁体间的相互作用，发现磁针在球形磁体上的指向和磁针在地面上不同位置的指向相仿，还发现了球形磁体的极，并断定地球本身是一个大磁体，提出了“磁轴”“磁子午线”等概念。在这部著作中，也叙述了他对电现象的研究内容。他研究了十几种物质，发现它们中的大多数被摩擦后，同琥珀、玛瑙被摩擦后相似，可以吸引轻小的物体。他明确地指出，这是与磁现象有本质区别的另一类现象，并第一个称摩擦后的物质吸引轻小物体的原因为电力。他还制成了第一台验电器，并用它证明了离带电体越近，吸引力越大，以及带电体被加热或放在潮湿的空气中，其吸引能力就会消失等现象。对电的本质，吉尔伯特也试图加以解释，他认为物质内部存在一种“电液体”，带电体吸引其他物体时，“电液”就从带电体流向被吸引的物体。他还认为，带电体被加热时电性消失的原因是“电液”蒸发了。在吉尔伯特所处的时代，他提出的新概念，说明电是地地道道的物质，这具有特殊的意义。

自吉尔伯特研究电和磁以来的二百多年里，电与磁一直是毫无关系的两门学科。围绕电与磁，寻找自然现象之间的联系，逐渐成为西方科学研究的一种潮流。

到了18世纪20年代，人们对静电现象进行的研究才真正有所突破。1729年，英国发明家斯蒂芬·格雷受到盖里克等人的启发，利用静电仪进行了一系列电学实验。他发现了金属可导电，丝绸不导电，即导体和绝缘体的区别：用金属材料制成的线路能够把“电能”传输到很远的距离，但如果用丝绸等材料，则“电能”就不能传送。他还发现，带电物体靠近另一物体时，可以使另一物体带电，并且人体也可以带电，从而确定人体也是导体。

1733年，法国人查尔斯·佛朗克斯·迪费发现了可通过摩擦使绝缘起来的金属起电的现象，他进一步推论认为所有物体都可通过摩擦起电。通过实验，他最终把玻璃上产生的电叫作“玻璃电”，而琥珀上产生的电与树脂上产生的电相同，叫作“树脂电”。他还得到带相同电的物体相互排斥，带不同电的物体彼此吸引的研究结论。于是，他把电想象为“二元流体”的物质，当两种流体相遇就会结合在一起彼此中和。

1745 年，荷兰莱顿大学物理学家彼得·范·米欣布鲁克设计出了一种内外表面都由金属覆盖的玻璃容器，可以用来储存大量的电荷，由于这是在莱顿大学流传出来的，后来人们就把这种储电瓶习惯上称为莱顿瓶。莱顿瓶是世界上第一种电容器。米欣布鲁克的进一步研究表明，在金属间所夹的玻璃层越薄，产生的电火花就越大。但这一实验现象完全无法以两种电流体的理论来解释，人们对电的认识急需要更进一步。

1746 年，美国科学家本杰明·富兰克林得到了伦敦友人赠送的一只莱顿瓶，随即着手进行对放电现象的研究。在实验的过程中，富兰克林观察到电火花的闪光和发出的噼啪声与天空的闪电非常相似，于是便猜测莱顿瓶的电火花可能就是一种小型的闪电。1750 年，富兰克林进行了著名的风筝实验，利用飞上天空的风筝在暴风雨中接收天空的闪电给莱顿瓶充电，结果表明闪电其实就是静电。风筝实验成功后，引起了许多科学家的兴趣，有些人也跟着这样做，但这是一个非常危险的实验，1753 年 7 月，俄国科学家利赫曼在进行风筝实验中不幸遭到闪电电击身亡。

富兰克林发现闪电和莱顿瓶储存的电是一样的电现象后，就想到利用尖端放电的原理将天空中威力巨大的闪电引入地下，以避免建筑物或人遭雷击，于是发明了避雷针。1760 年，富兰克林在费城的一座大楼上竖起了一根避雷针，效果十分显著。

通过一系列的实验，富兰克林更创造性地提出了正电与负电的概念。他认为，电的本性是某种“电液体”，一切物体均包含有它。当某物体内的“电液体”与外界的“电液体”处于平衡时，该物体便呈电中性，当内部的“电液体”多于外界时，呈正电性，相反则呈负电性，并且正电和负电可以抵消。由于“电液体”总量不变，因此电能的总量不变。在摩擦起电的过程中，电并不是被创生而是被转移了。迪费所谓的“玻璃电”和“树脂电”实际上分别是正电和负电。

18 世纪中叶以后，很多人进行了电荷力的定量研究，其中有非常著名的科学家卡文迪许和库仑。在 18 世纪 60 年代和 70 年代，经由富兰克林、化学家和物理学家约瑟夫·普里斯特利以及性情孤僻但富有的实验科学家亨利·卡文迪许的实验研究，逐步明确了电荷之间的吸引力或排斥力的大小与两者之间的距离平方呈反比关系，这个结论与引力关系比较相似。1777 年，卡文迪许发表的论文里提出了电荷作用的平方反比律：电的吸引力和磁排斥力反比于电荷间距离的平方。

1777 年，法国工程师、物理学家夏尔·奥古斯坦·库仑开始研究静电和磁力问题。当时法国科学院悬赏征求改良航海指南针中的磁针问题。库仑认为磁针支架在轴上，必然会带来摩擦，提出用细头发丝或丝线悬挂磁针。研究中他发现线扭转时的扭力和磁针转过的角度成比例，从而可利用这种装置测出静电力和磁力的大小，据此他发明了扭秤。1785 ~ 1789 年，他用扭秤测量静电力和磁力，提出著名的库仑定律，即两静止点电荷间的作用力与它们所带电量之积成正比，与它们的距离的平方成反比。库仑定律与牛顿的万有引力定律十分相似，它的发现，使人们对物理世界的普遍规律有了进一步的认识，使电磁学的研究从定性进入定量阶段，是电磁学史上一块重要的里程碑。

1799 年，通过用各种金属进行实验，意大利帕维亚大学教授伏打证明了锌 - 铅 - 锡 - 铁 - 铜 - 银 - 金是个金属电压系列，当这个系列中的两种金属相互接触时，系列中排在前面的金属带正电，排在后面的金属带负电。他把铜和锌作为两个电极置于稀硫酸中，从而发明了伏打电池。电压的单位“伏特”就是以他的名字命名的。此后，人们把用不同的金属片插入电解质水溶液形成的电池，通称为伏打电池。伏打电池不仅是最早出现的电池，还是最早的能连续提供电流的电源。它的出现，使人们第一次有可能获得稳定而持续的电流，这为研究电流现象打下了基础，从而大力促进了理论探索，推动了电化学的发展。电流概念的出现标志着电气时代的来临，因此伏打电池在科学史上具有十分重要的地位。

在伏打电池发明之后，世界各国都利用这种电池进行了各种各样的实验和研究。其中德国进行了电解水的研究，英国化学家戴维把 2 000 个伏打电池连在一起，进行了电弧放电实验。戴维的实验是在正负电极上安装木炭，通过调整电极间距离使之产生放电而发出强光，这就是电用于照明的开始。

但是直到18世纪行将结束之际，电与磁的联系依然未被正确认识，库仑也探讨过电与磁的相关性，但在实验上一无所获，结果他相信电与磁没有什么关系。到了19世纪人们才终于认识到电与磁的内在统一性，促进了电磁学的大发展。

1820年，丹麦物理学家、化学家汉斯·奥斯特第一个发现了电流的磁效应。奥斯特早在读大学时就深受康德哲学思想的影响，认为各种自然力都来自同一根源，可以相互转化。他一直坚信电和磁之间一定有某种关系，电一定可以转化为磁，当务之急是怎样找到实现这种转化的条件。奥斯特曾经仔细地审查了库仑的论断，发现库仑研究的对象全是静电和静磁，确实不可能相互转化。他猜测，非静电、非静磁可能是转化的条件，应该把注意力集中到电流和磁体有没有相互作用来进行探索。

1819年冬至1820年4月间，在给学生讲“电学、伽伐尼电流和磁学”的一次讲课中，奥斯特尝试将磁针放在导线的侧面。当他接通电源时，发现磁针轻微地晃动了一下，正是这一轻微的晃动，使奥斯特马上意识到他多年孜孜以求的东西就要实现了。奥斯特紧抓不放，经过反复实验，证明了电流具有磁效应。

1820年7月21日，奥斯特发表了《电流对磁针的作用的实验》，引起了当时学术界的巨大轰动。电流磁效应的发现立刻引起了法国物理学家安德烈·马利·安培的关注。安培曾经长期认为库仑关于“电、磁没有关系”的理论是正确的，但奥斯特的实验结果震醒了他，安培第二天就对奥斯特的实验进行了重复，仅一周后他便向科学院提交了第一篇论文，提出了磁针转动方向与电流方向相关判定的右手定则；再一周后他向科学院提交了第二篇论文，论述了平行载流导线之间的相互作用问题。1820年底，安培便提出了著名的安培定律。奥斯特只是发现了电流对磁针有影响作用，安培却在极短的时间里将这一发现扩展到电流与电磁之间的相互作用，并接连发现了作用的大小和方向，给出了判定方向的方法及计算大小的公式。安培定律指出：两电流元之间的作用力与距离平方成反比。安培这一重要定律，构成了电动力学的基础。“电动力学”这一学科也是安培首先提出来的，主要研究运动电荷（电流）的科学。与之相对的是“电静力学”，库仑定律则是电静力学的基本定律。

在安培定律提出之前，“电流”尚未成为一个科学的概念，正是安培首先规定了电流的方向。然而他大概受了富兰克林的影响，认为电流是“电液体”由正极向负极流动所产生，因此，他把电流的方向规定为由正极流向负极。今天我们知道，电流的本质是电子由负极流向正极的运动，与安培规定的方向正好相反，但这并不影响安培在电学发展上做出的巨大贡献。1821 年初，安培进一步提出了分子电流假说，认为物体内部的每一个分子中都带有回旋电流。当时人们对这一假说不以为然，直到 70 多年后人们才真正发现了这种带电粒子。

既然电流能产生磁效应，科学家们自然就想到磁也会产生电流效应，于是许多人为此做了不少实验。但是磁的电流效应并未立刻被发现。直到奥斯特的发现十年以后，英国物理学家迈克尔·法拉第和美国物理学家约瑟夫·亨利才完成了这一众人期待的发现。

1831 年 8 月底，法拉第做了这样一个实验：在一个软铁环上绕上两段金属线圈，一段线圈与电池相连，另一段则与电流计相连。这时他发现，当电流接通的瞬间，电流计产生强烈的振荡，但马上又重新归零，当电流断开的瞬间，电流计又发生同样的现象。9 月下旬，他将与电流计相连的线圈绕在一个铁圆筒上，又发现每当磁铁接近或离开圆筒时，电流计都有短暂的反应。这表明，磁确实可以产生电，虽然只是短暂的。法拉第进一步发现，仅仅用一根永磁棒插入或抽出线圈时，与线圈相连的电流计的指针就会发生偏转。法拉第终于用实验证明了磁感应电流的存在。11 月 24 日，他向皇家学会提交了一篇论文，报告了他的重大发现。1834 年，法拉第进一步发现了自感现象，单独一个线圈在接通或断开电流的瞬间总会产生一个很强的“额外”电流。法拉第不仅独自发现了电磁感应现象，其研究的深度和广度无人能及，而且他还运用自己创造的“场”和“力线”概念，提出了电磁感应定律。

法拉第认为电磁作用均需要媒介传递，他设想带电体或磁体周围有一种电磁本身产生的连续的介质，来传递电磁相互作用。他把这种看不见、摸不着的介质叫作“场”。他又引入了“力线”的概念，从而直观地显示了“场”的存在概念。电力线或磁力线由带电体发出，散布于空间，作用于其中的每一个电磁物体。1851 年，法拉第发表的《论磁力线》一文中指出：只要导线垂直地切割磁力线，导线中就有电流产生，电流的大小与所切割的磁力线成正比。这就正式将电磁感应现象确立为一条定律。1845 年，法拉第发现了磁的旋光效应即著名的法拉第效应。次年，他又提出光的本性是电力线和磁力线的振动。这一理论后来被麦克斯韦发展成为光的电磁说。

1827 年 8 月，亨利就因为试制电磁铁而发现了自感现象，1830 年 8 月，他又初步发现了电流引起的磁场在通电或断电时能产生瞬间的电流。虽然亨利的实验时间均在法拉第之前，但他的实验结果一直没有公开发表，所以人们还是将电磁感应现象的发现归于法拉第。

法拉第的创造性工作成果支撑起了电磁学的理论基础，但是由于法拉第不精通数学，无法用精确的数学语言表述他的电磁学理论。1855 年，英国物理学家詹姆斯 · 克拉克 · 麦克斯韦写了《论法拉第力线》一文，第一次试图将法拉第的力线概念以数学形式进行表达，从而初步建立了电与磁之间的数学关系。麦克斯韦的理论表明，电与磁不能孤立地存在，总是不可分割地结合在一起。这使法拉第的力线概念由一种直观的想象上升为科学的理论，引起了物理学界的高度重视。1862 年，麦克斯韦发表了第二篇论文《论物理力线》，文中首次提出了“位移电流”和“电磁场”等概念，并在此基础上，给出了电磁场理论的更完整的数学表述。1864 年，麦克斯韦发表了另一篇著名的论文《电磁场的动力学理论》，文中不仅提出了今天被称为麦克斯韦方程组的电磁场方程，而且还提出了电磁波的概念。他认为，变化的电场必激发磁场，变化的磁场又激发电场，这种变化着的电场和磁场共同构成了统一的电磁场，电磁场以横波的形式在空间传播，形成所谓电磁波。麦克斯韦进一步推算出了电磁波的传播速度，与光速十分接近。他猜测光与电磁现象有着内在的联系，并明确地提出了光的电磁理论。1873 年，他出版了著名的《电磁通论》，这本书全面总结了一个世纪以来电磁学所取得的所有成果，是集电磁理论之大成的经典著作。

电磁技术是现代信息技术的先声，是终结人类信息技术漫长黑暗时代的第一束光，正是由于电磁技术的研究和积累，人们逐渐发明了电报、电话、无线电通信等近代通信技术，人类社会在信息技术的变革中逐渐走向信息时代。

1.2.2 上帝的奇迹

在电磁学研究开始不久，有人便提出了利用电力进行远距离信息传递的设想。那时，电池还没发明出来，对电的研究还停留在静电现象上。

1753 年 2 月 17 日，爱丁堡的《苏格兰人》杂志上发表了一封署名为 C. M. 的书信。在这封信中，作者提出了用电力进行通信的大胆设想，他建议：把 26 根金属线从一个地点延伸到另一个地点，使每根金属线与一个英文字母相对应。在一端发消息时，根据报文内容将一条条金属线与静电机相连接，使它们依次接通静电。这样，通过金属线使另一端的金属小球带电，将挂在它下面的写有不同字母的小纸片吸引起来，从而达到远距离传递信息的目的。这恐怕是最早的电报机的设想了。然而这种方法既原始又落后，需要的设备复杂，又容易出错，并且静电感应传递距离有限，导致这种电报机根本无法在实际中应用。虽然以后又有人在此基础上做了改进，如用单根导线代替 26 根导线，以木屑代替纸片等，但终究没能达到能够实用的效果。

1793 年，法国查佩兄弟俩在巴黎和里尔之间架设了一条 230 千米长的接力方式传送信息的托架式线路。这是一种由 16 个信号塔组成的通信系统。信号机由信号员在下边通过绳子和滑轮操纵，以支架的不同角度表示要传递的信息。当时，法国和奥地利正在作战，这个信号系统只用一个小时就把法军从奥军手中夺取埃斯河畔孔代县的胜利消息传到了巴黎。以后，比利时、荷兰、意大利、德国及俄国等也先后建立了这样的通信系统。据说查佩两兄弟是首次使用“电报”这个词的人，但这时候的“电报”，还和我们今天所说的电报相去甚远，只能传递一些极为简单的信号。

1832 年，俄国外交官巴伦·希林根据“通电导线附近的磁针会发生偏转”这一物理现象，设计出了磁针式的电报机，可以利用通电电流的强弱使磁针偏转不同的角度，再根据磁针的角度来表示不同的字母。在沙皇的授意下，俄国于 1837 年铺设了一条从冬宫到内阁之间的电报线路，以便沙皇在外出游玩时也能处理公务，这也是世界上第一条地下电报电缆线路。遗憾的是希林却在这条电报线路铺设前不久去世了，没有看到它的实现。

使希林电报机进一步投入使用的是英国人威廉·福瑟吉尔·库克和查尔斯·惠斯通。库克当时是英国派驻印度的殖民地官员，一次他偶然看到一款试验型的希林电报机在进行展示，立刻意识到这是个巨大的商机，于是当机立断，辞职回国。1836年3月，库克把一部希林电报机带回英国着手改进，凭借着自己的聪明和一些粗浅的电磁学知识，他独立发明出了一款三针式电报机，但苦于理论知识不足，不能以此为基础更进一步。万般无奈之下，他只得向科学界寻求合作者，先后拜访了法拉第和罗热，罗热知道惠斯通也在研究电报机，就把他引荐给了惠斯通。

库克与惠斯通两人一见如故，一拍即合，成为莫逆之交，在后来的几十年里一直并肩战斗。依靠着库克的活动能力和惠斯通的智慧，他们很快便制造出了一款五针电报机，并共同申请了电报机的发明专利。

五针电报机是历史上第一款具备一定实用价值的电报机，它的基本工作原理是通过闭合由电池与双向开关构成的电路回路，利用线圈的电磁效应来控制磁针的偏转方向指示出要显示的信息。五针电报机的意思就是有五根磁针的电报机，这五根磁针排列在一个菱形刻度盘的中心线上。刻度盘上画有字母。发报者可以控制其中任意两根磁针的偏转，通过排列组合来指向特定的字母。这是一个相当巧妙的设想，可惜的是由于几何学上的限制，这个机器只能传送二十个英文字母，J、C、Q、U、X、Z是没法表示的。

1839年1月1日，五针电报机首先在英国铁路公司的铁路线上投入使用，英国铁路公司从帕丁顿修了一条电报线路到西德雷顿，并于1941年又延伸到了斯劳站，全长大约25千米。1845年，靠着在哈丁凶杀案中起到的重要作用，五针电报机在伦敦轰动一时，引起了公众的极大关注。可是由于五针电报机天生就有字母缺失这么一个致命缺陷，人们并不容易使用和接受，所以无法真正广泛使用和推广起来。惠斯通曾试图花大力气进行改进，可是问题出在基础理论上，他的改进工作治标不治本，一直无法从根本上解决这个难题。历史到了这个关键的时候，仿佛停顿了下来，还得等待一个画家来解决最后的问题，那就是美国的塞缪尔·莫尔斯。

莫尔斯的发明经历颇具有传奇色彩，因为他根本不是理工科出身，而是一位地道的文科生，并且在艺术领域造诣非凡。在开始研制电报机之前，莫尔斯已是美国一位小有名气的画家，他甚至在 1826 年到 1842 年还担任过美国美术协会主席。为了谋生，也为了提高绘画水平，他于 1829 ~ 1832 年间携笔欧游，博得了旧大陆同行和收藏家的不少赞誉。正是在最后一次旅行的归国途中，他命运的指针被发明之神悄然拨动了。

那时飞机还没有发明，乘坐客轮横渡大西洋需要至少七八天的时间，船上的生活枯燥无味。在莫尔斯乘坐的“萨丽”号轮船上，有一位狂热的电学爱好者，即年轻的美国医生查尔斯·杰克逊，他用船上的餐厅里的餐桌当实验台，通过一系列小实验向其他乘客演示神奇的电现象，一下子惊呆了那些根本不知道“电”为何物的“土包子”们。莫尔斯就是这些“土包子”中的一个。感性的莫尔斯觉得自己一下子被“电”到了。杰克逊在讲解的时候说，电流不管通过多长的导线都只是一瞬间的事，如果能用电流来传递信息的话，那就能做到天涯若比邻，可以随时随地和亲人保持联系。虽然这个时候已经有不少发明者在发明电报机的道路上前赴后继，但莫尔斯还是被这个迷人设想深深打动了，在速写本上重重写下了“电报”这个词。当重新踏上阔别三年的美国土地时，莫尔斯已经下定决心要研制出电报机来。

试想，一个毫无电学基础的画家，却想去研制当时已经算是高精尖技术的电报机，其难度可想而知，更不要提莫尔斯那一年已经四十一岁了。但是事实证明莫尔斯却有足够的勇气和毅力把自己的梦想付诸实现。

为了制造电报机，莫尔斯拼命补习电学基础知识，在此过程中，他承受了妻子去世的巨大打击，承受着由于无暇作画导致的收入锐减。虽然贫病交加，生活极为困苦，但他依然节衣缩食以购置实验用具，有时还会挨饿。1836 年时，他甚至被迫重操为人绘画的旧业，以解决生计问题，但他始终没有中断研究工作。在坚持不懈的努力和友人的帮助下，莫尔斯终于获得成功。先后经过了八年的艰苦试验，莫尔斯终于跳出了旧发明的窠臼，独辟蹊径，化具体为抽象，用信号点、划、空三种状态的组合来“表征”所有字母和数字。1838 年，他在笔记本上记下这样一段话：“电流是神速的，如果它能够不停顿走 10 英里（1 英里 =

1 609. 344 m)，我就让它走遍全世界。电流只要停止片刻，就会出现火花，火花是一种符号，没有火花是另一种符号，没有火花的时间延长又是一种符号。这里有三种符号可组合起来，代表数字和字母。它们可以构成字母，文字就可以通过导线传送了。这样，能够把消息传到远处的崭新工具就可以实现了！”随着这种奇妙思想的成熟，莫尔斯成功地用电流的“通”“断”和“长断”来代替了文字进行传送，这就是鼎鼎大名的莫尔斯电码。通过“莫尔斯电码”，信息终于能够通过被称为电子脉冲的连续波信号来传播，不管是有线还是无线电报，都能利用这一模式方便地发送和接收，它还大大简化了所需的电报装置。

1840 年，莫尔斯正式取得了实用电报机的专利权。接着莫尔斯多次向美国国会提出申请，希望政府能够出资建立一条电报线路。好事多磨，直到 1842 年，美国国会才批准了他的这一申请。而可怜的电报先驱此时已经身无分文，只好向自己的学生借了 50 美元，才能购置一套像样的衣服去参加国会的听证会。

1844 年 5 月 24 日，在华盛顿的美国国会大厦里，莫尔斯用自己发明的电报机给离 64 km 之远的巴尔的摩发了人类历史上第一封真正意义上的电报：“上帝创造了何等奇迹！”这一天，莫尔斯发明的电报机迅速风靡了整个美国，这一天，注定要载入人类科学史册。虽然第二年惠斯通发明的五针电报机也在伦敦引起了一定轰动，但已经无法动摇莫尔斯的优势。旧大陆的人们通过五针电报机领略到了电报的种种优点后，却很快选择了更具实用性的莫尔斯电报机。莫尔斯电码以其简洁、快速、清晰等优点，很快便在新、旧大陆风行。至 19 世纪后半叶时，莫尔斯的电报机已经在全世界范围内获得了广泛的应用。

电报机的发明，拉开了电通信时代的序幕，开创了人类利用电来传递信息的历史。从此，信息传递的速度大大加快了，“嘀——嗒”一响，电报便可以载着人们所要传送的信息绕地球走上七圈半，这种速度是以往任何一种通信工具所望尘莫及的。可以说，直到以电报为起始的通信技术革命开始，才真正使人与人之间实现了跨越时空障碍的交流，使整个世界逐渐成为一体。现代的互联网、手机等以电力驱动为手段的通信方式，莫不滋生于电报，滋生于电报机发明者莫尔斯的奇思妙想。

电报最初用架空的铁线传送，只能在陆地上使用。1850 年，英国在英吉利海峡敷设了海底电缆。1866 年，横渡大西洋的海底电缆敷设成功，实现了越洋电报通信。后来，各大洲之间和沿海各地敷设了许多条海底电缆，构成了早期的全球电报通信网。

1.2.3 电流的音乐

电报机的发明给人类的通信带来了前所未有的变化。但由于早期电报传送的是符号，发送一份电报，得先将报文译成电码符号，再用电报机发送出去；在收报一方，要经过相反的过程，即将收到的电码译成报文，然后送到收报人的手里。这不仅手续麻烦，而且也不能进行及时的双向信息交流。于是在电报机发明不久，人们便以更大的热情开始探索一种能直接传送人类声音的通信方式，这就是现在无人不晓的“电话”。

早在 1796 年，英国人休斯就提出了用话筒接力传送语音信息的办法。虽然这种方法不太切合实际，但他赐给这种通信方式的一个名字——电话，一直沿用至今。

1837 年，美国医生查尔斯·格拉夫顿·佩奇发现铁片在磁性发生突然改变时会发出一种声音，声音的高度取决于磁性改变的频率，于是他将这种声音称为“电流音乐”。至此，人类距离电话的发明只差关键的一步了。

大约 19 世纪 60 年代，先后有多位发明家都发明了电话机，并在一段时间里引发了一场关于电话发明专利权的争夺战。而关于电话的发明人，各种书籍由于编写时间的关系，主要采用传统的说法，把发明权归结于美国人亚历山大·格雷厄姆·贝尔，然而历史上关于电话的真正发明者至今仍是存在争议的，它涉及四个相关人物：安东尼奥·梅乌奇、菲利普·莱斯、亚历山大·格雷厄姆·贝尔和伊莱沙·格雷。

（1）“电话的真正发明人”安东尼奥·梅乌奇

安东尼奥·梅乌奇，1808 年出生于意大利的佛罗伦萨，年轻时在佛罗伦萨美术学院学习机械工程设计。起初他在佩戈拉剧院当舞台技工，1834 年，他举家移居到古巴，自己做了一名布景设计师。1850 年，他再次移居到美国纽约的斯塔滕岛并加入了美国国籍。

在移居美国之前，他就一直对自己很感兴趣的电生理学进行着研究。他还发明了一种用电击治疗疾病的方法，使得他在哈瓦那名噪一时。虽然我们不知道这种治疗方法是否真的有效，但就在1849年的一天，当他正准备用一套电疗器械给在另外一个房间的朋友治疗时，意想不到的事情出现了：通过连接两个房间的一根电线，他居然清楚地听见了从另外一个房间里传出的朋友的声音。实际上他是把一块与线圈连接的金属簧片插入了朋友的口中，金属簧片在这里起到了传感器的作用，它把振动转变成了一种电流并在另一端还原成声音。梅乌奇立即意识到这一现象有着非同寻常的意义，他立即着手研究被他称之为“会说话的电报机”的装置。那时，后来所谓电话的发明人亚历山大·贝尔才只有两岁。

为了方便与患病瘫痪在床的妻子沟通，梅乌奇还装配了一个这样的通话系统，把妻子的卧室和他的工作室连起来。1860年的时候，梅乌奇向公众展示了这个通话系统。当时纽约一家意大利语的媒体还曾报道了这件事情。但是，由于梅乌奇不会说英语，美国主流社会并未了解和认可他的发明。更不幸的是，他在一次乘坐蒸汽船时发生意外严重烧伤，丧失了劳动能力，这使得他的生活雪上加霜。穷困的他根本无法把实验继续下去，为了筹措资金，梅乌奇甚至不得不把他的电话模型以6美元的低价卖给了一家二手货商店。

即便面临如此困境，梅乌奇还是没有放弃自己的研究。他在新制作的模型上创造出在铁芯周围绕线圈的技术，在提高通话质量上取得了重大进展。该技术在数十年后更是成为了长途通信的一项核心技术。然而由于穷困潦倒，梅乌奇甚至无法支付250美元的“可谈话的电报机”专利费用。因此到了1871年，梅乌奇只得发布声明仅保留了一种需要一年一更新的专利权利。然而3年以后，梅乌奇就连为继续保留这一权利而不得不支付的10美元也拿不出来了。为了寻求出路，他把自己发明的模型和技术细节材料寄给了美国西部联合电报公司，希望能将这项发明卖给他们，可是左等右等他也没有得到任何答复。当他于1874年向美国西部联合电报公司要求拿回自己的模型和材料时，却被告知那些东西已经找不到了。

两年之后，也就是1876年2月14日，和梅乌奇共用一个实验室的贝尔向美国专利局提出申请电话专利权，并与美国西部联合电报公司签订了巨额合同。梅乌奇认为贝尔窃取了他的发明，并为此愤而提起上诉，可是他已经将近 80 岁，而且穷困不堪，病魔缠身。虽然当时最高法院同意以欺诈罪指控贝尔，但就在胜利的曙光就要显现时，他却于 1889 年带着遗憾离开了人世，其诉讼也不了了之。

2002 年，在梅乌奇逝世 113 年之后，美国众议院重新议定了梅乌奇的诉讼案。美国众议院最后发布的决议称：梅乌奇于 1860 年在纽约展示的名为 Teletrofono 的机械已经具备了电话的功能，从而证明了电话的发明者应该是梅乌奇而不是贝尔，只是后来贝尔从各种渠道获取了梅乌奇的成果，才在 16 年之后申请了专利。“众议院认为安东尼奥·梅乌奇的一生及其成就应该得到肯定。他在发明电话过程中的工作也应该得到承认。”这项决议明确了梅乌奇才是真正的电话之父，而贝尔似乎成了耻辱的窃贼。这项决议一经公布立刻引起多方强烈反应，意大利裔的美国人纷纷欢呼这一迟来了一个多世纪的“公正判决”。加拿大方面则指责美国国会为了政治目的篡改历史，为了给美国一点颜色瞧瞧，加拿大众议院也正式通过决议，重申贝尔才是电话的发明者。

（2）“电话的发明先驱”菲利普·莱斯

据英国《每日电讯报》2003 年 12 月 1 日报道，英国伦敦科学博物馆馆长利夫恩日前表示，几周前，他意外地在博物馆内发现了一批一直秘密保存的文件，这些首次被公开的文件是 1947 年的，其中详细记载了当时英国进行的一系列电话试验。这些试验明确证明：德国法兰克福综合大学的荷兰籍青年助教菲利普·莱斯于 1863 年所设计、发明的电话机完全可以工作，这比贝尔 1876 年发明电话整整早了 13 年，所以他才是真正的世界“电话之父”。

据考证，1861 年，莱斯首次在一次科学家集会上当众将一段音乐传送了一段距离。莱斯将一种“动物”薄膜覆在一个锥状物上，并在薄膜上固定了一根铂丝，然后将这个锥状物塞入一个木桶的桶孔。当声音引起薄膜振动时，铂丝就会与另一端的电池电路不断接触和断开，而另一端的电池电路是一捆绕在一根织针上的线圈。织针随着薄膜振动的节拍而被磁化，再被消磁，这样声音就重新发了出来。这可能是世界上第一台原始电话机，已经实现了比较清晰的通话功能，但由于信号微弱、效率相对比较低，加之当时一些复杂的社会原因，这项电话技术并未投入真正的使用，相关的研究资料也一直被封存。

(3) 贝尔和格雷的电话发明专利之争

1847年3月3日，贝尔出生于苏格兰爱丁堡，1870年移民加拿大，一年后到美国，1882年加入美国国籍。贝尔的父亲是著名的语言学家，是聋哑人手语的发明者。贝尔的妻子就曾是他的学生，一位耳聋的姑娘。贝尔本人也是一个声学生理学家和聋哑人手语教师。1869年，22岁的贝尔受聘为美国波士顿大学语言学教授，担任声学讲座的主讲。

有一次，贝尔在做聋哑人用的“可视语言”试验（他试图用连续振动的曲线来使聋哑人看出“话”来）时，发现了一个有趣的现象：在电流流通和截止时，螺旋线圈会发出噪声，就像电报机发送莫尔斯电码时发出的“嘀嗒”声一样。这引发贝尔大胆的设想：用电流的强弱来模拟声音大小的变化，从而用电流传送声音。有了这种想法后，贝尔便向电磁学泰斗亨利请教，亨利肯定了他的想法，并鼓励他将自己的想法付诸实践。

随后的两年内，贝尔辞去了教授职务，全身心投入发明电话的试验中。他请了18岁的电气工程师沃森做研究助手，历经无数次失败，终于制成了两台粗糙的样机：圆筒底部的薄膜中央连接着插入硫酸的炭棒，人说话时薄膜振动改变电阻使电流变化，在接收处再利用电磁原理将电信号变回语音。但不幸的是首次试验失败了，贝尔发现两人的声音是通过公寓的天花板而不是通过机器互相传送的。

正在他们冥思苦想之时，窗外吉他的叮咚声提醒了他们：送话器和受话器的灵敏度太低了！他们又连续工作两天两夜，自制了音箱，改进了机器。1875年6月2日，贝尔和助手沃森正在进行模型的最后设计和改进，最后测试的时刻到了，沃森在紧闭了门窗的另一房间把耳朵贴在音箱上准备接听，贝尔在最后操作时不小心把硫酸溅到自己的腿上，他痛苦地叫了起来：“沃森先生，快来帮我啊！”没有想到，这句话通过他试验中的电话传到了在另一个房间工作的沃森的耳朵里。随后，他们经过半年的改进，终于制成了世界上第一台实用的电话机。

贝尔于1876年2月14日在美国专利局申请了电话专利权。1878年，贝尔在相距300千米的波士顿和纽约之间进行了首次长途电话试验，并获得了如同莫尔斯一样的巨大成功。一年之内，贝尔共安装了230部电话，并建立了贝尔电话公司。此后，由贝尔电话公司发展而来的美国电话电报公司（AT&T），长期垄断美国长途和本地电话市场。1984 年，美国司法部不得不依据《反托拉斯法》对其进行拆分。即使在拆分后，新的美国电话电报公司 1999 年年营业额仍高达 623.9 亿美元，居世界前十大工业公司之列。可以说，贝尔在电话发明上取得的成功是十分巨大的，特别值得一提的是，1925 年，美国电话电报公司和西方电气公司的工程研究开发部合并，成立了贝尔实验室。这个实验室在随后的研发工作中一共推出了 2.8 万多项专利，平均每个工作日推出 4 项专利，成为享誉世界的工业实验室。

然而事情并不是一帆风顺的，同样在 1876 年的 2 月 14 日，就在贝尔提出电话专利申请两小时之后，一个名叫伊莱沙·格雷的人也申请了电话专利权。

伊莱沙·格雷于 1835 年 8 月 2 日生于美国，是一名卓有成就的发明专家。他很早便离开了学校，但后来靠做木工赚钱在两年的时间内完成了欧柏林大学的课程。大学里他非常着迷于电磁的研究。在他的一生之中，他取得了 70 项专利技术。他几乎和贝尔同时独立完成了电话机的原理设计和受话器、送话器的制作。格雷送话器的设计原理与贝尔的有所不同，是利用送话器内部液体的电阻变化，而受话器则与贝尔的完全相同。

为了争夺电话的发明专利权，1876 年 3 月 10 日，格雷以贝尔所发明的电话机在原理上与自己的发明雷同，向法院起诉贝尔剽窃了自己的创意。从此开始了持续了 11 年之久的电话专利争夺诉讼案，成为美国历史上历时最长的专利诉讼案。当时，为了应对诉讼，贝尔一家甚至搬到华盛顿居住，以方便他经常出庭应诉。最后，美国最高法院根据贝尔的磁石电话与格雷的液体电话有所不同，而且比格雷早几个小时提交了专利申请等这些因素，裁定贝尔为电话的发明者，但格雷并不服气，在随后的商业贸易战中不断与贝尔公司进行对抗。

这种对抗局面直到 1892 年才算告一段落。当时美国最大的西部联合电报公司买下了格雷和爱迪生的专利权，与贝尔的电话公司持续对抗。经过几年对抗和谈判，西部联合电报公司最终做出了让步，同贝尔公司签订了一项协议：西部联合电报公司退出电话业并将公司的电话资产划归贝尔公司，从此不再染指电话业。作为回报，西部联合电报公司将在 17 年内分享贝尔电话公司 20% 的收入。

至此，贝尔公司独揽了电话业务，亚历山大·贝尔最终取得了“电话之父”头衔。

至今仍有人在深挖这段历史，希望还原历史的本来面目。2007 年 12 月 27 日国际报道称，有确定证据表明贝尔偷窃了格雷有关电话的创意：在《电话史话：揭开贝尔的秘密》这本书中，记者舒尔曼称，贝尔不恰当地看到了格雷的专利申请文件，并在随后被错误地认为是第一个申请电话专利的人。

到底是谁发明了电话，现在再去探究其实已经没有什么意义了，我们真正应该看到的是，电话的发明并不是哪一个人的功劳，而是大批学者共同努力的结果。电话发明以后，包括“发明大王”爱迪生在内的许多科学家也都投身于电话机的改良工作。此后的几十年里，围绕着电话的经营、技术等问题，大量的专利被申请。

1878 年，爱迪生研制出炭精送话器，并获得了专利，他的这项发明使电话的性能大大提高。直至今日，我们的大部分电话机使用的仍是炭精送话器。

最初的电话机身要自备电池和手摇发电机才能发出呼叫信号，而且只能用作固定通话，很不方便。1880 年到 1890 年间出现了一种“共电式电话机”，可以共同使用电话局的电源，由话务员操作进行电话的连通和交换，这项改进使电话的结构大大简化了，而且使用方便，拿起话机便可呼叫。

1889 年，阿尔蒙·B. 斯特罗杰发明了第一台无需话务员接线的自动交换电话机，它标志着电话及电话交换技术开始走向自动化。自动电话机上装有一个可以旋转的拨号盘，打电话时，只需拨动对方的电话号码，不必再与接线员对话了。从此，人们就可以通过交换台任选通话对象了。接着，干电池的应用缩小了电话的体积，装载线圈的应用减少了长距离传输的信号损失。1907 年，李·德福雷斯特发明了真空三极管（电子管），其扩音功能进一步引领了电话发展的方向。1915 年 1 月 25 日，第一条跨区电话线在纽约和旧金山之间开通。它使用了 2 500 吨铜丝，13 万根电线杆和无数的装载线圈，沿途使用了 3 部真空三极管扩音机来加强信号。

1948 年 7 月 1 日，贝尔实验室的科学家发明了晶体管，这不仅仅对于电话发展有重大意义，而且对于人类生活的各个方面都有巨大的影响。到 20 世纪 60 年代，才出现了我们现在家里使用的按键式电话机。其后几十年里，又有大量新技术出现，例如集成电路的生产和光纤的应用，这些都对通信系统的发展起了非常重要的作用。

如果说电报的发明是电信史上的一个重要起点的话，那么电话的发明则是人类通信史上的一个重要里程碑。从此，人类社会伴随着电话及电话交换技术发展的脚步而加速进步。电话从发明到今天已经130多年了，但它依然是当今社会人们的主要通信工具，这充分显示了它强劲的生命力。据统计，全世界已经铺设的电话通信电缆已经超过百万千米，这个长度相当于地球到月亮距离的三倍，如果计算电缆芯线的长度，将超过地球到太阳的距离。随着电子信息技术的飞速发展，电话从人工接续发展到自动接续，从机械式结构发展到半电子、准电子、电子结构，再发展到今天由电子计算机操纵的程控方式，在技术上发生了翻天覆地的变化。现代的电话机不仅数量激增，品种和功能更是今非昔比，而且还增加了许多新的电话功能。除传统的人工电话、自动电话外，还出现了许多特种电话。如能充当“值班秘书”的录音电话和书写电话，闻声见影的可视电话，方便易用的无绳电话，随身携带的移动电话。此外，还有“数字电话”“口呼行动电话”，甚至能使聋哑人通话的“聋人电话”也已试制成功。

1.2.4 跨越空间的交流

电报和电话的发明，使人们的信息交流变得既迅速又方便，然而这种交流仅是在两个人或较少的群体之间进行的。现代社会有众多的信息需要及时让各处的人们分享，无线电通信的兴起满足了人们的这种愿望。

无线电通信与早期的电报、电话通信不同，它不是依靠有形的金属导线，而是利用无线电波来传递信息的。上文我们提到，从1855年开始，麦克斯韦专注于电磁理论的研究，他利用19世纪20年代和30年代数学家在理论力学方面的研究成果，把法拉第的观点用数学语言表达出来，于1864年提出了总结电磁现象的两组方程，并预言了电磁波的存在，他还定义了电磁波，并指出电磁波的传播速度与光速相等，都是每秒30万千米。他指出，实际上通常可见的光不过是波长在一定范围内的特殊电磁波。这样，光学、电学和磁学融为一体，使物理学第一次完成了伟大的综合。

1878 年，德国著名的物理学家赫尔姆霍兹向他柏林大学的学生们提出了一个竞赛题目，即用实验方法验证麦克斯韦的理论。他的学生之一亨利希·鲁道夫·赫兹从那时起就致力于这个课题的研究。1888 年 1 月，赫兹发表了《论电动效应的传播速度》，证明了电磁波具有与光完全类似的特性，还证明了电磁波的传播速度与光速有相同的量级。赫兹的实验发现不仅证明了麦克斯韦理论的正确性，也为人类利用无线电波开辟了道路。可惜的是，赫兹英年早逝，没能在电磁波的应用技术方面做出他本来完全可能做出的重大贡献。

1894 年，意大利工程师伽利尔摩·马可尼和俄国科学家阿·斯·波波夫在麦克斯韦的电磁波理论和赫兹电磁波实验的基础上，采用电磁波作为传播媒介，分别发明了能够快速、远距离传输信息的无线电报，开创了人类现代通信事业的新纪元。无线电通信与有线电通信相比，不需要架设传输线路，不受通信距离限制，机动性好，建立迅速，但缺点是传输质量不稳定，信号易受干扰或易被截获，保密性差。

无线电通信为人类通信开辟了一个潜力巨大的新领域——无线电通信领域，用无线电波传播信息不仅极大地降低了有线电通信面临的架线成本和覆盖面问题，也使人类通信开始走向无限空间。

1906 年，美籍加拿大人费森登在纽约附近设立了世界上第一个广播站，开始了人类无线电广播的历史。在首次广播中，费森登播放了两段讲话、一支歌曲和一支小提琴独奏曲，从此开始了人类无线电广播的新时代。1920 年 11 月，美国匹兹堡的 KDKA 广播电台获得联邦政府所发的实验执照，正式开始播音，这标志着一种新的面向社会的大众媒介——无线电广播电台诞生。

在以后的岁月里，人类又先后发明了调频广播和数字广播。调频广播的节目制作和播出更加精细，传播新闻时杂音少、音色好、音质高，可以更好地满足受众获知新闻信息的需要。数字广播是指对数字化的音频信号以及各种数据信号进行编码、调制和传递处理，并通过地面发射站以发射数字信号来达到广播以及数据信息传输目的。数字广播除了传统意义上的传输音频信号外，还传送包括音频、视频、数据、文字、图形等在内的多媒体信号，受众通过手机、电脑、便携式接收终端、车载接收终端等多种接收装置，可以方便地收看丰富多彩的数字多媒体节目。

1.2.5 追寻电子的踪迹

1883 年，美国科学家托马斯·爱迪生为了寻找电灯泡灯丝的最佳材料，曾做过一项小实验：他在真空的电灯泡内部炭丝附近安装了一小截铜丝，目的是希望铜丝能阻止炭丝蒸发。虽然实验结果并未让爱迪生如意，他却发现没有连接在电路里的铜丝，因接收到炭丝发射的热电子而产生了微弱的电流。爱迪生把这个现象记录在案，申报了一个名为“爱迪生效应”的专利，由于未找到任何用途，因此他并不重视这个专利。

被爱迪生本人忽略的“爱迪生效应”却引起了大洋彼岸一位青年的注意。1885 年，30 岁的英国电气工程师弗莱明博士坚持认为，这种热电子真空发射现象一定能够找到实际用途，丁是反复进行实验，最后他终丁发现，如果在真空灯泡里装上炭丝和铜板，分别充当阴极和屏极，则灯泡里的电子就能实现单向流动。1904 年，弗莱明研制出一种能够充当交流电整流和无线电检波的特殊灯泡，即“热离子阀”，这就是世界上第一只电子管，也就是人们所说的真空二极管。

然而实际上，直到真空三极管发明后，电了管才成为实用的器件，其发明者正是美国科学家李·德福雷斯特。

1873 年 8 月 26 日，德福雷斯特出生于美国的中西部爱荷华州。很小的时候，他父亲就带着全家迁往阿拉巴马州，接管了一所破产的公理会学校，过着拮据的生活。由于当地白人社区反对他父亲收留黑人上学，十分看不起他们家庭，所以小德福雷斯特很少与人交往，养成了较孤僻的性格。

幼时的德福雷斯特并不出众，老师也认为他是个平庸的孩子。虽然他父亲希望儿子将来成为一位牧师，但德福雷斯特很快就被 19 世纪末科技的飞速发展所吸引，他的唯一爱好是拆装各种机械小玩意，13 岁便“发明”了好几种小机器，暗自立志做个机械技师或者当一名机械工。20 岁时他考取了耶鲁大学谢菲尔德理学院，并获得了该学院的奖学金。那时班上的同学都叫他“学校里最无聊、最神经质的学生”，因为除了电学，特别是电磁波传播之外，他对其他事都不感兴趣。1899 年，他顺利获得了物理学博士学位。

本来，德福雷斯特应该留在大学任教，但有一件事情却永远改变了他的人生轨迹。1899 年秋，德福雷斯特正在撰写博士论文《平行导线两端赫兹波的反射作用》，这可能是当时美国所有大学里第一篇涉及无线电技术的学术论文。在这期间，一年一度的国际快艇大赛将要在纽约开幕。《纽约先驱论坛报》连篇累牍地宣传报道意大利无线电发明家马可尼要在快艇大赛上进行无线电表演的消息，一时间纽约城被搅得沸沸扬扬，德福雷斯特自然不会错过这个大开眼界的机会。

那天清晨，马可尼准时登上了停泊在港口的一艘军舰，及时地把比赛的消息用无线电报拍发回来。整整 5 个小时，《纽约先驱论坛报》的总部收到了马可尼发来的 4 000 多字的新闻报道，使美国新闻记者们惊叹不已。观众簇拥着马可尼走下军舰，热情的人们要求"无线电之父"马可尼在港口为他们做一次现场演示。当时，德福雷斯特也在围观的人群中，他大胆地走到马可尼的身后，仔细研究起无线电设备来。马可尼和蔼可亲，毫无保留地向人们讲解了无线电发报机的原理，并且说，由于"金属屑检波器"的灵敏度太差，严重影响了无线电报的收发效果。正是与马可尼的这次交流，使德福雷斯特立下了发明创新的宏图大志。

毕业后，德福雷斯特来到芝加哥西方电气公司实验室工作，不久便发明了电解检波器和交流发射机。1902 年，他租了位于纽约泰晤士街的一间破旧的小屋，创办了德福雷斯特无线电报公司，一心一意想要发明出更先进的无线电检波装置。就在研究进展不太顺利的时候，弗莱明发明真空二极管的消息传来，就像迷失在茫茫大海中的一叶小舟看到了归途的灯塔，德福雷斯特再也坐不住了，他一路小跑穿街走巷，选购玻璃管，添置真空抽气机，准备自制真空二极管。他选择了一段白金丝来制作灯丝，也在灯丝附近安装了一小块金属屏板，把玻璃壳抽成真空并接通电源，果然也"追寻"到了电子的踪迹。随后，德福雷斯特不断尝试各种可能的试验，当他拿起一根导线弯成"Z"形，小心翼翼地把它安装到灯丝与金属屏板之间的位置时，他极其惊讶地发现，"Z"形导线装入真空管内之后，只要给它加上一个微弱变化着的电压，在金属屏板上就能接收到一个规律完全一致且放大了的变化电压，这正是电子管的"放大"作用。他一定没有想到，正是这根小小的导线，竟然影响到 20 世纪电子技术的发展进程。

后来，德福雷斯特又把“Z”形导线改进为像栅栏形式的金属网，于是，他发明的电子管就有了三个“极”——丝极、屏极和栅极，其中那个栅极便是用来控制放大电信号的。1907 年，德福雷斯特向美国专利局申报了真空三极管（电子管）的发明专利。

不幸的是，由于合伙人的欺骗，德福雷斯特的公司曾两度倒闭。1912 年，他甚至无辜受到美国纽约联邦法院的传讯，因为有人控告他的公司推销积压产品，进行商业诈骗。愚昧的法官判决说，德福雷斯特发明的电子管是一个“毫无价值的玻璃管”。顶着随时可能入狱的巨大压力，德福雷斯特转而来到加利福尼亚旧金山附近的帕洛阿托小镇，继续坚持不懈地进行真空三极管的改进实验。在爱默生大街 913 号小木屋，德福雷斯特把若干个三极管连接起来，与电话机话筒、听筒相互连接，再把他那只“走时相当准确的英格索尔手表”放在话筒前方，经过三极管放大的手表“嘀嗒”声几乎把耳朵震聋！

在帕洛阿托的德福雷斯特故居前，至今仍矗立着市政府树立的一块小小的纪念牌，上面书写着：“李·德福雷斯特在此发现了电子管的放大作用”，用来纪念这项伟大的发明为新兴电子工业所奠定的基础。这个地方，后来成为了世界闻名的美国硅谷。

德福雷斯特的贡献不止于此，他一生获得了 300 余项专利，是一位多产的发明家。除了电子管之外，他的发明还包括在电影胶片边缘录制声音的技术、医学上使用的高频电热理疗机等。然而，他的技术发明并没有给他带来更多的财富，由于他在商业上的屡屡失败，许多重要的专利都低价卖给了美国电话电报公司（AT&T），就连电子管放大器的专利，也只卖了 39 万美元。但是，他的发明当之无愧地为他赢得“无线电通信之父”“电视始祖”和“电子管之父”的称号。1961 年 7 月 30 日，88 岁高龄的李·德福雷斯特在加利福尼亚的好莱坞去世，安葬于绿树环绕的圣弗朗多公墓。

电子管的诞生为无线电通信、广播、电视、程控电话、电子计算机等技术的发展铺平了道路。虽然电子管一开始主要用在无线电装置里，但人们不久便发现，真空三极管除了可以用来进行放大作用外，还可充当开关器件，而且其速度要比继电器快成千上万倍。因此，电子管很快受到计算机研制者的青睐，计算机技术也因德福雷斯特的发明迎来了新的技术革命。

1.2.6 神奇的魔盒

自从1866年，人类实现了跨洋有线电报通信后不久，人们已在考虑能否采用电报的方式快速传递图像，从此开始了电视的发明之路。

1873年，英国电气工程师史密斯在用一种叫硒的物质去改良海底电缆的装置时，发现了一种怪现象，这就是硒遇见阳光后就像电池一样会产生电。硒早在19世纪初就已经被发现，并被确认是一种不导电的元素。史密斯的发现引起了科学家们的注意。美国工程师肯阿里在听到这个奇特的发现后，就在两块金属板中间夹上硒做成一个特殊装置。这个装置在阳光照射下，会从金属板上发出微弱的电流，因为这是光发电，所以他把这种装置叫作“光电池”。这样，硒的光敏性的发现，为设计电视提供了重要材料；光电池的发明，使光电之间的转换成为可能。

光电池这种在强光下产生强电流、在弱光下产生弱电流的现象，非常像能随着声音的大小而使电流变化的电话，这使肯阿里产生了新的灵感：电话能够传送声音，那么用光电池的电能不能把图像或景物传送到远处去呢？

1875年，肯阿里自己研究并制作了一个光电池实验装置，他在中间放上由黑白小点组成的图像的照片，又把许多硒的小颗粒密集地排列在一块板上，另外又做了一个用小灯泡密集排列的装置，每个小点和小灯泡之间一个对着一个都用电线连接起来。肯阿里的设想是，把由黑白小点组成的图像放在硒板前用灯光照射，由于硒对光的感应，黑点的地方接受的光比较弱，硒粒发出弱的电流，白点的地方发出强的电流，这样，硒粒产生的强弱电流通过电线，传到装置上的各个小灯泡，这样一幅灯光的图就会出现。设计原理是对的，但却没能实现，原因是硒所产生的电流实在太弱，不能使小灯泡发亮，而且在许多小硒粒上一个一个连接电线就存在很大困难，实验失败了。

1884年，在肯阿里实验的基础上，德国发明家保罗·尼普科研制了一种图像扫描圆盘，这是一块布满极密小孔的网板，在图或景物前旋转，使光从小孔中通过，当光射到硒粒上时，随着光的变化而产生电流。电流通过电线传送到远处，使远处的小灯泡发光。而在远处的接收部分，尼普科采用同样的一个布满极密小孔的网板，用和发送部分同样的速度，在发光的小灯泡前旋转，小灯泡的光通过网板小孔射到白纸上，一幅和发送部分一样的图或景物就会放映出来。这种光电转换装置虽然设计合理，但同样由于光电池所产生的电流太弱，图像相当模糊，远远达不到实用要求。尼普科的实验使科学家们进一步认识到，只有把光电池的效能提高，才能满足设计需要。

1912 年，德国的耶斯塔和盖特发明了“光电管”。光电管能够根据光的强度，而转换为不同强度的电能，和光电池相比，光电管的效能可就大得多了。经过研究改进，1924 年，光电管达到了完善的地步，已用于各个方面。这时，美国的李・德福雷斯特已经发明了三极管，这是一个有放大作用的装置，它能把微弱的电流放大。这样，电视机诞生的条件越来越成熟了。

1923 年，俄裔美国科学家兹沃里金申请了光电显像管、电视发射器及电视接收器的专利，他首次采用全面的“电子电视”收发系统，成为现代电视技术的先驱。

1924 年，英国科学家约翰・洛吉・贝尔德最先研制成功了机电扫描式黑白电视机。1888 年出生于英国苏格兰的格拉斯哥的贝尔德，从小就有着丰富的想象力，大学毕业后在美国一家电器公司工作。他对当时科学家们正在思考的问题很感兴趣：既然马可尼能够利用远距离发射并接收无线电波来传递无线电报，那么同样道理用来发射和接收图像也是可行的。1923 年，他潜心研究提出了这样一个设想：一张拍摄得很好的照片有着不同的光亮和阴影。如果在靠近一块硒板的地方放张照片，再把一束光投射到照片上，并移动光束照遍照片的各个部位反射到硒板上，那么，硒板上便会随着图像的明暗变化而产生各种强度不同的电流（这一过程被称为图像的“扫描”过程）。产生的电流随后被输送给发射机，由发射机用线路或无线电波发射出去，再由接收机接收，并把电波转换成明暗不同的图像（这一过程被称为图像的“显像”过程）。通过努力和实验，他得到了一幅静止的图像。如何才能得到活动的图像呢？贝尔德离成功还有一段漫长的距离。

为了实验的成功，贝尔德不仅花光了自己所有的积蓄，还不断向朋友借钱，到了最后，几乎身边一切可用的材料都利用上了：旧收音机器材、霓虹灯管、用盥洗盆做的框架、破茶叶箱、从废物堆里捡来的电动机、用马粪纸做成的四周戳有小洞的“扫描圆盘”，还有装在旧饼干箱里的投影灯、几块透镜及一些电热棒和可以间断发电的磁波灯和光电管，等等。这些凌乱的东西被贝尔德用胶水、细绳及电线连在一起，成了他的实验装置。经过上百次的反复尝试，贝尔德终于在1925年10月2日的清晨制造出了第一台能传输图像的机电扫描式黑白电视机。尽管画面很模糊，噪声也很大，但能在一个不起眼的黑盒子中看到栩栩如生的图像，仍引起了公众极大的兴趣，人们把刚问世的电视称为“神奇的魔盒”。

为了把自己的发明推向市场，贝尔德做了很多次公开实验，并最终得到了赞助商的信任。1928年，美国纽约31家广播电台进行了世界上第一次电视广播试验，由于显像管技术尚未完全过关，整个试验只持续了30分钟，收看的电视机也只有十多台。此举宣告了作为社会公共事业的电视艺术的问世，是电视发展史上划时代的事件。

1928年底，贝尔德又研制出机电扫描式彩色电视机，并成功地把图像传到大西洋彼岸，在英国首次进行了机电式彩色电视试播。他发明的摄像机有三个摄像管，分别摄取红、绿、蓝三种颜色的图像，当这三种颜色的图像按场顺序投影在屏幕上时，由于速度极快，三种颜色的图像就混合成自然色的图像。

但是到了1935年，英国广播公司却用电子扫描式电视机取代了机电扫描式电视机。贝尔德的机电扫描式电视机被性能更好的电气和乐器工业公司的全电子扫描系统击败，他只好转而去研究新的彩色电视系统。1946年，贝尔德因疾病不幸去世。至此，电视机技术已经非常成熟了，由于贝尔德是第一个让人们身临其境地体验到电视机的奇妙的人，因此人们称其为“电视机之父”。

电视机的发明，不是一个人在短时间内能够完成的，在它的发明过程中也有许多科学先驱做出了卓越的贡献，它是人类群体科学智慧的结晶。最初的电视机在今天看来，未免有些怪里怪气、原始而又粗糙，但这正是向更高度发展的开始。随着电视技术的发展，从黑白电视机、彩色电视机到液晶电视机等，电视机的外形发生了极大变化，既有超大屏幕电视机，也有像两个香烟盒一样大小的小电视机。电视机的性能和质量也大大提高了。从20世纪50年代开始，全球出现了世界性的电视机热潮，到70年代，全世界就已生产了近3亿台电视机。

无线电广播和电视机的出现，加速了人类的文化交流，极大地影响了人们的生活方式、工作方式和行为模式。它将整个世界更紧密地联系在一起，使世界各地的人们都能够迅速地了解地球上任何地方发生的事情。至此可以说，现代通信技术使人们有了“顺风耳”“千里眼”，缩小了人与人之间的时空距离，在某种意义上也使我们居住的地球变小了。

随着人类科学技术的不断发展，信息技术由低级到高级，由简单到复杂逐渐发展起来，而各种各样性能不断改善的通信系统的应用，又促进了人类社会的进步。信息技术与其成果广泛的、实际的应用，不断给人类带来福音，对世界经济、政治和其他领域产生着极为深刻的影响。信息技术展示的美妙图画，无疑将把人类带进一个崭新的世界。电子信息技术的发展将使全世界变成一个“地球村”。全世界各个国家之间的经济、科技、文化等方面的相互交融日益加深，世界格局也因科技的发展不断改变，人类的生活、工作方式也必将发生根本性的变化。

2　网络时代

从世界上第一台真正意义上的电子计算机诞生到今天遍布全球的互联网络，几乎无处不在、无所不能的电子计算机，已经走过了70个春华秋实。电子计算机发展的历史中，有令人惊叹如沧海桑田的巨变，也有英雄人物和跌宕起伏的发明故事，这些逐渐沉积于历史的辉煌，给后人留下了长久的思索和启迪。

2.1　电子计算机

2.1.1　一代机诞生

在第二次世界大战关键时期，世界上公认的第一台电子计算机诞生于美国马里兰州阿贝丁陆军试炮场。阿贝丁陆军试炮场研制电子计算机的最初设想，出自于“控制论之父”维纳教授。早在第一次世界大战期间，弹道实验室负责人、著名数学家韦伯伦曾邀请维纳教授来到阿贝丁陆军试炮场为高射炮编制射程表，在这里，维纳萌生了控制论的思想，并且第一次给韦伯伦提出了研制高速计算机的建议。

1943年，阿贝丁陆军试炮场再次承担美国陆军新式火炮的试验任务，陆军军械部派青年军官戈德斯坦中尉，从宾夕法尼亚大学莫尔电气工程学院召集来一批研究人员，帮助计算弹道表。戈德斯坦本人就是数学家，战前在密歇根大学任数学助理教授。他从陆军抽调了100多名姑娘做辅助性人工计算，但这样不仅效率低还经常出错。于是，莫尔学院的两位青年学者——36岁的副教授莫契利和24岁的工程师埃克特，向戈德斯坦提交了一个研制电子计算机的设计方案——《高速电子管计算装置的使用》，他们建议用电子管为主要元件，制造一台前所未有的计算机，能够把弹道计算的效率提高成百上千倍。

1943 年 4 月 9 日，美国陆军军械部召开会议审议这个方案。会议即将结束时，身为军械部科学顾问的韦伯伦一锤定音，他猛然站起身，“砰”的一声推开身后的椅子，对阿贝丁试炮场负责人大声说：“西蒙，给戈德斯坦这笔经费！”说完这句话，立即转身走出大门外，戏剧性地决定了第一台电子计算机的命运。军方与莫尔学院签订的协议是提供 14 万美元的研制经费，但后来合同被修订了 12 次，经费一直追加到了 48 万美元，大约相当于现在的 1 000 多万美元。

电子计算机研制项目由莫尔学院资深教授勃雷纳德总负责，他曾经讲：“这是一个不能确保一定会达到预期效果的研制方案，然而现在正是一个合适的时机。”莫尔学院组织了一个朝气蓬勃的跨学科攻关的计算机研制小组，小组成员包括物理学家、数学家和工程师共 30 余名。其中，戈德斯坦负责协调项目进展，莫契利、埃克特和勃克斯为主要研制人员。莫契利是总设计师，主持机器的总体设计；埃克特是总工程师，负责解决复杂而困难的工程技术问题；勃克斯则作为逻辑学家，为计算机设计乘法器等大型逻辑元件。

参与研制的还有一位重量级人物。那是 1944 年仲夏的一个傍晚，戈德斯坦中尉来到阿贝丁车站，等候去费城的火车，突然看见前面不远处闻名世界的大数学家冯·诺伊曼正向他走过来。戈德斯坦感到绝不能放过这次邂逅，他把早已埋藏在心中的几个数学难题，一股脑儿倒出来向数学大师讨教。诺伊曼和蔼可亲，丝毫也不摆谱，耐心地为戈德斯坦排忧解难。听着听着，他敏锐地从数学问题里，感到眼前这位青年身边正发生着什么不寻常的事情，于是便开始反过来向戈德斯坦发问，直问得戈德斯坦“好像又经历了一次博士论文答辩”。最后，戈德斯坦毫不隐瞒地告诉诺伊曼莫尔学院的电子计算机项目和目前的研究进展。诺伊曼感到既震惊又兴奋，从 1940 年起，他就是阿贝丁试炮场的顾问，繁重的计算问题也曾使数学大师焦虑万分。他急不可耐地向戈德斯坦表示，希望亲自到莫尔学院看一看那台尚未出世的机器。

骄阳似火的 8 月，诺伊曼风尘仆仆地赶到了莫尔学院的试验基地，立刻约见电子计算机研制小组成员，他首先问及的就是机器的逻辑结构设计。大师以自己的睿智彻底折服了莫契利和埃克特，从此成为莫尔电子计算机研制小组的实际顾问。诺伊曼运用他渊博的学识，把年轻人提出的各种设想引向深入讨论，并逐步形成了电子计算机的系统设计思想。诺伊曼以其厚实的理论功底、极强的综合能力，极大地提高了莫尔小组的整体水平，使莫尔电子计算机研制小组成为了“人才放大器”，至今依然是科学界敬慕的科研组织典范。

1946 年 2 月 14 日，恰逢当年“情人节”，世界上第一台电子计算机研制成功，研制小组命名它为“埃尼阿克”（ENIAC，即“电子数值积分和计算机”的英文缩写）。埃尼阿克采用穿孔卡输入输出数据，每分钟可以输入 125 张卡片，输出 100 张卡片。其内部总共安装了 17 468 只电子管，7 200 个二极管，70 000 多只电阻器，10 000 多只电容器和 6 000 个继电器，电路的焊接点多达 50 万个；机器被安装在一排 2. 75 m 高的金属柜里，占地面积为 170 m^2 左右，总重量达到 30 t，其表面布满电表、电线和指示灯，而它的耗电量超过 174 kW · h，电子管平均每隔 7 min 就要被烧坏一只，必须不停更换。它的运算速度达到每秒可以算 5 000次加法，可以在 3/1 000 s 时间内做完两个 10 位数乘法。一条炮弹的轨迹，20 s 就能计算出来，比炮弹本身的飞行速度还要快。相比较我们今天已经发展到第五代、运算速度可达几十亿次的计算机，它的性能只相当于我们日常使用的简单计算器，然而，这台计算机仍是一个划时代的发明。埃尼阿克的诞生标志着电子计算机的登场，人类社会从此大步迈进了电子计算机时代。

在埃尼阿克尚未投入运行前，诺伊曼就已开始对这台电子计算机的设计方案进行更进一步的改进，他把新的计算机设计方案命名为“离散变量自动电子计算机”，英文缩写为“EDVAC”。1945 年 6 月，诺伊曼与戈德斯坦等人联名发表了一篇长达 101 页的报告，即计算机历史上著名的“101 页报告”。这份报告奠定了现代计算机体系结构坚实的根基，直到今天，仍然被认为是现代计算机科学发展中里程碑式的文献。

在这份报告中，诺伊曼明确规定出计算机的五大部件：运算器（CA）、逻辑控制器（CC）、存储器（M）、输入装置（I）和输出装置（O），并描述了五大部件的功能和相互关系。莫契利和埃克特研制的埃尼阿克计算机虽然获得了巨大的成功，但它最致命的缺点是程序与计算分离。指挥近 2 万只电子管“开关”工作的程序指令被存放在机器的外部电路里，在计算某个题目前，埃克特必须派人把数百条线路用手接通，像电话接线员那样工作几小时甚至好几天，才能进行几分钟的运算。与埃尼阿克相比，“EDVAC”的改进首先在于诺伊曼巧妙地想出“存储程序”的办法，程序也被他当作数据存进了机器内部，以便计算机能自动一条接着一条地依次执行指令，再也不必去手动接通线路。其次，他明确提出电子计算机必须采用二进制数制，以充分发挥电子器件的工作特点，使结构紧凑且更通用化。人们后来把按这一方案思想设计的电子计算机统称为“诺伊曼机”。

自诺伊曼设计的“EDVAC”开始，直到今天我们用的各种类型的多媒体计算机，可以说一代又一代大大小小千千万万台计算机，都没有跳出“诺伊曼机”的设计思想。鉴于冯·诺伊曼在电子计算机研制过程中做出的贡献，尤其是他为现代计算机的发展指明了方向，人们后来把他称为“电子计算机之父”。当然，随着人工智能和神经网络计算机的发展，“诺伊曼机”一统天下的格局已经被打破，但诺伊曼对电子计算机的发展做出的巨大贡献，将彪炳史册。

虽然人们交口赞誉诺伊曼是“电子计算机之父”，但他自己对此却不以为然。据担任过他助手的物理学家弗兰克尔介绍说，诺伊曼曾多次向别人坚决强调：如果不考虑其他人早先提出的有关思想，“电子计算机之父”的头衔只能属于阿兰·图灵！正是诺伊曼本人，亲手把“电子计算机之父”的桂冠转戴在图灵头上。这并不仅仅是因为诺伊曼具有谦虚的美德，甚至连许多史学家也都认真地讲：“图灵才是计算机之父。”直到现在，计算机界仍有个一年一度的“图灵奖”，颁发给最优秀的计算机科学家，它就像“诺贝尔奖”那样，是计算机领域的最高荣誉。那么阿兰·图灵究竟是一个怎样的人物，居然值得冯·诺伊曼如此推崇呢？

阿兰·麦席森·图灵，1912 年 6 月 23 日出生于英国帕丁顿一个书香门第。1931 年考入了剑桥皇家学院，师从著名数学家哈代。大学毕业后他留校任教，不到一年就发表了几篇很有分量的数学论文，因此被选为皇家学院的研究员，这时的他才 22 岁。1936 年，伦敦权威的数学杂志又收到图灵的一篇论文《论可计算数及其在判定问题中的应用》，这篇论文后来被永远载入了计算机的发展史册，照耀着现代电子计算机的前进方向。在外行人看来，这篇论文似乎与电子计算机没有什么联系，然而它却是阐明现代电子计算机原理的开山之作，曾经有人把这篇论文改名为《理想计算机》。在这篇论文里，图灵论述了一种“图灵机”，“图灵机”的特点是只要为它编好程序，它就可以承担其他机器能做的任何工作。在世界上还没人提出通用计算机的概念前，图灵已经在理论上证明了它存在的可能性。

第二次世界大战爆发使图灵暂时放下了理论研究工作，到布雷契莱庄园承担了“超级机密”研究——协助军方破解德国的著名密码系统恩尼格玛，有力地帮助盟军取得了第二次世界大战的胜利。1945 年，图灵带着大英帝国授予的荣誉勋章，被录用为泰丁顿国家物理研究所的高级研究员。由于有了在布雷契莱庄园的实践，图灵提交了一个长达 50 页的“自动计算机”的设计方案，并领导一批优秀的电子工程师，制造了一种名叫 ACE 的新型电子计算机。1950 年，ACE 电子计算机的样机公开表演，被认为是世界上最快最强有力的电子计算机之一。它大约用了 800 只电子管，成本约为 4 万英镑。图灵在介绍 ACE 的存储装置时说：“它可以十分容易地把一本小说中的 10 页内容记住。”显然，ACE 比埃尼阿克的存储器更先进。

1950 年，图灵来到曼彻斯特大学任教，并被指定为该大学自动计算机项目的负责人。就在这一年的 10 月，他的另一篇划时代论文《机器能思考吗?》发表。这篇文章如一声惊雷，震撼了整个电子计算机业，它使图灵荣膺又一顶桂冠——“人工智能之父”。

1952 年，图灵由于同性恋问题而被英国警方定罪。在经过著名的公审后，他被给予了两个选择：坐牢或注射激素疗法。他选择了注射激素，并持续了一年。在这段时间里，药物对图灵的身心健康产生了许多副作用。

1954 年，图灵正跨进他人生的第 42 个年头，风华正茂，年富力强，正处于生命最辉煌的创造巅峰期。6 月 8 日清晨，图灵的女管家走进他的卧室，看到台灯还亮着，床头柜上有个苹果，只吃了一小半，而图灵则安详地沉睡在床上，他永远地睡着了，再也没有醒来……经警方调查，那个吃了一小半的苹果浸染过含有剧毒氰化物的溶液。图灵的母亲说他是在做化学实验时不小心沾上的，她的“阿兰”从小就有咬指甲的习惯。但外界的说法是服毒自杀，一代天才就这样走完了他的人生。

随着时代的进步，英国的法律已不再视同性恋为违法行为，并开始允许同性伴侣民事结合。在这一大环境下，2009 年 9 月 10 日，在三万民众的联名请愿下，英国当时的首相戈登·布朗正式代表英国政府向“图灵事件”进行了公开道歉。

图灵是一位科学史上罕见的具有非凡洞察力的奇才：他的独创性成果使他生前就已名扬四海，而他深刻的预见使他死后亦备受敬佩。当人们发现后人的一些独立研究成果似乎不过是在证明图灵思想超越时代的程度时，不禁都为他的英年早逝感到由衷的惋惜。冯·诺伊曼认为图灵才是“电子计算机之父”，显然是有充分理由的。有好事者们纷纷传说，第二次世界大战即将结束时，图灵曾到美国亲自拜访过冯·诺伊曼，两位“电子计算机之父”为共同“孩子”的成长和未来，数日彻夜长谈。图灵讲的是“图灵机”如何工作，而冯·诺伊曼则谈到“诺伊曼机”的构造原理，两颗“天皇巨星”在轨道上相遇，把黑暗的宇宙星空照耀得分外光明。遗憾的是，当时的知情者中没有人出来证明这个传闻的真实性。

谈及“计算机之父”的荣誉，还有一个人不得不提，那就是“数字计算机之父”克兰德·楚泽。

在 1945 年盟军攻陷法西斯德国的首都柏林后不久，占领阿尔卑斯山区一个偏僻小镇欣特斯泰因的法国士兵报告了一个惊人的消息：在一个粮仓地窖里发现了德国研制的先进计算机！两名英国情报官闻讯立即赶到了欣特斯泰因进行调查。打开地窖，里面确实存放着一台机器。情报官们凑上前仔细打量后笑称，这机器怎么看也不像是德国的“先进计算机”，充其量像是某个印刷厂遗弃的排字机，因为“德军再傻，也不会把这么重要的设备放在交通极为不便的山区。”

然而，经过了相当长的时间以后，西方计算机界才认识到，这台貌不惊人的机器，的确是当时最先进的计算机，它研制成功的时间，要比美国、英国的同类发明更早；更惊人的是这台计算机还是最先采用程序控制的数字计算机。这台机器的名称是 Z－4，它的发明人是一位靠自费起家的土木建筑工程师，名叫克兰德·楚泽！

1910 年 6 月 22 日，楚泽出生于德国的维尔梅斯多夫，在东普鲁士接受了早期教育。1927 年，他考进柏林工业大学，学习土木工程建筑专业。他自幼爱好绘画，因此具有良好的美术功底，很快就学会了如何设计房屋结构和外观。多才多艺的楚泽兴趣广泛，修理机器的活儿也很拿手，时常动手制作出一些稀奇古怪的玩意儿，让班上的同学大吃一惊。

求学期间，楚泽需要完成许多力学计算的功课，诸如桥梁、材料强度设计等，必须自己动手根据公式算出结果，常常一整天都算不完一道强度核算题目，这让他十分烦恼。1935 年，楚泽获得了土木工程学士学位，在柏林一家飞机制造厂找到了工作，主要任务恰好是他最头疼的飞机强度分析，烦琐的计算现在变成他职业发展的羁绊，大量的力学计算经常使他疲惫不堪。有一天，楚泽突然想到，力学计算公式是固定不变的，人们要做的只是向这些公式中填充数据，这种单调的工作应该可以交给机器来完成！这一想法逐渐强烈，驱使他走上了发明计算机的艰难历程。在工作了几个月之后，楚泽怀揣着制造一台用于计算的机器的梦想，从工厂里辞职回家，去实现他的“发明梦”。

在说服了父母之后，他把家中的起居室隔出一间，改造成“实验室”兼“制造厂”，独自开始了漫长的研制生涯。由于楚泽生活在法西斯统治下的德国，根本无从得知美国科学家研制计算机的消息。在资金上，他更没有美国发明家那么幸运，无法得到任何院校或政府机构的资助，只有几个朋友给他“赞助”了很少的一点钱。他用了几乎两年时间在黑暗中摸索，凭着顽强的毅力坚持奋斗。他认为，计算机最重要的部分不一定是计算本身，而是运算过程和结果的传送与储存。因此，他把研究的重点放在存储器上，设计了一种可以存储 64 位数的机械装置（一种用螺栓把数千片薄钢板拧在一起的笨重部件，体积约 1 m^3），然后与机械运算机构连接起来。朋友们都不太懂他想干什么，只能提供有限的帮助，例如帮他用切割设备加工了数以百计的金属片。大多数的薄钢板，只能靠手锯在圆钢上一片一片锯下来。以这种简陋的条件，1938 年，楚泽居然完成了一台可编程数字计算机 Z－1。他不但花光了自己仅有的几千马克，而且还无法买到更合适的零件，因此，Z－1 计算机实际上是一台实验模型，虽然可以完成 3×3 矩阵运算过程，但始终未能投入实际使用。

Z－1 计算机最大的贡献是楚泽第一次采用了二进制数，在薄钢板组装的存储器中，楚泽用一个在细孔中移动的针，指明数字“0”或“1”。这台机器也采用了“穿孔带”输入程序，不过不是纸带，而是35毫米电影胶片；数据则由一个数字键盘敲入，计算结果用小电灯泡显示。由于纯机械式Z－1计算机性能不理想，第二年楚泽用一些电话公司废弃的继电器组装了第二台电磁式计算机Z－2，这台机器已经可以正常工作。这时，他的工作终于引起德国飞机实验研究所的关注，这使他得到了一笔资助。

1941年，楚泽完成了第三台电磁式计算机Z－3的研制，使用了2 600个继电器，用穿孔纸带输入，实现了二进制数程序控制。程序控制思想虽然过去也有人提出，但楚泽是把它付诸实施的第一人。Z－3能达到每秒3～4次加法的运算速度，或者在3～5秒内完成一次乘法运算。1942年，在紧张研究的间隙里，他还写了世界上第一个下国际象棋的计算机程序。

Z－3计算机正常工作了3年。1944年，美国空军对柏林实施空袭，楚泽的住宅连同Z－3计算机一起被炸得支离破碎。在德国法西斯即将被毁灭前夕，楚泽于1945年又制造了一台比Z－3更先进的电磁式Z－4计算机，存储器单元也从64位扩展到1 024位，继电器几乎占满了一个房间。为了使机器的效率更高，楚泽甚至设计了一种编程语言Plankalkuel，这一成果使楚泽也跻身于计算机语言先驱者行列。因害怕再次被炸，楚泽把Z－4搬来搬去，最后带着它飞往德国南部，搬到了阿尔卑斯山区欣特斯泰因小镇，于是才有了故事开头的那一幕。

德国战败后，楚泽辗转流落到瑞士一个荒凉的村庄，此间，他转向研究计算机软件理论，并提出了最早的“程序设计”概念。1949年，楚泽把他的Z－4计算机安装在瑞士苏黎世技术学院，并且一直稳定地运行到1958年。这时，美、英计算机界才相信德国有位建筑工程师，比他们更早地研制出程序控制数字计算机的事实。目前，在慕尼黑一家博物馆里，仍然保存着一台今已无法正常工作的Z－3原型机。

随后，楚泽还创办了“楚泽计算机公司”，并于1958年研制出电子管通用计算机Z－22R，但这距离世界上第一台电子管通用计算机埃尼阿克诞生已经过去了12年之久。如果楚泽不是生活在法西斯统治下的德国，他可能早就把Z型计算机系列升级为电子计算机，世界计算机的历史将会改写。事实上，早在1938年，楚泽和他的朋友已经在考虑用2 000只电子管和其他电子元件组装新的计算机。当他在战后听说美国宾夕法尼亚大学早已研制出电子管计算机的消息，不禁感叹地说："我所能做的，仅仅是摇摇头而已。"

早在1938年就发明了计算机的楚泽，被人们遗忘了数十年。他在1941年为Z-3计算机提出了专利申请，但在相当长的一段时间内，法官一直拒绝受理，理由是他的计算机"缺乏创造性"。直到1962年，他才被确认为计算机发明人之一，得到了8个荣誉博士头衔以及德国大十字勋章。后来，柏林博物馆还重新制造了Z-1型计算机。

20世纪60年代初，楚泽计算机公司已发展为有数千员工的企业，销售了近300台各类计算机。1966年，他的公司被著名的西门子公司收购，楚泽转任西门子公司的顾问。楚泽活到85岁高龄，一直与夫人居住在富尔达附近的一幢简朴住宅里，于1995年12月19日逝世。值得欣慰的是，如今全世界都已经承认他是"数字计算机之父"。

2.1.2 跨越第二代进入第三代

20世纪50年代之前的第一代计算机都采用电子管做元件，计算机技术还是主要集中在大型机和小型机领域。但是电子管元件在运行时产生的热量太多，可靠性较差，运算速度也不快，而且价格昂贵，体积庞大，这些都使计算机的发展受到极大限制。

1947年，贝尔实验室的布拉顿和巴丁在圣诞节的前夜制造出了世界上第一只半导体放大器件，为人类电子事业的发展献上了一份丰厚的礼物！他们把这种器件命名为"点接触型晶体管"，并于1948年获得了美国专利局的晶体管发明专利。一年后，贝尔实验室的肖克利又发明了一种"结型晶体管"。结型晶体管是现代晶体管的始祖，它的发明预示着半导体技术的发展方向，不久，各种型号的晶体管纷纷涌现。晶体管不仅能替代电子管整流、检波和放大，它还具有尺寸小、重量轻、寿命长、效率高、发热少、功耗低等优点，是极为理想的电子元件。

1948年7月1日，美国《纽约时报》用了8个句子的篇幅，简短地公开了贝尔实验室发明晶体管的消息，它就像8颗重磅炸弹，在全世界电子行业形成强烈的冲击波。晶体管迅速开始被用来做计算机的元件，电子计算机终于大步跨进了第二代的门槛。使用晶体管后，电子线路的结构大大改观，制造高速电子计算机就更容易实现了。

1954 年，贝尔实验室趁热打铁，使用 800 个晶体管组装成了人类有史以来第一台晶体管计算机“催迪克”。1956 年，肖克利、布拉顿和巴丁分享了诺贝尔物理学奖。

晶体管闯进了电子管计算机的传统领域后，IBM 公司董事长沃森的儿子小沃森先知先觉，满腔热情地策划了 IBM 公司计算机产品换代的重大举措。他向各地 IBM 工厂和实验室发出指令：“从 1956 年 10 月 1 日起，我们将不再设计使用电子管的机器，所有的计算机和打卡机都要实现晶体管化。”

三年后，IBM 公司在它的计算机产品 700 系列后加上了一个 0，全面推出晶体管化的 7000 系列计算机。以晶体管为主要器件的 IBM7090 型电子计算机，换下了 IBM709 电子管计算机，从 1960 年到 1964 年一直统治着科学计算的领域，并作为第二代电子计算机的典型代表，被永远载入电子计算机的史册。

值得一提的是 1957 年，IBM 公司的工程师雷诺・约翰逊开发出新型电脑“RAMAC”（计算和控制随机存取计算机），其最大特点是配置了世界上第一个硬磁盘。约翰逊将磁性材料碾磨成粉末，使其均匀扩散到 24 英寸（1 英寸 = 25.4 毫米）铝圆盘表面。他把 50 张这样的磁盘安装在一起，构成一台前所未有的超级存储装置——硬盘，容量大约 500 万字节，造价超过 100 万美元。硬盘安装了类似于电唱机那样的机械臂，可以沿磁盘表面来回移动，随机搜索和存储信息。硬盘处理数据的速度，比过去常用的磁带机快 200 倍，约翰逊因此被人们誉为“硬盘之父”。他一直担任 IBM 研究实验室和其他部门的主管，帮助硅谷成为世界磁盘工业的中心。他在教育技术、通信技术、磁性材料等领域获得 90 余项专利，直到 1998 年离开人世。而在他领导 IBM 工程师研制硬盘的过程中，一位名叫艾伦・舒加特的青年工程师发挥了关键作用。舒加特为 IBM 工作了十多年，于 1969 年离开 IBM，建立了舒加特合伙人公司。1971 年，他率先研制出世界上第一片以塑料材质为基础的 5 英寸软磁盘。1974 年，舒加特合伙人公司倒闭，在朋友资助下，他开了一家酒吧艰难度日。五年之后，舒加特重返计算机行业，在著名的硅谷腹地，与过去的几个同事共同创建了希捷（Seagate）技术公司，专门为个人电脑研制高性能的硬盘。1980年，希捷公司研制出第一块5.25英寸硬盘，容量达5~10 MB。舒加特领导的这家公司，目前已是资产数十亿、员工十余万人的世界著名硬盘生产厂商。

现在让我们再次回到1954年，成就了“本世纪最伟大发明”的“晶体管之父”肖克利离开贝尔实验室返回故乡，成立了肖克利半导体实验室，而他的故乡恰好就在现在的“硅谷”圣塔克拉拉。不久，因仰慕“晶体管之父”的大名，求职信像雪片般飞到肖克利的办公桌上。

1956年，以罗伯特·诺伊斯为首的8位年轻的科学家从美国东部陆续加盟肖克利的半导体实验室。他们都是30岁以下、风华正茂、学有所成的精英人才，有获得双博士学位者，有来自大公司的工程师，有著名大学的研究员和教授，都处在创造能力的巅峰。他们怀揣梦想，团结一心地要与肖克利一起去改写人类电子世纪的历史。然而，肖克利虽然是位天才科学家，却缺乏经营能力，对管理更是一窍不通，令众人十分失望。特曼评论说：“肖克利在才华横溢的年轻人眼里是非常有吸引力的人物，但他们又很难跟他共事。”

1957年，在诺伊斯带领下，8位青年一起从肖克利半导体实验室辞职“叛逃”，决心自行创办公司，这就是电子计算机历史中8个天才“叛逆”的趣闻。肖克利半导体实验室最后因经营不善，被另一公司收购，而肖克利本人最后被斯坦福大学请去当了荣誉教授。

1957年10月，地处美国东部的仙童照相器材和设备公司，为“八叛逆”投资了3 500美元种子资金，组建起一家以诺伊斯为首的仙童半导体公司。他们租了瞭望山下的一间小屋，着手制造一种双扩散基型晶体管，用硅来取代传统的锗材料，这是“八叛逆”在肖克利实验室尚未完成却又不受肖克利重视的项目。在诺伊斯的精心运筹下，仙童半导体公司的业务逐渐有了较大发展，员工增加到100多人。同时，一整套制造晶体管的平面处理技术也日趋成熟。诺伊斯等人首创了与众不同的晶体管制造方法：公司的赫尔尼想出办法把硅片表面的氧化层挤压到最大限度，然后他们在透明材料上绘好晶体管结构，用拍照片的办法，把结构显影在硅片表面氧化层上，腐蚀去掉不需要的图形后，再把那些具有半导体性质的微粒扩散到硅片上。利用这种用氧化、照相、刻蚀、扩散的半导体平面处理技术，他们成功地制造出了金属氧化物半导体（MOS）等器件。

半导体平面处理技术为仙童半导体公司打开了一扇奇妙的大门，他们突然看到了一个极有希望的前景：用这种方法既然能做一个晶体管，为什么不能在硅片上集成几十个、几百个、乃至成千上万个呢？1959 年 1 月 23 日，诺伊斯在日记里详细地记录了这一闪光的设想。

几乎在同一时间，美国南部达拉斯市德克萨斯州仪器公司（TI）的青年研究人员基尔比也想到了类似的技术创意。基尔比在伊利诺斯大学和威斯康星大学所学专业都是电子工程学，他从英国科学家达默的思想里获得了启发。达默早在 1952 年就指出，可以把由半导体构成的晶体管组装在一块平板上，从而去掉之间的连线。根据这一想法，基尔比在笔记本上画出了设计草图，并通过实验成功地把晶体管、电阻和电容等集成在微小的平板上，用热焊方式把元件以极细的导线互连，在不超过 4 平方毫米的面积上，集成了 20 余个元件。1959 年 2 月 6 日，基尔比向美国专利局申报专利，把这种由半导体元件构成的微型固体组合件命名为“集成电路”（IC）。

从那以后，基尔比一直供职于德克萨斯州仪器公司，担任技术主管等职务，直到 1970 年才退出，成为德克萨斯州 A&M 大学教授。他一生共获得 60 余项发明专利，但最大的贡献，莫过于首次发明集成电路。当基尔比发明集成电路的消息传到硅谷时，仙童半导体公司立即召开会议商议对策。诺伊斯提出：可以用平面处理技术来实现集成电路的大批量生产。仙童公司开始奋起直追，1959 年 7 月 30 日，他们采用先进的平面处理技术研制出集成电路，也申请到一项发明专利。

1966 年，基尔比和诺伊斯同时被富兰克林学会授予美国科技人员最渴望获得的巴兰丁奖章。基尔比被誉为“第一块集成电路的发明家”，而诺伊斯被誉为“提出了适合于工业生产的集成电路理论”的人。1969 年，美国联邦法院最后从法律上承认了集成电路是一项“同时的发明”。

在基尔比和诺伊斯发明集成电路不久后的 1961 年，德克萨斯州仪器公司仅用不到 9 个月的时间，就研制出第一台用集成电路组装的计算机，这标志着电子计算机从此进入第三代。

到了1964年，仙童半导体公司“八叛逆”之一的摩尔博士，以三页纸的短小篇幅，发表了一个奇特的理论。摩尔天才地预言道：集成电路上能被集成的晶体管数目，将会以每18个月翻一番的速度稳定增长，并在今后数十年内保持着这种势头。摩尔的这个预言，因集成电路芯片后来的发展曲线得以证实，并在较长时期保持着有效性，被人们誉为“摩尔定律”。从此以后，集成电路迅速把电子计算机推上高速成长的快车道。

20世纪60年代初，IBM公司总裁小沃森已接近“知天命”的年龄。面对电脑业界激烈的竞争，一个新的设想在他脑海里酝酿成熟，他让秘书找来公司的副总裁文森特·利尔森，下达了研制由集成电路组成的系列电脑，尽早淘汰过时的晶体管机器的指令。利尔森马上组建了一个工程师委员会研究新机器方案。几经研讨，委员会无法取得共识，两个月过去后，方案还没有理出头绪。利尔森对委员们发火了：“你们统统给我搬进旅馆，搞不出方案谁也不许回家!”利尔森把工程师们送到康涅狄格州，“关进”了一家汽车旅店里。

1961年12月28日，委员会完成了一份8页纸的报告，黑体标题醒目地写着“IBM360系统电子计算机”。新计算机系统用360为名，表示一圈360度，既代表着360电脑从工商业到科学界的全方位应用，也表示IBM的宗旨：为用户全方位服务。利尔森粗略估算出需要的费用：研制经费5亿美元，生产设备投资10亿美元，推销和租赁垫支35亿美元——360计划总共需要投资50个亿！要知道，美国研制第一颗原子弹的“曼哈顿工程”也才用了20亿美元。美国的新闻界惊呆了。《幸福》杂志的通栏标题是：“IBM的50亿美元大赌博!”小沃森自己也承认，这是他一生中所做的“一项最大、最富于冒险精神的决策”。

利尔森与主管设计工程的总负责人弗雷德里克·布鲁克斯和吉恩·阿姆达尔等人，多次就360系统技术问题进行商讨。最后，他们提出了一种全新的思路：IBM360必须是一种“兼容性”的产品。兼容性将意味着，尽管360系统电脑在型号上有很大区别，但它们都必须能够用相同的方式处理相同的指令，享用相同的软件，配置相同的磁盘机、磁带机和打印机，而且能够相互连接在一起工作。当时，仅IBM公司的晶体管电脑就有7个种类20多个型号，软件和外部设备都不能互换使用，给用户带来极大的不便。“兼容性”是一个伟大的观念变革，它给现代电脑发展带来的技术进步，至今还在发挥巨大作用。

研制360电脑的第一个难题是IBM必须自己制造集成电路，因为他们买不到现成的芯片。以前建造一所新工厂，对IBM来说根本不在话下，但是集成电路的生产环境要求极为苛刻，车间里不能有一点灰尘，新建一个集成电路制造厂简直就像建造一间大型的外科手术室，成本超过普通厂房的四五倍。而且研制360电脑最大的障碍还是软件，为了让软件能适用于所有的电脑，必须编制几百万条电脑指令。最后，IBM投入编写程序的软件工程师多达2 000人，花在360电脑软件上的费用，总共超过了5亿美元之巨！大大超越了硬件即电脑机器本身的开支，连小沃森也感到震惊。

1964年4月7日，历经了4个年头的风风雨雨，IBM公司用50亿美元的“大赌博”赢得了360系统电脑。IBM360共有6个型号的大、中、小型电脑和44种新式的配套设备，整整齐齐摆放在宽大的厅堂里。从功能较弱的360/51型小型机，到功能超过51型500倍的360/91型大型机，都是清一色的“兼容机”。IBM360的成功标志着第三代计算机正式登上了历史舞台，又是一个新时代的来临。

为了庆祝IBM360的诞生，IBM公司分别在美国63个城市和14个国家举行记者招待会，全世界有近万人莅临盛会。在纽约，小沃森亲自租用一辆火车，率领着200多名记者，浩浩荡荡开往IBM波基普西的实验室。他向全世界庄重宣布：“这是本公司自成立以来最重要的划时代产品！”

5年之内，IBM360共售出32 300台，创造了电子计算机销售中的奇迹。不久后，与360电脑兼容的IBM370机接踵而至，其中最高档的370/168机型，运算速度已达到每秒250万次。从那以后，弗雷德里克·布鲁克斯和吉恩·阿姆达尔就被人们称为“IBM360之父”。布鲁克斯还于1995年获得了美国奖金额最高的科学奖——鲍尔科学奖。

2.1.3 四代机

20世纪70年代初，当集成了数千个元件以上的芯片开始被称为“大规模集成电路”时，第四代计算机就快要应运而生了。

（1）一块芯片上的计算机

1968 年，集成电路发明人诺伊斯站在山上眺望硅谷，仙童公司漂亮的厂房在薄雾笼罩中越来越模糊。在这家由他亲手创建的高技术公司里，“八叛逆”们大都已经出走和自立门户。最后，他也毅然决定脱离已经没有发展空间的仙童半导体公司，已过不惑之年的诺伊斯又重新回到了创业的起点。接着，诺伊斯物色了两位创业伙伴，一位是名列“八叛逆”的摩尔，另一位是在仙童公司从事经营管理的安迪·格罗夫（格罗夫原籍匈牙利，初到美国时连《纽约时报》上的大标题都读不全，全凭着坚强的毅力，在三年内读完纽约城市大学，接着又拿下加利福尼亚大学博士学位）。诺伊斯、格罗夫和摩尔三人构成了新公司领头的“三驾马车”。三位创业者经过精心商议，最后采纳摩尔的建议把新公司取名为“英特尔”（INTEL），五个英文字母“INTEL”寓意着“集成电子”。

“集成电子”公司自然必须研制和生产集成电路。英特尔公司没费多少周折，就在仙童公司附近借到了一座旧楼房并租来了机器。诺伊斯说：“让我们对准当今最先进的技术扫描，看看哪些技术最有成效，最行得通。”根据分析的结果，英特尔公司决定首先上马的项目是半导体集成电路存储器。电脑内部的存储器，即冯·诺伊曼用来储存程序的记忆装置。1969 年春，这家刚成立不到一年的小企业，首创了全球第一款双极性集成电路存储芯片——64 B 存储器 3101；1970 年，他们又研制出第一款金属氧化物半导体（MOS）存储芯片 1101，容量扩大到 256 B。同年，代号为 1103 的动态随机存储器（DRAM）问世，宣告了老式磁芯存储器的死亡。

来自斯坦福大学的助理研究员马西安·霍夫，是应诺伊斯的恳切邀请加盟英特尔公司的第 12 名员工，年仅 31 岁。霍夫在代表英特尔与日本的“商业通信公司”合作研制一套可编程台式计算器时突发奇想：“完全可以把日本人的设计压缩成三块集成电路芯片，其中最关键的是中央处理器芯片，把所有的逻辑电路集成在一起，另外两片则分别用作储存程序和储存数据。”这种把“两样甚至更多的东西放在一起”的设想，让霍夫萌生了微处理器的新观念。摩尔得知后首先对霍夫的设想表示赞许，并给他派来麦卓尔当助手着手研制微处理器。凑巧这时仙童半导体公司的芯片设计专家费根也“跳槽”到英特尔，于是也加入到研制组，为霍夫设计的微处理器芯片画出了线路图。

1971 年 1 月，霍夫研制小组终于制成了能够实际工作的微处理器芯片 4004，在大约 12 mm^2 的芯片上集成了 2 250 个晶体管。英特尔在广告中介绍说，它只比一支铅笔尖稍大一点，在半个火柴盒面积大小的硅片上，可以容纳下 48 个微型的中央处理器！微处理器的体积如此之微小，但是每块芯片却包含着一台大型电脑所具有的运算功能和逻辑电路，比埃尼阿克的计算能力还要强大得多。

1971 年 11 月 15 日，英特尔公司在《电子新闻》杂志上向全世界公布了微处理器，并声称“一个集成电子的新纪元已经来临”。这一天，就是微处理器正式诞生的纪念日，它意味着电脑的中央处理器（CPU）已经缩微成一块集成电路，“一块芯片上的计算机”诞生了！

不久，英特尔公司另一种型号的微处理器 8008 研制成功。紧接着，在少许改进后，又推出最成功的微处理器 8080，这种芯片及其仿制品后来一共卖掉数以百万计。随着销售量的增大，它的价格也从最初每块 360 美元迅速降低到 3 美元。对此，英特尔公司的销售部经理吉尔贝克诙谐地提出了一个“吉尔贝克定律”，作为“摩尔定律”的补充：“每一种芯片的单价最后都要降到只有 5 美元，除了那些卖不到 5 美元的芯片之外。”在价格方面，不到 5 美元的 8080，比起埃尼阿克的 48 万美元来，确实让人瞠目结舌。

（2）开山鼻祖“牛郎星”

由于霍夫发明的微处理器必须配上存储器和其他外围设备才能组成计算机系统，因此当时正牌的电脑制造公司对它心存疑虑，直到三年后，以微处理器为心脏的微型电脑才“千呼万唤始出来”。1974 年 12 月，美国《大众电子》杂志一反常态，把翌年一月号的刊物提前投放在各书报摊点，用最引人注目的大字标题发布消息：“世界第一套微型电脑组件挑战所有种类的商业电脑！”这台所谓微型电脑组件名叫“Altair8800”，即银河系里那颗明亮的星——“牛郎星”。人们现在普遍认为，“牛郎星”正是微型电脑的“开山鼻祖”。

“牛郎星”的发明人爱德华·罗伯茨是位电脑爱好者，身高约有 1.9 m，精力充沛，性格倔强。20 世纪 60 年代从海军陆战队退役后，他就在新墨西哥州阿尔伯克基市开了一家小公司，叫作“微型仪器与自动测量系统公司”，简称

“MITS”，专门制作和销售台式计算器，生意做得十分红火。不料到了 1974 年，拥有集成电路发明权的德克萨斯州仪器公司（TI），以雄厚的实力大举“进犯”计算器市场。罗伯茨的公司在削价竞争中不几天就败下阵来，一直滑到破产的边缘，欠下了 25 万美元的债务。无可奈何之中，罗伯茨把目光投向了英特尔公司研制的 8080 微处理器，想用它来装配一种专供业余爱好者试验的计算机，以挽救濒临倒闭的公司。于是，他以每个 75 美元的价格向英特尔购进 8080 微处理器和其他元件，一面突击组装样机，一面派人员与新闻媒介联络。恰好《大众电子》在过去数月里一直在寻找独家新闻，编辑所罗门主动上门观看了罗伯茨的设计方案，感到这是一个有可能吸引读者的话题，于是便有了上面的报道。

根据杂志介绍，“牛郎星”勉勉强强算是一台电脑：罗伯茨将两块集成电路装进金属制成的小盒内，一块即英特尔的 8080 微处理器芯片，另一块是存储器芯片，最初仅有 256 B 容量，后来才增加为 4 kB。既无可输入数据的键盘，也没有显示计算结果的“面孔”。接通电源后，使用者需要用手按下面板上的 8 个开关，把二进制数“0”或“1”输进机器。计算完成后，面板上的几排小灯泡忽明忽灭，就像灯光信号机那样表示输出的结果。“牛郎星”诞生时的模样实在不敢恭维，它完全无法与 IBM360、PDP－8 或者“新星”等大、中、小各种电脑相比。然而，它也有上述所有机器不可比拟的优点——体积小，小到只能以“微型”相称；价格低，低到每台只标价 397 美元。

虽然《大众电子》把“牛郎星”吹得天花乱坠，但是当时所有的计算机企业都对此不屑一顾：这种简易的机器，充其量只能供学生们当玩具玩！如果你的公司想用“牛郎星”处理业务，便会发现它确实没有多大用途。然而奇怪的是，仅在 1975 年，罗伯茨的公司就卖出了它所能生产的全部“牛郎星”，共计 2 000 台，比罗伯茨最乐观估计的 800 台翻了一番还超过。

罗伯茨因发明了微型电脑“牛郎星”而大获成功，他的公司在“一夜之间”起死回生。《大众电子》曾在宣传中不无夸张地说，“牛郎星”将面向普通用户，采用最简便的 BASIC 语言编程。然而，“牛郎星”的存储器只有 4 kB，专家们都认为难以支持 BASIC，况且罗伯茨手中根本没有这种软件。

一天，罗伯茨突然接到一个电话，打电话者声称自己是西雅图市的交通数据公司，可以为“牛郎星”电脑开发出BASIC语言，并询问他是否有兴趣。罗伯茨岂止是有兴趣，如果有谁真能做成这件事，那“牛郎星”就不再是件玩具，它将成为一台名副其实的微型计算机。一个星期后，罗伯茨又接到一封正式的信函，信中说他们已经做成了软件。罗伯茨当即按信里提供的联系方式打去电话，可对方答复说那儿是西雅图市的湖边中学。罗伯茨摇摇头，心想这一定是哪个调皮学生的恶作剧，正准备作罢时，子虚乌有的交通数据公司又打来电话。这一回，罗伯茨不客气了，他恼怒地大声嚷道：“如果你们真有BASIC软件，那就劳驾送到MITS，我保证在阿尔伯克基机场恭候！”他本想激出对方的真相，哪知电话里传来肯定的答复：“完全可以，三周后请您到机场接站。”三周以后，罗伯茨在机场接到的竟然是一个乳臭未干的大孩子，来者说他叫保罗·艾伦，全权代表他的伙伴比尔·盖茨。此时此刻，比尔·盖茨正在远隔千里的波士顿哈佛大学校园，忐忑不安地等待着消息。

这个比尔·盖茨，戴着一副大镜片的眼镜，长着一张娃娃脸，还只是个不到19岁的大学生。他生于西雅图一位律师和一位教师组成的家庭，家教良好，但绝无与电脑有关的遗传因子。1969年，他就读的湖边中学引入了一套PDP－10小型电脑终端，用电线连接着电传打字机，并按使用时间付费。比尔在这台电传打字机上做起他的“软件梦”，同时也结识了比他高两年级的保罗·艾伦。两人终日迷恋电脑，致使学校付不起昂贵的使用费用，不得已便对他们的上机次数进行了严格限制。没有了电脑可玩，比尔和保罗实在技痒难忍。两人翻箱倒柜凑齐360美元，捧回一块英特尔生产的微处理器8008芯片，设想做一台记录分析交通情况的小装置。就这样，西雅图出现了一家由两个中学生组成的“交通数据公司”。

1974年12月，保罗在路边报亭上偶尔发现了元月号《大众电子》配发的“牛郎星”照片，便兴冲冲找到已经考入哈佛大学的比尔·盖茨。刚一见面，他就对比尔嚷道：“机会来了，我们可以为它编写BASIC语言。”比尔赞同地对保罗说：“我们可以用学校的PDP－10机开发一种模拟‘牛郎星’的程序，然后向BASIC冲击！”接下来，两人设计出了软件框架并初步分了工。保罗负责编写模拟程序，比尔则主攻BASIC解释程序。当这两个不知天高地厚的少年通过电话向罗伯茨拍胸保证三周交货的时候，所谓的BASIC软件还只是凭空想象而已。好在无论是模拟还是解释程序，两人都不陌生。保罗的工作必须先行，他不到两周就完成了模拟程序。比尔面对的难题则更多，他整整写了8 000行的机器语言程序，又千方百计地精炼压缩，设法使它能装进“牛郎星”那狭小的“身躯”。越是临近完工，他们就越是紧张，毕竟没有一台真正的“牛郎星”，程序能不能在机器上运行，谁也说不准。直到把保罗送上飞机离开后，比尔的心里仍不踏实。

显然，跟随罗伯茨来到MITS开发实验室的保罗更加紧张。当他终于第一次把带来的程序纸带送进“牛郎星”的读带装置时，心已经提到了喉咙口。时间一分一秒地过去，读带机还在“咔咔”地“吃”进纸带，这几分钟就像是过了好几年。突然，电传打字机轻轻地动作了一下，打印纸上印出了“READY”，标志着电脑做好了准备。他马上写了一段模拟阿波罗飞船登月的程序，交给罗伯茨打孔输入，程序果然十分准确地运行出结果。这大概是世界上第一台微型电脑第一次真正的应用。

不久，罗伯茨开着他那辆蓝色货车巡回美国各大城市，为“牛郎星”电脑摇旗呐喊。在他的手里，如今更有了一件最能吸引观众的法宝——买一部“牛郎星”电脑，可配一套BASIC软件，引来各界人士纷纷解囊。到1980年为止，这种软件竟卖出了100万套！在BASIC软件成功的鼓舞下，比尔·盖茨毅然从哈佛大学退学，于1975年7月在阿尔伯克基竖起了“微软”公司的大旗，公司简称MS，连同保罗和他自己，一共6员大将，专门从事微型电脑软件的开发。比尔·盖茨为公司制定了伟大的奋斗目标：“要让每一个家庭的桌上都有一部微型电脑运行着微软的软件！”

“牛郎星”的巨大成功让许多人产生了一个疑问，拥有微处理器发明权的英特尔公司为什么自己不组装微型电脑呢？非得等罗伯茨来抢先一步吗？事实上，早在1972年，英特尔公司组建的“开发系统小组”就曾以8080作为微处理器，设计出最早的一代微型电脑，比“牛郎星”的诞生提前了2年，他们把这种电脑命名为“蓝箱子”。奇怪的是，英特尔全然没有认识到自己创造了又一个“世界纪录”。“蓝箱子”电脑仅仅是作为英特尔配套于微处理器销售的一种工具。由于“开发系统小组”的工程师们大多设计过小型电脑，所以“蓝箱子”电脑使用了小型机上的许多技术，有自己特殊的总线，也有专用的操作系统软件。英特尔把这种机器定位于“帮助用户开发微处理器”的辅助工具，价位也定得较高。而且当时的电脑业界谁也没有“微型电脑”的概念，因而都把“蓝箱子”看作某种新的小型电脑，英特尔也为自己能跻身于“第七大小型机公司”而沾沾自喜，错失了独占微型电脑产业鳌头的良机。而罗伯茨这种把“牛郎星”定位在青年“电脑迷”身上的做法，无意之中更是引发了一场真正的计算机革命。

（3）苹果电脑创奇迹

自微型电脑问世后，美国出现了一种电脑业余爱好者购买散件，在家庭汽车库里组装微型电脑的热潮。这些狂热的青年人还在斯坦福大学校园里自发组织了一个“自家酿造计算机俱乐部”，相互交流在车库里组装电脑的经验。在第一次聚会后的几个月内，就有75%的会员设计出自己的微型电脑。不久后，这些电脑迷们又纷纷以汽车库为基地开始创业，把“自家酿造”的电脑推向市场。这种状况，正如1976年哈佛商学院高才生纳尔逊所概括的那样：他们发动了一场解放计算机的革命运动。

史蒂夫·乔布斯和他的伙伴斯蒂夫·盖瑞·沃兹尼亚克正是在“计算机解放运动”的推动下，组装成功了第一台真正意义上的个人电脑，用双手托起了微型电脑产业的新一轮朝阳，诞生了后来闻名全球的苹果电脑公司。

乔布斯出生在肖克利回圣塔克拉拉打天下的那年，是硅谷第一代土生土长的青年人，由于他是个自小被人收养的孤儿，因此养成了狂放不羁的性格。在里德学院只读了一年书，他就离开学校独自“闯荡天涯”。据说他曾整日浪迹于俄勒冈一带的苹果园，靠打工糊口，后来在雅达利公司谋到了一份工作，随后却又迷上了东方的“法术”，于是千里迢迢、漂洋过海地追随印度大法师“修行练功”。最后，乔布斯终于返回雅达利继续工作，并与童年时代的好友沃兹尼亚克取得了联系，在后者的带动下，他又对微型电脑产生了浓厚的兴趣。1975年，乔布斯20岁，沃兹尼亚克25岁，沃兹尼亚克是位电脑奇才，而乔布斯则具有非凡的洞察力，两人都是双手握空拳的穷小子，下班后的业余时间，他们经常逗留在乔布斯的车库里钻研电脑，也常常一起参加“自家酿造计算机俱乐部”的活动。看到其他人炫耀自己的“牛郎星”电脑，沃兹尼亚克心中羡慕不已，乔布斯就鼓励他自己动手做一台更好的机器。经过一番努力，当他们带着沃兹尼亚克的自制电脑再次出现在俱乐部的聚会上时，到会者都坐不住了。这些“电脑玩家们”里三层外三层地把沃兹尼亚克围得水泄不通，争相观看。沃兹尼亚克自制的电脑虽说仅是一块较大的电路板，但它却有 8 kB 的存储器，还能发声和显示高分辨率图形。这些“电脑玩家们”岂止是大吃一惊，他们纷纷向沃兹尼亚克提出要购买这种机器。

此时，火热的场景启发了一直在维持秩序的乔布斯，他在心中默默地计算着：“俱乐部有 500 人，大约会有 100 人买沃兹尼亚克的机器，假如卖出一台机器，我们能有 50 美元利润，那么卖出 100 台……”第二天，他立刻说服沃兹尼亚克卖掉他珍爱的惠普牌计算器，又把自己的大众牌小汽车送进了拍卖行，想尽办法好不容易凑到了 1 300 美元的垫底资金。他们把腾出的车库改造成了“工厂”，两人没日没夜地干起活儿来。没有人剪彩，也没有举行任何奠基仪式，20 世纪微型电脑的制造工业就这样悄悄地在汽车库里迈出了第一步！

1976 年愚人节那天，乔布斯、沃兹尼亚克和另外几个同伴共同签订了一份合同，为沃兹尼亚克的电脑成立了一家新的“车库”公司，乔布斯把这个公司命名为“苹果”。就这样，苹果电脑公司也竖起了大旗。

1977 年初，沃兹尼亚克又精心设计了另一款新的微型电脑。这款电脑前部装配了键盘，安装在淡灰色的塑料机箱里，角上镶嵌着一个由 6 种颜色组成的“苹果”图案，重量总共只有 5 kg，装配着高效能的开关电源，主电路板只用了 62 块集成电路芯片。为了提高机器的性能，沃兹尼亚克还几乎用了一年时间设计出灵巧的磁盘机，尽量缩小其体积，仅用 8 块芯片就达到老式磁盘机 50 块集成电路芯片的效果。这种电脑已达到当时微型计算机技术的最高水准，乔布斯命名它为“苹果Ⅱ型”（Apple Ⅱ），并“追认”他们在“自家酿造计算机俱乐部”展示的那台机器为“苹果Ⅰ型”。

1977 年 4 月，乔布斯动员公司所有的员工日夜奋战，抢在旧金山西海岸计算机交易会开幕前，制造出 5 台苹果Ⅱ型电脑样品。苹果Ⅱ型电脑第一次公开露面就造成了意想不到的轰动，成千上万的观众涌到苹果公司的展台，几乎要把桌子挤翻，订货单被一抢而空。苹果公司第一年的赢利即达到 250 万美元，从此，苹果Ⅱ型电脑走向了学校、机关、企业、商店，走进了办公室和家庭，它已不再是简单的计算工具，它为本世纪后期领导时代潮流的个人电脑铺平了道路。

随着苹果电脑带来的巨大收益，苹果电脑公司在短短5年时间内创造了奇迹，营业额跃升至10亿美元，跨进美国最大500家公司的行列。乔布斯头顶着一只苹果的照片，被《时代》杂志刊登在封面，而乔布斯本人成了美国人心目中的英雄和楷模。

（4）IBM下“国际象棋”

如果要把电脑发明以来的50年历史划分为两个不同的阶段，那么，1981年无疑是个分界线，就在那一年，IBM公司推出了其个人电脑PC机，使人类社会大步跨进了个人电脑新时代。

在以苹果电脑公司为代表的“车库”公司把微型电脑演成了大气候时，IBM这样的大公司却在计算机革命的浪潮中慢了半拍，年老的决策者们对改革的潮流反应迟钝，庞大的机构无法使它迅速做出改变，处境十分尴尬。面对这样的情况，IBM博克雷顿实验室主任比尔·洛威采用激将法，向公司的决策者们提出购买微型电脑的建议，令董事长弗兰克·卡利大发雷霆：“这是我有生以来听到过的最荒唐的建议。”卡利大声嚷道，“我命令你立即着手开发IBM的微型电脑，让我们自己的‘苹果’尽快占领市场！”洛威受到斥责反而露出笑脸，他要求组织一个独立精干的研发小组，可以不受公司传统体制的约束。卡利欣然同意，他把这个研发项目秘密地命名为“国际象棋”，并强调说：“今后，若有人问到如何让大象跳踢踏舞，我们的回答就是这个‘国际象棋’。”

1978年到1979年间，英特尔公司已经把他们的微处理器发展为16位的芯片，并完成了前所未有的2 500例成功的产品设计。IBM对微电脑的渴求迫在眉睫，在迈阿密附近的博克雷顿实验室，由埃斯特奇领导的“国际象棋”小组下出的第一着“棋”，就是研究“苹果”成长的奇迹。根据研究的结果，他们决定采用英特尔公司8088微处理器作为新电脑的中枢，即内部为16位而外部一次只传送8位数据的芯片，这样既保持了节约成本、与8位机器兼容的优点，又使其“思考的速度远远快于它可以通信的速度”（比尔·盖茨语）。同时，IBM的新电脑也要像“苹果”那样，委托独立的软件公司为它配置各种程序。可笑的是，

“国际象棋”小组的工程师们居然认为IBM公司的微型电脑也应该像苹果电脑一样取名为某种水果。经反复斟酌他们也没能找到一种满意的东西，最后才决定把它命名为一个大众化的名称——个人电脑（Personal Computer），即IBM PC机。

一切准备工作都是在极端保密的情况下进行的。1980年下半年，IBM公司派人登门造访英特尔要求合作，说他们正在利用英特尔的微处理器开发新产品，希望得到技术支持，但英特尔派去的工程师被带到实验室的一块黑色幕布前，只被允许把手伸过幕布，摸索样机以确定问题的症结。

微软公司也受到了如英特尔一样的“待遇”。1980年夏天，比尔·盖茨接到了IBM公司的一个神秘的电话，表示要对微软公司进行考察。员工多达34万的跨国公司要访问当时仅仅30余人的“作坊”式企业，使比尔·盖茨感到十分诧异。会谈中，身着蓝色西装的IBM的代表提出许多难以理解的问题，并要求微软当场签署一份保密协定，原来他们希望与微软合作，请比尔·盖茨负责提供新电脑的软件。根据协定，微软公司应该为PC机提供包括BASIC在内的系列电脑语言软件。然而，未来的PC电脑，最需要的软件是操作系统，于是，比尔·盖茨把IBM的代表介绍给了另一家以研制CP/M操作系统软件闻名的DR数字研究公司。接下来发生的事情又出现了戏剧性情节，CP/M操作系统软件的设计者基多尔恰好不在家，而他的太太又不愿在保密协定上签字，千载难逢的机遇与DR公司失之交臂。IBM的代表只得转过头来，仍请微软公司帮助解决操作系统的问题。比尔·盖茨急中生智，想起了西雅图电脑公司的软件天才帕特森，此人早就为英特尔的16位芯片编写了一个QDOS软件，QDOS即“快而粗糙的操作系统”，正好可以充当PC机的操作系统。于是微软公司悄悄以低价向帕特森购买到这款软件的版权，而当时帕特森并不知晓其中内情。

1980年感恩节刚过，“国际象棋”工程小组把IBM公司的最高机密——两台PC电脑的样机，从迈阿密空运到西雅图。同样在高度保密的条件下，比尔·盖茨率领着微软公司的软件小组开始为PC电脑编写程序。他们的任务除了需要赶写BASIC、COBOL、FORTRAN和PASCAL四种电脑语言的4万个程序代码，还要把QDOS改造成适合PC机使用的MS-DOS操作系统。比尔·盖茨大量招聘编程高手，使参加PC机软件工程的人员增加到了70人。直到1981年6月，帕特森也加盟微软公司，并立即参与到 MS – DOS 的开发之中，经过反复修改和调试，终于完成了这款影响深远的著名软件。

从 1980 年 8 月到 1981 年 8 月，在整整一年的时间里，埃斯特奇带领着“国际象棋”工程计划 13 人小组奋力攻关，英特尔公司也专门组成“特殊客户部”为 PC 机供应高质量的芯片。据说，IBM 公司后来围绕 PC 机的各项开发，投入的力量逐步达到 450 人，“当时很少有人体会到，这一组人即将改写全世界的历史。”（英特尔华裔副总裁虞有澄语）1981 年 8 月 12 日，IBM 公司在纽约市对外宣布：IBM PC 机横空出世！鉴于埃斯特奇为 PC 电脑的诞生做出的卓越贡献，IBM 公司内部的人都尊敬地称他为“PC 机之父”（不幸的是，埃斯特奇 4 年后因飞机失事英年早逝，人们将永远缅怀他的丰功伟绩）！

IBM PC 机是由英特尔公司提供微处理器芯片、微软公司编写软件、IBM 公司主导设计和制造电脑系统的共同作品。IBM PC 机最重要的特点在于它的开放性。在 IBM PC 机诞生的同时，埃斯特奇代表设计部门宣布，他们将把所有的技术文件全部公开，热诚欢迎同行加入个人电脑的发展行列。于是乎，全世界各地的电子电脑厂商一哄而上，争相转产仿造 PC 机，仿造出来的产品就被称为 IBM PC 兼容机。不久，IBM PC 机就成为了个人电脑“事实上的标准”。

《华尔街日报》预见性地评论道：IBM 大踏步地进入了微型电脑市场，蓝色巨人可望在两年内夺得这一新兴市场的领导权。果然，就在 1982 年内，IBM PC 机就卖出了 25 万台，以每月 2 万台的速度迅速接近了“苹果”。1983 年 5 月 8 日，IBM 公司推出改进型 IBM PC/XT 个人电脑，增加了硬盘装置，当年就使市场占有率超过 76%。1984 年 8 月 14 日，IBM 公司乘胜又把一种“先进技术”的 IBM PC/AT 机投向用户的怀抱。AT 机采用英特尔公司后来发展的 80286 微处理器芯片，能管理多达 16 MB 的内存，并可以同时执行多个任务。

1982 年，美国著名的《时代》周刊在介绍本年度“新闻人物”时满怀激情地写到：“在本年度的新闻里，它是最吸引人的话题，它代表着一种进程，一种持续发展并被广泛接受和欢迎的进程。这就是为什么《时代》在风云激荡的当今世界中选择了这么一位新闻人物，但它完全不是一个人物，而是一台机器。”这个史无前例的“新闻人物”，就是个人电脑 IBM PC 机。

2.1.4 计算机的“心脏”——CPU

(1) 三比二好

1985年7月，英特尔公司在286芯片的海报上打了一个红色的叉，大张旗鼓地宣传“三比二好”，也就是说，16位的286芯片即将退位，在电脑史上具有重大意义的386微处理器正式登场。386是32位微处理器，一个芯片上集成了27.5万个晶体管，是第一代微处理器4004的120倍；运算速度也将达到每秒500万条指令，比其他公司研制的32位芯片快了2倍。

然而，386微处理器芯片却被保守的IBM拒之门外。英特尔公司虞有澄博士在他的回忆录中写到：当英特尔行销高手豪斯捧着386芯片，兴冲冲地跑到IBM公司通报佳音，居然碰了一鼻子灰。“我们只要286能够再快一点，根本不需要什么386。”IBM的代表斩钉截铁地说。当时微软公司正在为IBM的电脑开发新的操作系统OS/2，也极力主张把CPU升级为32位的版本。然而，由于在“国际象棋”工程中为IBM立下汗马功劳的埃斯特奇不幸遇难，接手项目的洛威完全听不进比尔·盖茨的规劝。洛威对比尔说道：IBM已经收到286机器的大量订单，不可能立即转向386，否则将失去大量客户。但他没有透露的真实原因则是：IBM对于受英特尔芯片的钳制早不耐烦，正悄悄地聚集人马，开发IBM自己的微处理器。

英特尔的386芯片虽然被IBM拒之门外，却被康柏公司（Compaq）当作宝贝迎进了家门。康柏公司是德克萨斯州仪器公司工程师康尼恩、史蒂麦克和巴雷斯共同创办的电脑公司。1982年11月，康柏公司就推出了一种名叫Portable的便携机，比IBM PC机的面世仅迟了一年多，这种机器外形如缝纫机，虽然重量并不轻，还需要外接电源，但它可以运行所有为IBM PC机开发的软件。由于康尼恩总裁特别强调对IBM PC电脑“百分之百”的兼容性，使得它成为检测个人电脑兼容性的基准，当年内就售出5万余部。传媒纷纷评论说：这是PC机家族里第一个非IBM公司开发的PC兼容机。

1986年9月，康柏公司抓住机会第一次领先于IBM推出桌上型386个人电脑Deskpro PC，使全世界都为之一惊。直到1987年4月，IBM公司的386电脑才姗姗来迟。在经历了个人电脑“竞技场”上首次缺席后，“蓝色巨人”在这个领域里逐渐失去了优势。

1991 年，康柏公司董事会推举菲佛继任新总裁，着力整顿企业管理，大幅度降低成本，刮起阵阵降价飓风。康柏公司的员工总数已达到 1 万余人，产品销往 100 多个国家。1994 年，康柏公司在全球 PC 机市场上的投放量达到 483 万台，终于第一次超越了 IBM，成为世界上最大的个人电脑供应商，雄居 PC 机“市场霸主”的宝座。

几乎与康柏同时推出 386 电脑的还有中国台湾的宏碁公司，它的创办人名叫施振荣。施振荣出生在台湾彰化县的鹿港。三岁那年，父亲因病撒手人寰，留下孤儿寡母艰难地过了好多年。为了生计，妈妈开了一家小杂货店，主要出售鸭蛋。打记事的时候起，少年老成的施振荣就开始了他叫卖鸭蛋的“经商”生涯。母亲省吃俭用供他读书，从小学到中学，他从未做过让母亲伤心的事，高中时期还以优异的数理成绩获得过“爱迪生奖”，从而奠定了今后踏入电脑高科技领域的扎实根基。

1964 年，施振荣考取了台湾交通大学电子工程系，四年本科、三年硕士，施振荣以大学第一名、研究生第二名的优异成绩完成学业。毕业后他先后到两家由台湾交通大学校友开办的电子公司担任技术负责人，发明和创新的科研成果不断涌现，从研制数字钟、频率器、桌上计算机，直到发明了台湾第一部掌上型袖珍计算器，设计出世界上第一支电子表笔。这些研究成果使施振荣声名大噪，仅仅 5 年时间，他就被推选为台湾十大杰出青年。

1976 年是施振荣事业的转折点，那年 7 月天气异常炎热，施振荣满头大汗回到家中，挥动着手中的资料对夫人叶紫华说：“这个东西太奇妙了，我们将用它改写人生!”叶紫华不解地问：“什么东西这么奇妙?”“微处理器！你看，我写下了今后的创业计划，制造微型电脑。”叶紫华虽然对“微处理器”一窍不通，但她十分信任丈夫的能力，全力支持丈夫的创业计划。

在自家的住宅里，施振荣邀请了 5 位好朋友，加上自己夫妇二人，合股投资创办了一家新的公司，并把新公司的名称定为“宏碁”。“碁”就是“围棋”，围棋高手施振荣要闯进电脑业界，下一盘气势恢“宏”的棋。

当时宏碁公司的创业基金只有100万新台币，约折合美金2.5万元，绝大部分都是向亲朋好友借来的。母亲为支持儿子的事业，把家里菲薄的积蓄都取了出来充作股本。1976年9月，施振荣租下一座临街公寓的二楼，从家里搬来办公桌椅，正式挂出了宏碁公司的牌子。为了集中精力开发和销售产品，他决定由没有技术背景的叶紫华女士暂且担任“董事长”，而董事长的主要工作居然是每天清晨负责开门和擦洗楼梯台阶!

创业初期，施振荣带领着宏碁的员工，从代理销售微处理器、研制电子游戏机、开办电脑培训班做起。不久，他们开发出“小教授”学习机，销售效益逐步增长，营业额在1981年只有2亿新台币，到1984年增长为30亿新台币。宏碁公司被视为个人电脑的先驱企业之一。

不过，开始生产IBM PC兼容机才使宏碁进一步跨入个人电脑的主流市场。1982年，施振荣参加了美国拉斯维加斯电脑大展，开展那天上午，他匆匆步入会场，到处都听见人们在传述着“兼容”一词。参观者纷纷涌向康柏公司的展台，把康柏的第一台PC兼容机围得水泄不通。康柏的成功使他大受震撼，也坚定了他加入兼容电脑行列的决心。从此，宏碁公司逐渐把产品的重心，转移到发展PC兼容机方向。

1986年10月，仅比康柏公司的386电脑迟到了一个月时间，宏碁公司就把它的第一台，也是全世界第二台386个人电脑推向了市场。施振荣兴奋地说：“这不仅是中国台湾的荣耀，更为亚洲国家在个人电脑发展史上争了一口气!”

自1976年开始的十年间，施振荣把一个小公寓里的7人企业，发展成了营业额近3亿美元的跨国集团公司。1985年，宏碁公司在各大报刊上刊登大幅广告，醒目的标题是：“龙梦成真，指日可待!”到了1995年，宏碁公司已经打进个人电脑世界十强，名列全球第七大PC电脑厂商。1996年，施振荣本人被美国《商业周刊》评选为“全球最杰出的25位企业家”之一。

(2) 四比三更好

英特尔公司因386芯片开发成功，一直执微处理器产业之牛耳。20世纪80年代中期，硅谷一位30岁出头的电脑工程师麦克里尼突然高擎“太阳”(Sun)的旗帜向英特尔发起了挑战。

那是1982年，刚获得斯坦福大学MBA文凭的麦克里尼与软件奇才比尔·乔伊等4人一起创办了太阳微系统公司。太阳微系统公司的创业者基本上都是斯坦福大学出身的工商硕士和工程师。"Sun"寓意着初升的"太阳"，同时它本身也是"斯坦福大学网络"的缩写词。创业之初，"太阳"的目标定位在高档工作站电脑产品。工作站由多台微处理器构成，具有比个人电脑更快的速度、更大的内存和更大的屏幕，通常用来替代大型主机进行电脑辅助设计/制造（CAD/CAM）和图形处理。

1982年，太阳公司首推Sun-1型工作站，采用的芯片是摩托罗拉68000。工作站电脑的先驱业者阿波罗电脑公司摆开阵势想与"太阳"打一场价格战，不料，麦克里尼却突然放弃了以传统芯片体系构造的Sun-1型工作站，迅速转向所谓RISC技术，推出全新的SPARC系列工作站，令阿波罗公司措手不及。

RISC即"精简指令集计算机"的缩写，原本只是个学术界的概念。20世纪60年代，IBM公司的一位具有诸多重要发明的科学家约翰·库克，首先提出了这种芯片设计技术的构想。库克在认真剖析了许多芯片的执行指令后发现，如果把很多相当复杂的指令，换成一些相对简单的指令，执行速度会更快。20世纪70年代初，库克为这种设想实际拟定了方案并制作了试验芯片，RISC试验芯片比IBM当时上市产品的运行速度要快数十倍，他也因此获得了1975年的"图灵奖"。

1979年，加利福尼亚州伯克利大学和斯坦福大学的两位教授，牵头分别组织研究小组，对传统CISC架构的芯片进行详细的分析和研究。结果发现，有一类只占总数20%的简单指令，其运行时间却占到80%，好比某人拥有100件衣服，但他经常穿的只不过区区一二十件，其余的几乎都是摆设。两个大学的研究小组，分别用库克的"精简指令集"思想，设计出了RISC电脑芯片。

相对于RISC架构，市场上无论是英特尔的386，还是摩托罗拉的68030微处理器芯片，都是"复杂指令集计算机"（CISC）架构。1989年，太阳公司突然推出以"SPARC"为名的RISC芯片，配合他们的Unix操作系统，形成了高性能的Sun工作站系列产品。不但迅速代替了市场上阿波罗公司的工作站计算机，更令摩托罗拉的68030芯片失去了市场优势。

“太阳”在工作站电脑领域逐渐独霸一方。麦克里尼雄心勃勃，把下一个攻击的矛头直指微处理器芯片的领导者英特尔，决定要将 RISC 芯片引入个人电脑。为了击败英特尔，麦克里尼代表太阳公司宣布：凡有意开发 SPARC 芯片的公司，他们都可以提供最详细的资料。通过技术开放，太阳公司授权和拉拢了一大批半导体厂商与之结成同盟，就像 IBM PC 初期那样，SPARC 技术很快就向着市场标准方向前进了一大步。麦克里尼信誓旦旦对业界强调：“以 SPARC 为硬件、以 Unix 操作系统为软件的最佳组合，绝对可以把英特尔 386 芯片架构的 PC 电脑打个灵魂出壳。”

面对麦克里尼的挑战，英特尔公司总裁格罗夫急忙把虞有澄提升为公司副总裁兼微处理器事业部总经理，希望这位华裔博士能够应付这场“太阳风暴”。但是，英特尔究竟该坚持老传统，还是应迅速转向新潮流，格罗夫内心深处也举棋不定。虞有澄提出了完美的对策：“我们将布置两支团队，同时上马 CISC 和 RISC。RISC 芯片称为 860，CISC 芯片沿袭传统称为 486。”

胸有成竹的虞有澄把事关公司前途命运的项目——“486 芯片”的设计重任，交给了技工出身的 27 岁的年轻工程师季尔辛格，这让许多英特尔的元老议论纷纷：“起用季尔辛格做骨干，虞有澄是不是昏了头。”虞有澄则力排众议，“英特尔一贯的用人标准是‘工作表现重于一切’，季尔辛格是主持 486 的最佳人选。”

虞有澄要求 486 芯片不仅要保持兼容，而且必须创新。季尔辛格首先提高了芯片的集成度，把 386 电脑中为了配合微处理器的运行而增加的“数字协调处理器”和高速存储器都集成在 486 芯片里，构成了一个整体。“英特尔技术大师”柯劳福德又进一步改进了 486 的设计：在芯片的核心层采用 RISC 技术以加速单一指令，而在外围其他部分则保留 CISC 原样。这样一来，既能大幅提速，又可保持它的兼容性。

1988 年底，860 小组率先出炉了第一块 RISC 芯片，但由于兼容性的问题并不受用户欢迎。虽然 RISC 架构在工作站电脑中具有最好的性能表现，它在个人电脑领域却面临不可逾越的障碍——没有现成的操作系统，没有更多的应用软件。

1989年2月，季尔辛格在原定两年半的时间上推迟两个月完成了486的研制工作。486芯片上集成着120万个晶体管，功能相当于当时的一台大型主机，速度比英特尔第一个微处理器4004快了50倍。1989年4月，英特尔公司在拉斯维加斯电脑大展上首度发布486，博得参加大展的600多名嘉宾一致的喝彩。

“四比三更好”，好就好在速度更快，好就好在兼容性更佳。1989年底，虞有澄再要求季尔辛格把486的工作时钟频率，从25赫兹提高到50赫兹；1991年，486的时钟频率再次被提高到100赫兹。运算速度一而再、再而三地翻番，486芯片也逐渐发展出系列产品，个人电脑的486时代正式来临！英特尔公司在微处理器市场上扯起风帆，全面抢滩。在全世界半导体公司中仅仅排名第十的英特尔公司，于1992年一举攀上顶峰，雄居全球半导体产业首位。麦克里尼看到形势不好，立即部署转移阵地。太阳公司悄悄把个人电脑芯片产品全面撤销，再次把进攻重点转向了工作站电脑和网络设备，迅速发展为一家最具影响力的网络产品公司。

（3）戴尔“一鸣惊人”

20世纪90年代初，全球电脑业都正准备把PC电脑从386向486升级，突然间，就像一股巨大的旋风刮来，一家新创办的电脑公司发动了所谓销售方式的“配销革命”。它不仅率先把486电脑推向市场，而且打破了由制造商、经销商、零售商层层转销的传统模式，直接把产品销售给最终用户，价格比其他厂商同类产品便宜二三成，顿时把市场搅得天翻地覆。电脑业界被这场猛烈的攻势击昏了头，亏损和倒闭的企业不计其数，连IBM公司、宏碁公司等都出现了巨额亏损。这家电脑公司的创始人和该公司的名称都叫“戴尔”（DELL）。

自古英雄出少年。1991年，当戴尔电脑公司的总裁迈克尔·戴尔以“电脑行销鬼才”的名声，跻身《财富》杂志所列全美500家大企业领袖人物时，年龄仅为25岁。人们惊奇地翻开他的履历：这个青年在他12岁时竟取得过美国德克萨斯州政府颁发的商业执照。中学期间，他在杂志上刊登广告，用出售邮票赚来的2 000美元，买回了自己的第一台PC电脑。随后，他又凭借为报纸征集新订户的行销手段，为自己赚回了一辆“宝马”牌轿车。

他的创业经历与比尔·盖茨十分相似。还在德克萨斯州大学读书期间，迈克尔·戴尔突然心血来潮，想要中断学业“下海”去创办自己的企业。戴尔对父亲解释说：“比尔·盖茨也是这样创办的微软公司。”身为牙科医生的父亲询问道：“你也打算做软件?”“不，我想与 IBM 竞争!”戴尔的回答使父亲大吃一惊。那一年，戴尔刚满 18 岁，年轻气盛，兜里只有 1 000 美元注册资金。戴尔的父母极力反对他退学，最后拗不过儿子的倔强，终于与他达成君子协定：可以在放暑假时试一试，若没有收益，9 月份必须回学校上课。

1984 年夏天，戴尔电脑公司在美国奥斯汀市挂牌营业，除了戴尔本人外仅有一名负责财务的员工。戴尔的创业想法其实很简单：IBM 公司规定经销商每月必须提取一定数额的电脑，不管你能否全部卖出，每月总有卖不出去的电脑成为经销商的积压存货。而戴尔公司可以上门用成本价收购那些积压的电脑，经销商一定乐于减轻负担。戴尔公司把收购的电脑搬回来加装一些配件，增强了电脑的性能，然后采用直销的方式以优惠价销售经他改良的“戴尔电脑”，结果大受用户欢迎。如此，戴尔公司第一个月的营业额便突破 18 万美元，公司前景十分看好，迈克尔·戴尔坚定地办了退学手续，并于一年之内就卖出了 1 000 多台机器。

戴尔公司一改传统的电脑销售方式，以面对最终用户的电话邮购方式直销，给美国市场带来了巨大的震动。戴尔对员工讲：“买电脑就好像上中国餐馆吃饭，顾客只要点菜，厨房就马上按单炒菜。”他的新点子层出不穷：全面承诺，24 小时全球联网热线服务，翌日上门维修……到了本应该大学毕业的那年，戴尔电脑公司的营业额已高达 7 000 万美元。从此，他下令停止改装 IBM 电脑的业务，转为自行设计、开发和销售本公司的品牌机。

正如 386 电脑时代 IBM 把机遇“让”给康柏公司那样，1989 年，英特尔 486 微处理器面世，康柏公司同样把天赐良机转手“送”给了戴尔。康柏公司因率先推出 386 电脑而声名鹊起，飘飘然地把自以为物超所值的 386 电脑“吊”起来卖，价格愈涨愈高，招来怨声载道。当英特尔“四比三更好”的宣传铺天盖地而来时，康柏公司却还在踌躇不前。

趁着康柏公司犹豫不决的当口，戴尔电脑公司一分钟也不迟疑，几乎与英特尔 486 芯片同步发动销售攻势。迈克尔·戴尔自此“一鸣惊人”，“DELL 486”品牌让用户趋之若鹜。1994 年，戴尔公司的员工已达 5 000 余人，年收入超过 20

亿美元。至1996年底，戴尔电脑公司的年收入更增加到100亿美元，仅在互联网上的网络销售日营业额就从100万美元猛增至200万美元。迈克尔·戴尔凭借486和后来的奔腾电脑，创造了又一个比尔·盖茨式的神话。

（4）奔腾的“芯”

1992年秋，英特尔公司格罗夫总裁召开了一次反常的秘密会议，与会者仅限于公司20名最高决策者。参会者都必须遵照格罗夫的指示，在会前宣誓保密，保证不对外界透露任何消息，特别不能对新闻界暴露蛛丝马迹。

格罗夫说道：“先生们，今天我们将对公司新一代芯片的命名进行最后投票。请各位针对命名小组选定的三个名称，做出自己的选择。”他竖起手指继续道，“注意，每人只能选定一个名字。”会场活跃起来，人们纷纷抢着发言，陈述对某一名称偏爱的理由，格罗夫非常认真地记着笔记。最后，全体人员都表明了自己的态度，就等着格罗夫总裁进行“民主集中”式的裁决。格罗夫站起身：“我对各位的参与深表谢意。”大伙竖起耳朵等待下文，谁知格罗夫说完这句话，竟合上笔记本，转过身，旁若无人地离开了会议室。

虞有澄最后一个走出会场。作为负责微处理器开发的副总裁，他深知公司这款芯片的分量。早在紧锣密鼓推出486芯片系列产品的时候，虞有澄已在策划英特尔微处理器的换代产品。他把原来负责开发486芯片的邓汉姆抽调出来，组织了近百人的研制队伍进行攻关。按照规划，他们需要在仅有25平方毫米的小硅片上设计310万个晶体管，数目大大超过486芯片的120万个，每个元件的宽度只有0.8微米，大约是一根头发丝的百分之一，并且新一代的芯片将超越传统的设计框架，采用“超标量结构”的创新构思，设成两个分开执行的单元，能够同时执行两个指令，运算速度将达到每秒能执行1亿个指令。新款微处理器还将实现64位的内部运算，其优越的性能将使小型电脑系统都相形见绌。

如果按照过去的传统，新型微处理器应该沿袭数字化的方式，遵循286、386、486的系列顺理成章地命名为586。可是，从386开始就有数家半导体公司在仿照英特尔生产类似的芯片，同样自称386、486，致使他们把官司打到了最高法院。法官的判决书却写道：美国法律不可能对“386”之类的数字商标给予保护，因为没有谁能够限制别人使用1、2、3、4、5。英特尔的微型处理器产品的数字化命名，本来就源于其产品序列号，当初也不是什么商标。所以，格罗夫决心从“586”开始中断数字命名的传统，让英特尔在商业战中占据有利的地位。

1993年5月，英特尔公司的新型微处理器在一个小型记者招待会上发布。格罗夫的身影出现在美国电视新闻的屏幕上：“我们下一代微处理器将有一个崭新的名字——Pentium。”记者们赶紧去翻字典，但所有的字典都没有这个单词。有人查出“Pent”的拉丁文词意是“第五”，而“ium”的词尾像是某种化学元素，听起来就像钙和氦。原来，Pentium意味着这个微处理器就是586，它寓意着CPU的第五代“元素”。Pentium的中文译名比英文名称更加响亮，芯片名叫“奔腾”。在随后的宣传中，英特尔公司巧妙地借助“奔腾”的汉语译音，打出了“送你一颗奔腾的芯”的大幅广告，恰好配合了微软视窗3.1版的出台，“奔腾”芯片的销量奔腾而上。1993年，“奔腾”以及还在畅销的486电脑，再加上其他公司生产的林林总总的个人电脑，全球PC机的数量奇迹般地达到4 000万台，并且第一次超过了汽车的销量。

到了1994年11月，奔腾电脑已变成世界电脑市场的主流产品，全球已有400万~500万块“奔腾”的“芯”在工作，整个PC机的数量也达到5 000万台，把电视机和录像机的销量统统甩到了身后。英特尔公司雄心勃勃，计划要在今后每年生产出重达1吨的“奔腾”芯片。原本是一钱不值的砂粒，在英特尔公司的魔力下，变成了以“吨”为计量单位的美元！从此，电脑业进入了“奔腾时代”。

1995年11月1日，英特尔的下一代微处理器产品发布会正式举行，人们发现了季尔辛格熟悉的面容，虞有澄再次委任这位技工出身的工程师担当了主力。新产品集成了550万个晶体管，运算速度高达每秒3亿个指令。内部元件的宽度，从0.6微米缩微至0.35微米，它沿袭“奔腾”的命名方式，名为“Pentium Pro”，即“高能奔腾”。

1997年，再次出现令电脑业界激动不已的新闻，5月7日，英特尔公司推出最新的奔腾Ⅱ处理器。业界评论家一致认为，这款芯片不是简单的升级，而是英特尔自推出“奔腾”以来最重要的新品。“奔腾Ⅱ”成功地实现了0.25微米新工艺，它内置多媒体功能，集数据、音频、视频、图形、通信于一体。同一天，

IBM、康柏、戴尔、惠普以及其他公司都同步推出各自的奔腾Ⅱ机型，带动了整个水位的上升。

《时代》周刊撰文写道："1997年最有影响，同时也是对过去10年有巨大影响的事件是，一个在全球范围内的、由微处理器芯片推进的新经济成长。"这家权威刊物把1997年年度风云人物的"桂冠"戴在61岁的安迪·格罗夫头上，认为"他的微处理器像蒸汽机、电以及流水线一样改变了整个世界的运作方式"。

从第一个微处理器发明后的短短20余年，微处理器遵照摩尔博士提出的定律，集成的元件数目以每18个月翻一番的进程，从4004发展到高能奔腾，芯片的集成度增加了2 400倍，速度提高了5 000倍。

在一块芯片上集成的晶体管数目越多，意味着运算速度即主频就更快。近年来，英特尔的奔腾4至尊版840处理器，晶体管数量已经增加至2.5亿个，相比当年的4004增加了10万倍。其主频也从最初的740 kHz（每秒运算74万次），增加到3 GHz（每秒运算30亿次）以上。但到了2005年，当CPU主频接近4 GHz时，英特尔等CPU开发厂商发现，CPU速度也会遇到自己的极限：那就是单纯的主频提升，已经无法明显提升计算机的整体性能。此外，随着功率增大，散热问题也越来越成为一个无法逾越的障碍。据测算，CPU的主频每增加1 GHz，功耗将上升25 W，而在芯片功耗超过150 W后，现有的风冷散热系统将无法满足散热的需要。3.2 GHz的奔腾4至尊版，晶体管达1.78亿个，最高功耗已达135 W。实际上，在奔腾4推出后不久，就在批评家那里获得了"电炉"的称号，更有好事者用它来煎蛋。很显然，当晶体管数量增加导致功耗增加超过性能增加速度后，处理器的可靠性就会受到致命性的影响。2005年4月，摩尔公开表示，引领半导体市场接近40年的"摩尔定律"，在未来10～20年内可能失效。

多核心CPU解决方案（以下简称多核）的出现，似乎带来了新的希望。早在20世纪90年代末，就有众多业界人士呼吁用CMP（单芯片多处理器）技术来替代复杂性较高的单线程CPU。IBM、惠普、Sun等高端服务器厂商，更是相继推出了多核服务器CPU。不过，由于服务器价格高、应用面窄，并未引起大众广泛的注意。

2005年，英特尔的主要竞争对手AMD抢先推出多核64位处理器。同年4

月，英特尔仓促推出简单封装双核的奔腾 D 和奔腾 4 至尊版 840 来应对。AMD 在之后也发布了双核皓龙和速龙 64 X2 的处理器。但真正的“双核元年”则是 2006 年，这一年的 7 月 23 日，英特尔基于酷睿架构的处理器正式发布。2006 年 11 月，英特尔又推出面向服务器、工作站和高端个人电脑的至强 5300、酷睿双核和四核至尊版系列处理器。与上一代微型处理器相比，酷睿 2 双核处理器在性能方面提高 40%，功耗反而降低 40%。7 月 24 日，AMD 宣布对旗下的双核速龙 64 X2 处理器进行大降价。由于功耗已成为用户在性能之外所考虑的首要因素，两大处理器巨头都在宣传多核处理器时，强调其“节能”效果。英特尔发布了功耗仅为 50 W 的低电压版四核至强处理器，而 AMD 的“Barcelona”4 核处理器的功耗没有超过 95 W。在英特尔高级副总裁帕特基辛格看来，从单核到双核，再到多核的发展，证明了摩尔定律还是非常正确的，因为“从单核到双核，再到多核的发展，可能是摩尔定律问世以来，在芯片发展历史上速度最快的性能提升过程”。

多核处理器的推出代表了计算技术的又一次创新。因为多核处理器比单核处理器具有性能和效率优势，多核处理器未来将会成为被广泛采用的计算模型。许多软件厂商也为基于多核处理器的平台提供了创新性的支持虚拟化和性能扩展的解决方案，如 BEA、微软、甲骨文、SAP 和 VMware 等。而普通的用户也将得到前所未有的性能提升，这将极大地推动家用 PC 的进一步应用，使计算机的多媒体系统应用具有更好的功能扩展。

2.1.5 计算机的“灵魂”——操作系统

（1）Windows 与微软公司的崛起

凡使用过 IBM PC 机的人都知道，在 DOS 操作系统的控制下，无论让电脑干什么，都必须记住各种操作命令，在键盘上不停敲打，输入一大串文字字符，才能控制电脑的运行，这给初用电脑的人带来极大不便。如何让计算机操作更快捷，成为计算机诞生初期面向普通使用者大规模普及的瓶颈问题。

早在 DOS 搭载 IBM PC 机成功后的 1981 年 9 月，比尔·盖茨就曾设想过 MS-DOS 和应用软件之间，增加一个 PC 机的“界面管理者”，并且制订出雄心勃勃的计划，为这个“管理者”拟定了几条要求：它必须能独立于硬件，必须能支持“所见即所得”，必须能使应用软件标准化，必须工作在图形环境中。这就是后来 Windows 软件最令人称道的创新——“图形界面”。不过，微软当时的兴奋热点在应用软件，这项计划进展迟缓，以致让苹果公司抢去了先机。

那时比尔·盖茨与乔布斯都多次参观过帕洛阿托中心，两人四处搜索，凡发现了有创新思想的人才或是有价值的发明，他们都想据为己有。乔布斯率先把一批人才“挖”到苹果公司，为他研制图形界面的新一代电脑，结果一炮打响。1983 年 1 月，苹果丽萨电脑率先上市，却因 1 万余美元的高昂价格令用户却步，没能打开局面。一年后，麦金塔电脑面世，功能达到丽萨电脑的十分之七而价格仅为其五分之一。麦金塔电脑以它独有的图形“窗口”征服了市场，它把图形用户界面技术成功地带进了个人电脑的领域。微软当时正负责为麦金塔配套电子表格和字处理软件，比尔·盖茨很早就看到这款新机器。他那时对图形技术还比较陌生，奇怪地盯着鼠标器上下打量，不停地询问道：“你们究竟用什么电子设备来控制鼠标?”“苹果”工程师正准备启齿做答，乔布斯大吼一声：“闭嘴!”其实，控制鼠标的根本不是硬件，恰恰是比尔·盖茨最擅长的电脑程序，乔布斯决不允许把这个秘密透露给微软。

幸运的是，由于苹果公司坚持不与 IBM PC 机兼容的政策，图形环境的麦金塔电脑没有能够对微软公司的 Windows 开发计划造成致命的打击。比尔·盖茨曾经在 Windows 3.0 发布会上说过：“我们的目标是为 90% 非苹果电脑的用户提供图形化、易于使用的界面。”从中能够窥视出微软公司当时的心态。

随后，微软也从施乐帕洛阿托中心“挖”到了一位高手，名叫麦克格雷戈，比微软董事长还要年轻一岁，思想活跃，知识渊博，是开发图形界面软件的最佳人选。此外，微软还从施乐物色到另外两位程序师。

没等比尔·盖茨部署完毕，1983 年 10 月传来消息，VisiCorp 公司已把 3 万套具有图形界面功能的软件 VisiOn 正式交付给用户使用，被人们誉为“发明了蒸汽机”。在上年度 COMDEX（计算机经销商博览会）大展上，VisiCorp 公司曾宣布试制出一个“看得见”的窗口软件，比尔·盖茨派员前往打探，结果发现那个软件的外表与微软计划的“界面管理者”十分类似。没想到费斯特拉的动作如此敏捷，一年之内就把产品打进了市场。

更可怕的消息却来自于IBM。人们都在盛传，“蓝色巨人”准备绕过微软公司，自行涉足图形界面管理软件。据说，IBM 连软件的名称都想好了，它叫作TopView，即所谓“顶尖的视图”。

比尔·盖茨慌了手脚。他对于微软未能及时抢占图形界面软件制高点相当愤怒，马上召集部属商议对策。他最后决定把“界面管理者”的名称改为“微软视窗”（MS – Windows），既大众化又十分切题。Windows 尚在襁褓里孕育，可是比尔不甘示弱于人，慌忙火急地抢先公布了子虚乌有的 Windows 软件。

1983 年 11 月 10 日，微软为 Windows 召开第一次新闻发布会，许诺翌年年初就交给用户使用。当天报纸描述说，比尔·盖茨仪容不整，身着皱巴巴的西服，有气无力地讲话。比尔·盖茨宣称他手中已有了 Windows，IBM 却偏偏在这时与 VisiCorp 公司签订了经销 VisiOn 软件的协议。眼看着微软与 IBM 的“蜜月”即将结束，似有分道扬镳的迹象，早就对“蓝色巨人”霸道不满的 PC 兼容机厂商纷纷倒向微软的阵营，先后宣布支持微软 Windows 的公司就有康柏、DEC、惠普等 24 家，而那些主要以经营应用软件为主的软件公司，如莲花、安迅达等，也宣称要在微软的“窗口”下发展新的应用软件。他们都在眼巴巴等待着拿到一套微软的 Windows 软件。

局外人并不知道，以麦克格雷戈为首的 Windows 研制小组，此时此刻，正陷在难以自拔的“泥潭”里。开发新一代的“窗口”软件谈何容易。由于当时 PC 电脑存储器容量很小，远不足以供应 Windows 所需的资源“开销”；8088 微处理器的速度太低，用常规方法显示图形，会让人感到慢得不能容忍。此外，这套软件包含的内容之多，涉及的范围之广，复杂程度之高，都是 MS – DOS 所不能比拟的。1984 年转瞬而至，微软公司第一次无可奈何地宣布，交货时间将推迟到第一季度末。

1984 年 2 月间，300 余家硬、软件公司的代表兴冲冲赶到西雅图，参加微软举办的图形界面技术研讨会，满以为可以拿到 Windows 的有关文件。不料结果大失所望，微软不仅没有提供出任何像样的技术资料，反而宣布将 Windows 的供货时间，再次推迟到 5 月。望眼欲穿的 5 月份又被盼来，微软的销售经理们却一一拜访各家用户，红着脸道歉说道：“请再耐心等一等，最迟到8月份，我们一定把Windows安装在你们的机器里。”

从1月到8月，三番五次，一拖再拖，若不是VisiCorp的VisiOn凑巧也出现了危机，微软公司恐怕很难挨过那些尴尬的日子。VisiCorp公司为了它的VisiOn“窗口”软件，曾耗资千万美元，花费了整整3年进行改进，把软件从头到尾改写了三遍，推向市场后却发现用户的反应冷淡。这是因为VisiOn是个封闭的系统，一些著名的软件如Lotus1-2-3、DBASE等都不能在它的环境下运行。费斯特拉见销售形势欠佳，下令降价出售，从标价500美元一直降到95美元却仍无法挽回其颓势。IBM见VisiCorp公司无计可施，决定亲自出马，用TopView换下不中用的VisiOn。谁知道“老将”出来以后，市场形势也没出现根本转机。人们把IBM“顶尖的视图”装进电脑，虽然也看到窗口的效果，但很快就认清这是个“虚假”软件——TopView的用户界面仍然属于传统的字符型。

最后承诺的8月份到了，微软依然没有Windows软件产品，比尔·盖茨简直不知道如何去面对记者的质问。微软发言人自嘲地讲：“每次发布推迟的消息之后，我都像个白痴。”由于多次“失信于民”，记者们戏称Windows是比尔·盖茨吹出的“肥皂泡”，应该改称为“泡泡件”。

由于无法承受极度的压力，麦克格雷戈执意辞职离开微软，比尔·盖茨不得不惜别这位“出师未捷”的爱将。正当Windows处于进退维谷之际，微软公司聘任不久的新总裁谢利发挥了他高超的组织作用。谢利时年45岁，原在坦迪公司担任副总裁，被董事长比尔·盖茨请来担当总裁重任，目的正是要使自己免去繁杂的行政事务。谢利受命于“危难”之中，经过一番认真的调查，他找到了问题的症结。Windows计划之所以进展迟缓，除了技术难关外，更主要的还在于组织和管理混乱。谢利快刀斩乱麻，将微软的研究机构划分成几个部门，交由鲍尔默等人掌管，各司其职，使比尔·盖茨能集中精力考虑软件的总体框架和发展方向。他还宣布由鲍尔默担任视窗产品经理，并把微软资深的程序高手康森调进研制小组，具体负责图形用户界面的设计。康森原是西雅图的一位高中学生，因哥哥买了一台苹果机而迷上了电脑软件。微软公司迁回西雅图，他毛遂自荐担任了程序设计师，为公司开发出一批热门产品，也为开发MS-DOS立过汗马功劳。

康森加入 Windows 开发行列，无疑加强了攻关的实力。

1984 年的日历早已翻过了 8 月 31 日。这一回，比尔·盖茨打消了“冒进”的念头，索性又把 Windows 交货的最后期限推迟到 1985 年 6 月。Windows 的开发总算走上有条不紊的轨道，比尔·盖茨亲自督办视窗工程，要求部下从 6 月份重新开始“倒计时”。

一天清晨，比尔·盖茨亲自审查正在开发的软件，突然发现了一处错误，他猛地拍起桌子，勃然动怒高声嚷叫起来。鲍尔默惊慌失措地跑进里屋，他不解地望着董事长，不知道发生了什么事。比尔用手指着鲍尔默，劈头盖脸一顿臭骂："我警告你，年底前再交不出货，你们统统给我卷起铺盖走人!"

鲍尔默是比尔·盖茨的挚友，也是得力的左膀右臂。他曾经与比尔在哈佛大学同窗共读，毕业后又在斯坦福大学接着攻读硕士，没等拿到学位就跑到一家公司搞销售，经营上很有一套本事。他在 1980 年 6 月加盟微软，担任董事长特别助理，在开发 DOS 时期就跟随在比尔·盖茨的左右。鲍尔默第一次看到比尔如此震怒，他赶紧挨个叫醒工作了一夜刚刚入睡的程序师们。“伙计们，”鲍尔默愁眉苦脸地说，“下雪前无论如何也必须完工，否则，大家都会被比尔‘炒鱿鱼’。”

Windows 项目现在是微软公司的头等大事，软件设计和程序调试人员逐渐增加到了 30 余人，每个程序设计师都进入到近似疯狂的状态。康森回忆说：“那些日子，我们全体人员开足了马力，几乎没有白天和黑夜的分别。”据说，有位担任测试工作的程序师把自己的睡袋也搬到实验室，整整一个月足不出户，傻乎乎等待着每个程序编写完成，以便不耽误一分一秒的测试时间，由此赢得了“疯子”的绰号。事后，有人对这个视窗版本的设计时间进行过统计，这套程序的 85% 是用 C 语言编写，其余的关键部分则直接采用汇编语言写作，总共耗费了 11 万个程序工作小时。

1985 年 5 月，比尔·盖茨终于带着演示版的 Windows 软件出现在当年世界电脑大展，向观众们表演同时用鼠标和键盘打开或关闭“窗口”的效果。同时，他还代表微软公司宣布：Windows 1.0 版软件仅标价 95 美元。一个月后，微软公司对外发放了 Windows 1.0 测试版。

1985年11月，微软公司推出正式版Windows 1.0软件，中文名“视窗”，它构造了一种图形用户界面的操作环境，在屏幕中显示的窗口、图标和按钮的引导下，把过去烦琐的命令操作简化为鼠标器轻轻一点。毫不夸张地讲，Windows的问世，标志着个人电脑技术的又一场革命。

Windows 1.0版的开发过程历经磨难。在微软公司的发展史上，这个软件创下了一系列“史无前例”的纪录：开发周期最长，交货延迟次数最多，累计推迟时间最久。此外，还有：投入的人力最多，即使不计负责软件测试和文档编写的人员，仅投入编程的设计高手即达24名；三年之中，竟然有3名设计主管和4名产品经理被“撤职查办”。

直到Windows 1.0正式版软件在1985年11月正式运抵市场，比尔·盖茨这时才把悬着的心放回到肚里，鲍尔默也保住了饭碗，以后还晋升为微软公司的副总裁。11月21日，微软公司举行盛大酒会，招待新闻界和软件经销商，向这项历时最长的软件设计工程举行了告别仪式。

不过，Windows 1.0版没有达到预期的销售成果。这是因为20世纪80年代中期，适于Windows运行的PC电脑并不太多，硬盘也不普及。要真正实现好的窗口效果，需要配置PC/AT以上带大硬盘的机器。此外，当时大量的电脑仍只有单色显示器，像康柏公司那样的重量级兼容机厂商，也认为彩色时代尚未来临而采取观望姿态。加上Windows 1.0版本身还不成熟，缺陷众多。与VisiOn遇到的问题一样，在它的环境下也不能直接运行Lotus1－2－3等热门软件，它的成长需要由应用软件公司来“众星捧月”。微软公司一面等待着电脑硬件发展的时机成熟，一面尽心于视窗版本的改进与升级。

1985年，386电脑的诞生，为Windows提供了绝佳的硬件环境；1987年11月，Windows 2.0版推出，增加了动态数据交换、覆盖式窗口等先进技术，让广大用户逐渐认识了Windows的前景。

1989年，以Windows为环境的应用软件如雨后春笋般涌现，各大应用软件公司陆续对Windows进行了支持，微软自己也忙着把DOS环境下工作的大批软件向Windows转换。如深受用户喜爱的MS－Word字处理软件，DOS版本的Word 4.0只有约8万程序行，Windows版本则增加到40万程序行。比尔·盖茨当时曾说道："正在发展中的 Windows 应用软件，将比其他任何环境中的数目都要多得多。"

终于，1990 年 5 月 22 日，6 000 余名观众云集西雅图，共同庆祝 Windows 3.0 版问世，微软副总裁鲍尔默当场夸下海口："我们再也不会发生类似 Windows 1.0 延期的事件！" Windows 3.0 不仅是一个升级版本，而且可以说是引发了图形操作软件技术变革的"链式反应"。它和后续版本视窗 3.1，已经具有支持网络、多媒体等最先进的功能，在 PC 电脑界刮起了强劲的"Windows风暴"。1993 年 5 月微软公司推出的 Windows NT，已不再依赖 DOS 操作平台……从此以后，Windows 的产品在全球平均每 5 秒就售出一套，月销售量超过百万套，为微软公司带来了滚滚财源。

尽管人们还记得鲍尔默在 Windows 3.0 版问世时所做出的承诺，然而微软公司在 Windows 升级版本的开发中，还是重现了不断延期的往事。从 1992 年算起，微软的"Windows 4.0"开发周期又是一个整三年。原计划在 1994 年中期完成，结果还是一拖再拖，先拖到当年年底，又延期至 1995 年年初，直到 1995 年 8 月才最后完工。由于拖延，软件名称也被改来改去：从最初称"Windows 4.0"始，改叫"芝加哥"，最终才决定称它"Windows 95"。

1995 年 8 月 24 日，比尔·盖茨请来 30 多个国家 500 多位报刊记者和数十位电视台的节目主持人，以及各软件公司代表和电脑经销商参加 Windows 95 的发布会。在西雅图东郊的雷德蒙"微软城"，翠绿色的草坪上竖立起了 15 个硕大的帐篷。草坪上人头攒动，从全球赶来参加这次盛会者竟有万余人。上午 11 时，比尔·盖茨与 NBC 电视台黄金时段节目主持人杰·雷诺共同走进主会场，后者应邀担任司仪。比尔·盖茨对着话筒说："Windows 95 代表着微软公司最高的技术水平，它将把 PC 工业推向新的高峰。"雷诺接着说："Windows 95 是最好的约会对象，精明、容易沟通，而且低于 100 美元。"帐篷里笑声四起。随后比尔·盖茨用夸张的姿态向乐队一挥手，震耳欲聋的高分贝摇滚一次次地奏响 Windows 95 的主题歌："启动我！启动我！启动我！"［微软不惜以 1 200 万美元的"天价"买到英国"滚石"摇滚乐团创作的歌曲"启动我"（Start Me Up）的使用权，以突出 Windows 95 的新特色——那个 Start（启动）按钮］。

于是，几乎所有电脑专业报刊和普通大众媒体，日报、晚报、电台、电视台都附和“启动我”的歌声拼命鼓吹，Windows 95 发布的消息组成了一曲响彻云霄的交响乐。

离会场不远处，聚集在微软总部5号楼的300名Windows 95软件设计师可没有比尔·盖茨的那种好心情，他们刚刚经历了一次“死亡之旅”。有好事者为Windows 95的开发过程列出一份统计清单：Windows 95由1 500万个程序代码构成，而Windows 3.1版软件仅有300万个。软件测试的时间达到200万小时；系统开启的次数达36 000万次；单项测试的数目为61 000万次……这份数据还包括一个有趣的项目：300名开发人员的家庭在此期间，共诞生了68个婴儿，但不包括“Windows 95”这个共同的“婴儿”。

最使人难忘的镜头还是全世界的用户迎接Windows 95的狂热：在大洋洲，由于时差关系，新西兰成为Windows 95在地球上第一个登陆的地点。成千上万的电脑用户在8月23日12点前就沿着惠灵顿大街排着长队等候着购买。在欧洲，微软公司买下了150万份《伦敦时报》免费赠阅大众，伦敦几乎所有电脑商行都被人层层包围。在埃菲尔铁塔下，热情似火的巴黎人则把Windows 95的发行当成了法国的节日。在亚洲，日本、中国台湾和香港的用户犹如在抢购“六合彩”的彩票。美国本土的场景最为壮观：自8月24日零点直到1时30分，从纽约到旧金山，从迈阿密到西雅图，电脑商店和购物中心灯火通明，门庭若市，收银台前排成了长龙，有的顾客甚至一次就抢购了两三套。仅在当天，这款软件在美国就卖出30万套，全球估计在100万套左右。据说当时竟然出现了没有电脑和完全不了解Windows 95是什么的顾客也排队购买的有趣现象。最后，连鲍尔默也被弄糊涂了，他不解地对人说：“Windows 95不过是个软件，它既不能治疗癌症，也不能使秃发再生，更不是地板蜡，我感到人们简直都发了疯。”

1995年成为比尔·盖茨和微软公司19 000名员工最欢欣鼓舞的一年。就在这一年，比尔·盖茨第二次荣登美国《财富》杂志全球富豪排行榜榜首，在上年94亿美元基础上，个人财产创造了139亿美元的天文数字。《福布斯》某记者为他计算出，如果盖茨把所有的钱用来买劳斯莱斯豪华轿车，这些车辆至少可以从西雅图一直排到加拿大的温哥华。《财富》杂志则刊载某作家写的评论，据称，微软董事长能买下最逼近他排位的99位对手全年产品之总和，假如他的神经突然出了毛病，立即把公司的所有产品统统付之一炬，剩下的钞票，仍然超过媒体巨子、特纳广播公司老板泰德·特纳的财产。

就在这一年，比尔·盖茨“每个家庭每张桌上都有一部电脑运行着微软程序”的梦想，真真切切地成为眼前的现实。由于 Windows 95 发威，微软已经控制了个人电脑操作系统 90% 以上的市场，公司的税后纯利当年超过 14.5 亿美元。微软的股票价格随之扶摇直上，数千名员工成为百万富翁或千万富翁。

现在看来有些人一定会认为 Windows 95 太简陋，但在当时可没有人这样认为。Windows 95 系统带来的“开始”按钮以及工具栏等特性一直在微软系统中沿用至今，也就是从 Windows 95 操作系统开始，微软正式支持 FAT32 文件系统格式，并且微软还在之后将 Internet Explorer 3 浏览器整合到了系统中，这为 Windows系统带来了新特性。

Windows 95 的成功并没有让微软停滞不前，1996 年 6 月 29 日，Windows NT 4.0 正式发布。这个版本使用了 Windows 95 的桌面外观，增加了许多实用的服务管理工具，包括后来为微软征战 Web 服务器市场立下了汗马功劳的 IIS（因特网信息服务）工具。不过在桌面应用上，Windows NT 4.0 的易用性还是不能和 Windows 95 相提并论。这种情况直到后来的 Windows NT 5.0，也就是 Windows 2000 才有所改善。微软对 Windows NT 的技术支持一直持续了好几年，其间一共发布了 6 个服务包来修补漏洞和提供一些新功能，由于不错的稳定性，这个版本的 Windows 软件在进入 21 世纪后仍被不少公司使用着。

借着之前的成功，微软于 1998 年 6 月 25 日推出了 Windows 95 的接班人 Windows 98，原开发代号为“Memphis”（孟菲斯），标准版本号是 4.10.1998。Internet Explorer 4 开始具有了类似资源管理器的界面，两者的紧密衔接也成为日后微软在其系统产品中捆绑 Internet Explorer 的重要理由。同时，快速启动栏也作为 Windows 98 重要的界面元素被加入，另外，Windows 98 的安装程序比 Windows 95 更为方便易用，内存的应用效率被大大提升，任务管理程序更加强大。在对 MMX（多媒体扩展）和 AGP（加速图形接口）这些新硬件的支持上 Windows 98 也做了不小的改进，增加了 1 200 多个驱动程序的支持。据说，在对 Windows 95

的改进过程中，微软从源代码中清理了3 000多个BUG（软件缺陷）。Windows 98 SE（Second Edition，第二版）发行于1999年6月10日，它修正了前一版中的一些小问题，同时包括了一系列的更新，例如Internet Explorer 5、Windows Net-Meeting 3、局域网的Internet连接共享、对DVD-ROM和USB的支持等。而Di-DirectX 6.1游戏接口的加入，更使得Windows系统成为绝佳的游戏平台。总的来说，Windows 98和Windows 98 SE都是成功的产品，直至今日我们还能在很多老PC上看到它的身影。

在发布了Windows NT 4.0之后，微软NT产品线的下一个目标自然就是Windows NT 5.0。不过微软又一次使用了年份来为Windows产品命名，1998年10月，Windows NT 5.0被更名为Windows 2000。Windows 2000于2000年2月17日正式推出，针对不同的用户群体共发布了4个版本：Professional（专业版）、Server（服务器版）、Advanced Server（高级服务器版）以及Datacenter Server（数据中心服务器版）。其中，专业版的Windows 2000其实是由以前的工作站（Workstation）版本演变而来，可以说是NT系列第一款真正意义上的桌面系统，这个版本为后来Windows XP的诞生做好了铺垫。而后面3个商业级的产品，标志着微软开始向服务器市场发起了强有力的冲击。Windows 2000是一个革命性的产品，它包含了很多全新的技术，用户层和核心层的分离使得NT系统架构更加合理、稳定，而NTFS文件系统、EFS（文件加密系统）、RAID-5存储方案、分布式文件系统、活动目录等大量新功能也在此时首次登场。在对硬件产品的支持上，Windows 2000的进步亦是相当明显。对多路处理器的支持使得其可以作为专业的服务器使用，即全新即插即用技术的应用使我们能够方便地使用USB、1394等设备。同时，管理控制台（MMC）也作为一个重要的管理工具被引入。而在Windows NT 4.0中不被支持的新游戏接口也被加入到了Windows 2000中，这就是DirectX 7.0。但是，正因为大量新技术的加入，给Windows 2000带来了不少潜在的系统漏洞，这也为后来“冲击波”等蠕虫病毒的猖獗种下了祸根。

Windows 2000所取得的进步是前所未有的，虽然谈不上大红大紫，但它却是继Windows 95后微软最为重要的产品。Windows 2000的出现，意味着Windows 9X产品线终于走到了尽头，微软将以这个NT内核的产品为基础，重新划分

Windows 的市场体系。

在 Windows 98 第二版推出之后，微软又开始了其第三版的开发工作。后来这个系统被正式更名为了 Windows Millennium Edition（千禧版），简称 Windows Me，发布日期是 2000 年 9 月 14 日。Windows Me 的定位是家庭娱乐，相对于 Windows 98 来说更新并不大，主要升级了一些常用软件，如 Internet Explorer 5.5 和 Windows Media Player 7.0。同时，Windows Me 还新加入了一系列的小游戏、用来制作家庭电影的 Movie Maker 和并不成熟的“系统还原”技术。Windows Me 是最后一个 16 位/32 位混合模式的 Windows 9X 系列产品。正因如此，微软对这个操作系统的推广似乎也不太卖力，同时由于相对于 Windows 98 的更新并不多，Windows Me 并未获得用户们的普遍认同，很多人认为这几乎是微软在 Windows 3.0 以后，最失败的一次系统发布。然而，Windows Me 并非一无是处，它的开关机速度至今仍是所有 32 位 Windows 中最快的，而那些被大众批评为不成熟的新功能后来又以全新的面貌和更稳定的性能出现在了以 NT 内核为基础的个人操作系统上，微软对自己的 Windows 产品线再一次做出了重大的调整。

在商业（Windows NT）和家用（Windows 9X）操作系统两条战线上取得一系列成功后，微软开始考虑把个人版操作系统完全构建在已经非常成熟的 NT 内核上，而这次转型也带来了迄今为止最畅销的 Windows 操作系统，那就是 Windows XP。早在 1999 年，Windows 2000 尚未发布的时候，微软就有打算推出一个 Windows 2000 家庭版，这就是代号为“Neptune”（海王星）的操作系统。不过很可惜，仅推出一个 Alpha 版本之后，这个计划便不幸夭折。下一个家庭版的操作系统最终还是放在 Windows 9X 产品线上，也就是 Windows Me。不过微软并没有放弃为 Windows 2000 打造家庭版的打算，实际上“Neptune”是一个被代号为“Whistler”的产品取代了，这就是后来的 Windows XP。从当时传出的一些图片来看，Neptune 与 Whistler 的 Beta 版外观相当接近。

Windows XP 于 2001 年 8 月 24 日正式发布，没有按年份来命名，字母 XP 的意思是“体验”（由英文单词 experience 而来）。Windows XP 的版本号是 5.1（也就是 Windows NT 5.1），最初只发行了两个版本：专业版和家庭版，后来又相继推出了媒体中心版、平板电脑版、嵌入版、64 位版、入门版以及为低端 PC 定制的精简版等。Windows XP 对 Windows 2000 进行了很多人性化的更新，使其更适合家庭用户。Windows XP 继承并升级了 Windows Me 中的很多组件，包括 Media Player、Movie Maker、Windows Messenger、帮助中心和系统还原等，此外，XP 还捆绑了 Internet Explorer 6.0 和一个简单的防火墙。然而，越来越多的附加功能，也使得微软遭到了越来越多的质疑。Windows XP 拥有全新设计的用户界面，这是自 Windows 95 以来，微软对 Windows 外观做的最大一次“整容手术”。此外，微软还为 Windows XP 编写了大量的硬件驱动程序，使得其兼容性有了进一步的提升。

兼容性功能的提升使得很多在 Windows 2000 上无法使用的 Windows 9X 程序得以正常运行，而内置的 DirectX 8.1 更是大大提高了对游戏的支持程度。由于开发周期较短，Windows XP 在内核上相对于 Windows 2000 并没有太多的实质性改进，因而在后来 NT 病毒泛滥的日子里，Windows XP 也未能幸免。这一窘境直到 2004 年 Windows XP SP2（Servicc Pack 2）推出后才得以缓解。另外，由于之前的几个 Windows 都饱受盗版之苦，Windows XP 改变了授权方式。在 30 天的试用期后，用户必须通过电话或者网络“激活”XP，否则就无法继续使用。这一改变遭到了用户们的猛烈批评，同时也导致了后来互联网上“破解版”和“免激活版”Windows XP 的四处蔓延。

虽然并没有造成像 Windows 95 那样万人空巷的抢购场面，但 Windows XP 依然是非常成功的。在发布后的几年内，Windows XP 逐渐普及，并成为了市场占有率最高的主流操作系统。

在新的市场体系形成后，微软把原有的 NT 高端产品系列划分为了 Windows Server 家族。与面向个人的 NT 系统（如 Windows XP）不同，这一系列的产品继续使用年份来命名，所以 Windows Server 2003 和 XP 属于同一代产品。Windows Server 2003 早期的开发代号为“Whistler Server”，后来曾一度被命名为“Windows . NET Server”。Windows Server 2003 于 2003 年 3 月 28 日问世。真实版本号为 5.1。针对不同的商业需求，Windows Server 2003 进一步细分了版本子集，包括 Web 版、标准版、企业版和数据中心版 4 个版本。在对 Windows 2000 中的活动目录、组策略操作和管理、磁盘管理等众多服务器组件做了较大改进后，

Windows Server 2003 在稳定性和安全性上有了实质性的飞跃。其中，IIS6 的推出便大大提升了 Windows Server 2003 作为 Web 服务器的可靠性。2005 年中期，微软发布了第一个补丁包（SP1），为 Windows Server 2003 提供了那些在 Windows XP SP2 中包含的安全性更新。同年年底，微软又推出了 Windows Server 2003 R2，包含了很多原版中不具备的新功能，但是客户们并不能免费升级到 R2 版，而是需要付费更新。正是从 Windows Server 2003 开始，微软在高端服务器市场才算真正拥有了一款具备足够竞争力的操作系统产品。

2006 年 11 月和 2007 年 1 月，微软历时 5 年时间、耗资百亿美金研发的 Windows Vista企业版本和个人用户版分别发布，微软内部人士称 Vista 是微软 Windows 历史上最具颠覆性的产品，并对它寄予了极大的期望。但一年后，微软收到的是令人失望的市场反馈。

来自中国某个数据机构一项区域性调查报告显示，Vista 的普及率为 20%，被调查使用 Vista 的用户中 1/3 都遇到了至少一个硬件兼容的问题。一些企业的用户说："XP 支持很多工业专业软件，但在 Vista 上却不能用，就连最简单的数控机床的 PLC 梯形图软件都无法运行。"在中国，有超过 1.5 亿的网上银行用户，但是网银身份认证系统在 Vista 上却无法运行。

不仅仅是在中国，全球 Vista 的用户都遭遇了应用软件、硬件、网络的兼容性欠缺的问题，此外占用资源过大，相关应用启动时间太久等都成为用户头疼的问题。而这些问题的暴露，和 Vista 操作系统更炫的界面、更好的易用性、更强的安全性等相比较起来，用户还是更愿意退回到 XP 时代。

对微软来说这无疑是一个重创式的打击。尽管微软的高层从未在正式场合承认 Vista 是一款失败的产品，但是市场的不接受、用户对兼容性和占用资源过大等抱怨反馈无疑给微软从头浇了一大瓢凉水。为了加快市场的接受度，让用户尽快从 XP 升级到 Vista，微软不得不采用停止 XP 升级和服务的措施迫使用户选用 Vista。2009 年 4 月 14 日，微软宣布停止对 Windows XP 的升级和相关服务，后又因用户的强烈呼吁而将服务延期。一个拥有 30 多年软件开发经验、做 Windows 操作系统超过 20 年历史的全球最大软件公司，在它推动 Windows 产品进入第六代（Vista）之时，遭遇了前所未有的"滑铁卢"。

美国西部城市西雅图郊区的雷蒙德从来不是平庸之地，对许多人来说，雷蒙德代表着软件研发的极致：桌面软件的不断创新让人们生活在自信中，失败和失望在这里没有容身之处。在微软公司发展的30多年历史中，微软曾经历过无数次的挫折，但都挺过来了，原因是比尔·盖茨和微软善于快速纠正错误，这次也不例外。当Vista不能让微软的用户买账，一场真正的反思在这里开始酝酿。

2008年夏季的一天，微软的实验室里一项被称为“Mojave”的实验正在进行。几名来自不同行业的用户被请来给Windows Vista打分，在1~10分的范围内，他们给Windows Vista打了3分。这些“评委”大部分之前只是听说过Windows Vista。随后，实验者向这些客户展示了一款Windows的新产品，在演示了这款名为“Mojave”的软件功能和易用性后，这款新产品得到了8分。实验场景的视频片段被放到微软的官方网站上，并在电视节目中播放，很快微软的客服就收到很多电话订单，说他们要购买“Windows Mojave”。而事实是，“Mojave”根本不存在，那就是Windows Vista SP1。

失败的迷雾开始消散，工程师们找到了Vista的真正软肋——兼容性，虽然相比XP系统Vista稳定性更好，安全性更高，画面也更加精美，但至少要有1 GB的内存才可能运行Vista系统，而要流畅地运行就必须有2 GB以上的内存，CPU的要求也相应提高，这就是说，基本上前两年的PC都不能够有效运行并体现出Vista的优势。

微软由此开始了长达三年的不懈努力，以便设计出一款新的Windows软件，既要轻便易用又不能降低Windows的品牌价值。为了完成这一目标，微软的工程师在开发周期的最初就对产品雏形进行明确规划，让合作伙伴能在微软正式发布产品之前一年甚至更早就开始针对它的下一代Windows 7进行产品开发。

2009年10月23日，微软全球发布了它新一代的操作系统Windows 7。虽然Windows 7并没有改变Vista的内核，但为了纠正Vista的错误，Windows 7对原来的Vista进行了瘦身优化。在架构方面，更模块化；在代码方面，把很多过去的旧代码清除掉；在用户界面方面，把复杂的功能都屏蔽掉，当需要时再调用出来。而且从开发Windows 7的第一天起，微软就布下了天罗地网，在全球范围内对硬件、软件、网络进行广泛的信息收集，进行兼容性测试。当2009年9月1

日，微软宣布在中国市场 Windows 7 与 92% 以上的硬件和 91% 以上的应用软件、95% 以上的网络都实现兼容的时候，这些数字的背后，是一个无法用数字来描述的巨大付出。除此以外，Windows 7 在用户体验上进行了很多改进，通过全球化采集用户体验，进行互动式开发，在满足用户的需求上提供了更多的地区化和个性化的选择。

从 1985 年微软推出第一款产品 Windows 1.0 开始到 Windows 7，微软做 Windows操作系统已经 28 年，Windows 产品也已更新进入了第七代。1993 年即加入微软并参与了微软全球 Windows NT 开发、现任微软亚太研发集团首席运营官的申元庆接受《中国电子报》记者独家采访时表示：“在 20 多年的 7 代产品中，有颠覆性跨大步的产品也有革新性优化迈小步的产品，其中 Windows 3.1、Windows NT 和 Windows XP 属于里程碑式的跨大步产品，而 Windows 95、Windows 98、Windows Me、Windows 2000 算是对上一代产品的完善和优化，Vista 是颠覆性的产品。”“Vista 这一步迈得太大，而且技术性能的提升超越了业界全方位准备，包括微软自己的准备，所以暴露出很多的问题”。“业界和用户不会给微软第二次机会，Windows 7 必须修正 Vista 的所有失误。”

至 2010 年底，Windows 7 操作系统的销量已经突破了 2.4 亿套，成为微软 Windows 系列中销售速度最快的操作系统。在全球约 14 亿台的个人电脑中，仍有超过 90% 的用户在使用微软的操作系统，微软继续保持着操作系统的霸主地位。

（2）Unix/Linux 的传奇

计算机行业的工作者大概都知道，Unix 是目前还在存活的操作系统的元老了，在计算机技术更新如此迅速的今天，Unix 始终保持它那神圣的光环。它那曲折和令人叹息的历史，由它引发的人们在计算机软件开发和使用上的思想变革，以及它对当今计算机文化所造成的深远影响，都让它成为了一个传奇，不能不让人为之感叹。

回顾 Unix 的诞生历史，我们必须要从一个叫 MULTICS（Multiplexed Information and Computing System）的项目说起。20 世纪 60 年代时，大部分的计算机都是采用批处理的方式（例如前文提到的 DOS 系统）运行程序。为了提高计算机的运行效率，美国电话电报公司、通用电气公司及麻省理工学院计划合作开发一个多用途、分时及多用户的计算机操作系统，合称 MULTICS。可是，由于这个项目太过复杂，整个工作量过于庞大，糅合了太多的特性，导致项目进展太慢，几年下来所开发出来的成果在计算机上实际运行性能低下，效果很不理想。于是到了 1969 年 2 月，AT&T 的主要参与单位贝尔实验室决定退出这个项目。

贝尔实验室中有个叫肯·汤普逊的人，他曾经为 MULTICS 这个操作系统写了个叫“星际旅行”的游戏，但是游戏在 MULTICS 上实际运行时不但速度很慢而且耗费昂贵（每次运行会花费 75 美元）。在退出 MULTICS 项目以后，他为了让这个游戏还能玩，就找来同事丹尼斯·里奇一起为这个游戏开发一个极其简单的操作系统，这就是后来的 Unix。有意思的是，当时他们本想在 DEC－10（一种小型计算机）上写，但没有申请到，他们只好在实验室的墙角边找了一台被人遗弃的 Digital PDP－7 来进行他们的计划。这两位程序高手仅用了一个月的时间，就采用汇编语言开发了一个简单的操作系统原型，他们的同事布赖恩·凯尼汉非常瞧不起这个系统，嘲笑汤普逊说：“你们写的系统好差劲，干脆叫 Unics 算了。”Unics 也就是 UNiplexed Information and Computing System 的缩写，是相对于 MULTICS 的一种戏称，后来人们取其谐音改成了 Unix。于是，Unix 就在这样在游戏和玩笑中被创造了出来，当时是 1969 年 8 月。1971 年，汤普逊他们正式申请到了一台 PDP－11/24 用于 Unix 第一版的研发。这台 PDP－11/24 电脑只有 24 kB 的物理内存和 500 kB 磁盘空间。Unix 占用了 12 kB 的内存，剩下的一半内存可以支持两个用户进行“星际旅行”的游戏。

1973 年，汤普逊与里奇认为用汇编语言做应用程序移植太过于头痛，于是想用高级语言来重新开发 Unix，这在当时完全以汇编语言来开发程序的年代，算是相当疯狂的想法。一开始他们想尝试用 Fortran，可是失败了。后来他们用一种叫 BCPL 的语言开发，他们重新整合了 BCPL 形成了 B 语言，后来里奇觉得 B 语言还是不能满足要求，就再次改良了 B 语言，也就诞生了直至今天仍大名鼎鼎的 C 语言。接下来，汤普逊与里奇成功地用 C 语言重写了 Unix 的内核，Unix 和 C 语言也完美地结合成为一体，这为 Unix 日后的普及打下了坚实的基础。

1974 年 7 月，汤普逊与里奇在《Communications of the ACM》杂志上发表了

关于Unix的第一篇文章《The Unix Time Sharing System》，文章立刻引起了学术界的广泛兴趣，许多人开始向他们索取源代码用于学习。于是，汤普逊与里奇就将Unix以“仅用于教育目的”为协议，提供给各大学作为教学之用，Unix也就成为当时各大学操作系统课程中的范例教材。随后，各大学以及公司开始通过Unix源代码对Unix进行各种各样的改进和扩展，Unix逐渐广泛流行起来。

1978年，加利福尼亚州大学伯克利分校推出了一版经过改进的Unix，也就是著名的“1 BSD（1st Berkeley Software Distribution）”，这开创了Unix的一个分支——BSD系列。在同一时期，AT&T专门成立了USG（Unix Support Group），意图将Unix变成商业化的产品。从此，BSD的Unix便和AT&T的Unix分庭抗礼，这两大Unix主流各自开始蓬勃发展。

1982年，AT&T开发了Unix的第一个版本，称为System Ⅲ，这是一个商业版本的Unix，仅供出售。随后，AT&T综合了其他大学和公司开发了各种Unix，开发了Unix System V Release 1，这个新的Unix商业版本不再包含源代码。而加利福尼亚州大学伯克利分校则继续开发BSD Unix，作为Unix System Ⅲ和V的替代选择。同时，其他一些公司也开始为自己的小型机或工作站提供商业版本的Unix系统，有些选择System V作为基础版本，有些则选择了BSD。

1991年，一群BSD开发者离开了加利福尼亚州大学，创办了伯克利软件设计公司（Berkeley Software Design，Inc，简称BSDI）。BSDI是第一家在Intel平台上提供全功能商业Unix的厂商。后来比尔·周里茨从BSDI离开，开始了386BSD的研发工作，而386BSD后来被认为是FreeBSD、OpenBSD和NetBSD、DragonFlyBSD的始祖。

实际上，1986年美国电气和电子工程师协会（IEEE）曾成立一个委员会制定了一个开放作业系统的技术标准，称为POSIX（Portable Operating Systems Interface），最后加上个X，有人推测是因为本质上这是一个关于Unix的标准。AT&T的商业Unix最后成为了这个标准制定有利的一方，取得了Unix这个注册商标，并且专门注册了一个名为UNIX Systems Laboratories（USL）的附属公司来从事Unix的商业化。当时，AT&T的Unix与BSD Unix在开发和改进过程中彼此都有相互借鉴和采用对方的新创造，到1990年时，AT&T与BSDI的Unix版本已难以明显区分。于是，BSDI很快就与USL产生了法律纠纷，1992年，AT&T为了拥有System V的版权，以及Unix商标，更为了垄断Unix，正式对BSDI提起了诉讼，说BSDI剽窃它的源代码。这场官司旷日持久，一直打到AT&T将自己的Unix系统实验室卖掉，BSDI也因此停止了研发工作。接手AT&T Unix实验室的Novell公司采取了一种比较开明的做法，允许BSDI继续自由发布自己的BSD，但是前提是必须将来自于AT&T的代码完全删除，于是诞生了4.4 BSD Lite版，由于这个版本不存在法律问题，4.4 BSD Lite成为了现代BSD系统的基础版本。这桩诉讼最终在1994年1月了结，随后BSD Unix终于走上了复兴的道路，BSD的开发也分成了几个不同的方向，最终导致了FreeBSD、OpenBSD和NetBSD的出现。

从AT&T意识到了Unix的商业价值，不再将Unix的源代码授权给学术机构到以后的几十年，Unix仍在不断变化，其版权所有者也不断变更，授权者的数量也在增加。有很多大公司在取得了Unix的授权之后，开发了自己的Unix产品。由于Unix是由C语言写的，所以修改和移植都很容易，因此很多商业公司及学术机构都加入了这个操作系统的研发，各个不同版本的Unix也开始蓬勃发展，产生了各式各样的Unix衍生产品，但商业化的Unix基本上都是源于AT&T授权的Unix System V。

AT&T的商业化态度和做法让当时许多Unix的爱好者和软件开发者们感到痛心和忧虑，他们认为商业化的种种限制并不利于Unix产品的发展，相反由于封闭和利益驱使会导致产品出现诸多的问题。于是，这些怀着不满和反对的人开始有组织地结成“反抗联盟”以对抗“欺行霸市”的AT&T。这时，一位名叫理查德·斯托曼的领袖级人物出现了，他认为Unix是一个相当好的操作系统，如果大家都能够将自己所学贡献出来，那么这个系统将会更加的优异。他针对Unix逐渐商业化和私有化的这一事实，开始倡导开放源代码的新理念。为了这个理念，理查德·斯托曼于1984年创办了GNU，它是“GNU's Not Unix”的递归缩写，GNU计划开发一套与Unix相互兼容的免费开源的操作系统软件。1985年，理查德·斯托曼又创立了自由软件基金会（Free Software Foundation，简称FSF）来为GNU计划提供技术、法律以及财政支持。尽管GNU计划大部分时候是由个人自愿无偿贡献，但 FSF 有时还是会聘请程序员帮助编写代码。GNU 组织的建立，延续了当年 Unix 刚出现时的情形，并为这种情形建立了可靠的法律和财务保障。从那时开始，许多程序员聚集起来合作开发一些自由的、高质量、易理解的软件，这使得 Unix 社区生机勃勃，一派繁荣景象。

从 20 世纪 90 年代 GNU 计划发起以来，GNU 开始大量地生产或收集各种系统所必备的组件，像函数库、调试工具、文本编辑器、网站服务器，以及 Unix 的使用者接口等，但由于种种原因，GNU 一直没有开发操作系统的内核。正当理查德·斯托曼在为操作系统内核伤脑筋的时候，Linux 出现了。

1990 年，芬兰赫尔辛基大学的一名学生林纳斯·托瓦兹，用汇编语言写了一个在 80386 保护模式下处理多任务切换的程序，后来他从 Minix（安迪·坦南鲍姆教授所写的很小的 Unix 操作系统，主要用于操作系统教学）中得到灵感，进一步产生了一个狂妄的想法——写一个比 Minix 更好的 Minix。于是他又写了一些硬件的设备驱动程序和一个小的文件系统，这样 0.0.1 版本的 Linux 就诞生了。但是此时的 Linux 仅具有操作系统内核的勉强的雏形，甚至都不能运行，你必须在安装有 Minix 的机器上对它编译以后才能运行。这时候林纳斯·托瓦兹已经完全着迷而不想停止，进而决定踢开 Minix，于是在 1991 年 10 月 5 日又发布了 Linux 0.0.2 版本，在这个版本中已经可以运行 bash 和 gcc。从 Linux 诞生开始，林纳斯·托瓦兹就决定自由扩散 Linux，包括源代码。因此 Linux 很快引起黑客们（黑客一词源自英文 hacker，早期在美国的电脑界是带有褒义的，专指热心于计算机技术、水平高超的电脑专家，尤其是程序设计人员）的注意，通过计算机网络加入了 Linux 的内核开发。由于一批高水平黑客的加入，使得 Linux 发展迅猛，几乎一两个礼拜就有新版本或修正版的出现，到 1994 年初，Linux 1.0 终于诞生了！Linux 1.0 已经是一个功能完备的操作系统，内核写得紧凑高效，可以充分发挥硬件的性能，即使在 4 MB 内存的 80386 机器上也表现得非常好，至今人们还在津津乐道。Linux 的发展与传统的软件工程不同，它完全是通过网络集合世界各地的电脑高手合作而成的一套操作系统，这足可以见识到网络传播的威力，Linux 也第一次让整个世界感受到了开源力量和网络力量的强大。有趣的是，Linux 的标志和吉祥物是一只名字叫作 Tux 的企鹅，这是因为 Linux 的创造者林纳斯·托瓦兹在澳大利亚时曾被一个动物园里的企鹅咬了一口，于是便选择了企鹅作为 Linux 的标志。

从 1983 年开始，GNU 计划致力于开发一个自由并且完整的类 Unix 操作系统，包括软件开发工具和各种应用程序，到 1991 年 Linux 内核发布的时候，GNU 几乎已经完成了除了系统内核之外的各种必备软件的开发。于是，在林纳斯·托瓦兹和其他开发人员的努力下，GNU 组件终于可以顺利运行于 Linux 内核上。虽然 Linux 整个内核是基于 GNU 通用公共许可，也就是 GPL（GNU 通用公共许可证）的，但是 Linux 内核并不是 GNU 计划的一部分。1994 年 3 月，Linux 1.0 版正式发布时，马克·埃文成立了红帽（Red Hat）软件公司，成为最著名的 Linux 分销商之一。

严格来讲，Linux 这个词应该仅代表 Linux 内核，但在实际使用中人们慢慢习惯了用 Linux 来形容整个基于 Linux 内核并且使用 GNU 工程的各种工具和应用程序的操作系统。后来人们把基于 GNU 组件的 Linux 操作系统，正式称为 Linux 发行版，也称为 GNU/Linux。一般来讲，一个 Linux 发行版包含大量的软件套件，包括软件开发工具、数据库、Web 服务器（例如 Apache）、X - Windows、桌面环境（比如 GNOME 和 KDE）、办公软件（比如 OpenOffice. org）等。

1991 ~ 1995 年，Linux 从概念型的 0. 0. 1 版本内核原型，发展成为能够在性能和功能上均堪媲美专有 Unix 的操作系统，并且在连续正常工作时间等重要统计数据上打败了这些 Unix 中的绝大部分。1995 年，Linux 拥有了自己的杀手级应用，即开源的 Web 服务器 Apache。很快，运行 Apache 的 Linux 机器以其稳定性和高效性成了全球互联网服务提供商（ISP）平台的首选，LAMP（Linux，Apache，MySQL，PHP）逐渐成为架构 Web 服务器的首选配置。

现如今的 Linux 又发展出了许多不同特性的发行版和衍生品，它们不但可以装在几乎所有的主流服务器上，包括个人电脑应用的 X86 系统，更被广泛地用于嵌入式系统，包括机顶盒、手机、游戏机、PDA、平板电脑、网络交换机、路由器、防火墙等。Linux 的出现，不仅仅给世界带来了一个免费的操作系统，更是对 Unix 自由、共享的文化的延续，它的出现带给了世界自 Unix、GNU 以来更为成熟的思想和文化。

2.1.6 计算机的特性——多媒体

（1）多媒体的来源

“多媒体”一词最早出现在1985年10月的美国《IEEE计算机汇刊》专辑上，十年以后，它已风靡世界，成为当今信息技术领域最热门的话题和研究方向之一。美国苹果公司前总裁约翰·斯卡利的评价是：“多媒体系统将像个人电脑在20世纪80年代那样，改变90年代的人类世界。”

20世纪90年代初，“多媒体”的桂冠就被奇怪地戴在了电脑头上。1991年拉斯维加斯电脑大展首次展出多媒体电脑产品，全球销售额仅8亿美元，到1993年洛杉矶首届多媒体国际会议后，市场销售额创造出72亿美元的奇迹。“多媒体”成为当时最热门的话题。

媒体与电脑有何关系呢？这个问题要从以色列的一次反劫机事件说起。1976年6月，以色列百余名公民被恐怖分子劫持到乌干达，关在恩德培机场。为了营救人质，以色列在本国建了一个模型机场。反恐怖部队在此进行强化训练，这使得营救行动大获成功。这件事情给美国军方留下极深的印象，希望国防部高级研究计划署（ARPA）学习以色列经验，研究运用电子信息技术来实现模拟战场环境，以适应未来战争的需要。ARPA请求麻省理工学院支援，学院派出了教授级的电脑专家帮助他们试验。

1978年，美国科罗拉多州的阿斯彭市，一辆摄影车在大街小巷里穿出穿进，几台摄影机对着房屋和街道拍摄。到了转弯的路口和十字街头，摄影师们还走出车外，从不同的方向拍摄。这支队伍里既没有导演，也不见一个演员，只有一大批摄影师在不停地忙碌着，一连拍了好几个星期。拍摄完毕的胶片后来都送到了麻省理工学院，由电脑专家把影像合成在若干影碟上。

在阿斯彭拍摄到的影像经过电脑处理和后期制作变成了一种奇妙的电影，从屏幕看过去，就像是透过汽车的玻璃窗观看景物，置身于真实的市区街道。不可思议的是，观看者可以自由选择前进方向，一会儿来到了购物商店，一会儿又登上一架直升机，从高空俯瞰整个城区，各种建筑物飞快地向身后移去，无异于在真正的飞机上所见到的情景。在屏幕前足不出户，就能把阿斯彭的地理环境尽收眼底，模拟效果完全能够与人工建造的实体模型相媲美。阿斯彭计划要实现的目标究竟是什么呢？该项计划的主持人、麻省理工学院媒体实验室主任尼葛洛庞帝教授认真地说："由此诞生的，正是多媒体。"

如果说多媒体就是因此而生，恐怕有点以偏概全，然而，从这个故事里不难看出多媒体的本质：电脑模拟游历阿斯彭街道的过程，操作者不仅可以观看，而且能够亲自参与，专家把这种特点称为"交互性"。看一场有声、有色、有文字、有动画的电影，哪怕情节再感人，你也只能在一旁观看。只有当观众掌握了航行控制权，在电影里任意游弋，可以停在某一点，也可以让它重演，甚至能够控制或改变剧情的发展，与电影故事交流和互动，才是真正具有了多媒体的特点。如今只有电脑才能具有这种交互能力，使人们主动地获取而非被动地获取或接受信息；当电脑具备了交互式多媒体功能时，它带来的将是人类信息表达、获取和处理方式的又一场革命。

1990 年 2 月，美国著名的电脑杂志《拜特》就此为"多媒体"下了一个不太严格的定义："多媒体技术是使电脑能够交互式地处理诸如文字、声音、图像、动画、视频等多种媒体信息的一门技术。"

其实，人们直接接触客观世界时，感觉器官所接受到的外部信息，就是多媒体。人们调动眼、耳、鼻、舌、身，通过看、听、闻、尝、触，感知丰富多彩的信息。然而，当人们想遥知远处的信息时，自身的器官便有很大的局限性。于是，千百年来，无数的科学家为在人与外部世界之间建立信息沟通的桥梁绞尽脑汁。电报、电话、电视、广播、计算机等设备极大地延伸了人们的感觉器官，使人们与外部世界的联系更加密切。

由于技术的局限性，过去的通信手段，只能传递单一的媒体信息。例如电报只能传递文字，电话仅传递声音等。而计算机，特别是微机和个人电脑的发展，给多媒体带来了新曙光，计算机不仅可以处理数据、文字、声音，而且还能处理图像。

多媒体计算机具有综合处理音频、视频、图像、文字等多类信息的功能，具有计算器、电视机、录像机、录音机、游戏机、传真机等许多电子产品的性能，从而真正实现了图文一体化、视听一体化。另外，它还可以形成人机互动、互相交流的操作环境及身临其境的场景，使人产生强烈的参与感、操作感。有了多媒体技术，计算机便朝着人类更易接受和处理信息最自然的方式发展，实现了人机的融合。

无论怎么说，负责阿斯彭计划的尼葛洛庞帝教授都是无可争议的多媒体先驱代表人物。1979 年，在麻省理工学院院长魏斯纳的支持下，一个异想天开创造未来的媒体实验室诞生在该学院一栋楼房里，尼葛洛庞帝教授领着他的教研组闯进了未知的陌生领域。尼葛洛庞帝和他的媒体实验室，从来就被排斥在正统的电脑科学界之外。尼葛洛庞帝本人学的是建筑，却“不务正业”地整天埋在电脑里，反而说“未来关键的科技是人与电脑之间的互动”，甚至把这种“胡思乱想”与 19 世纪的钢铁生产和 20 世纪初的电力生产相提并论。在他的带动下，一批怀着同样梦想的科学家自愿加盟实验室，其中包括电脑专家、物理学家和数学家，还包括艺术家、音乐家、建筑学家、心理学家和大众传播专家，也不乏驰骋在科学前沿的最优秀的学者。

麻省理工学院媒体实验室的学者们默默耕耘着，他们的研究涉及的领域横跨电脑、电视、出版、视觉和教育。为了开创人类未来新的生活方式，他们不顾多数人的嘲笑，超前地进行诸如摄像机眼球跟踪、电子乐器、虚拟现实等实验。今日被人们推崇备至的多媒体电脑概念和创新思想多数来自于这个媒体实验室。

由尼葛洛庞帝教授等一批先驱人物开创的多媒体思想，理所当然受到了全世界电脑用户，尤其是数以亿计 PC 个人电脑用户的拥戴。横亘在电脑与人之间的墙壁迅速地坍塌，个人电脑的功能从文字处理开始，扩展到诸如影片欣赏、点播电视、书刊阅读、可视电话、音乐作曲、卡拉 OK、录像录音、照相摄影、美术创作、动画游戏……计算机将要融合或者取代从“随身听”到电视机、录像机几乎所有的家用电器，帮助人们在学校、办公室和家庭里更方便地学习、工作和娱乐。

（2）多媒体存储介质的发展

汹涌澎湃的多媒体浪潮迎面扑来。像海洋一般储存信息的光盘，是多媒体电脑走向实用化的关键器件之一。例如，最常见的只读光盘 CD－ROM，单张容量约为 650MB，等于 540 片 5 英寸软磁盘的容量，而且不与实体接触，永不磨损，能长期保存。追根溯源，这种光盘最初出自于以制造电子消费产品而闻名于世的飞利浦公司发明的播放音乐的 CD 光盘。

为了提高音像产品质量，早在 1968 年，飞利浦公司负责人柯伦漠想利用光记录和放映电影。他和研究人员很快制作了一张光盘，并设计了相应的电子设备。柯伦漠亲自点燃一盏明亮的白炽灯，但唯一的效果只是“嗞嗞”作响的杂音。柯伦漠认为，问题可能出在光源上，白炽灯不可能在 1 μm 区域内，把光信号传递给感应器，他决定改用激光发射器。当时，飞利浦公司已能制造氦氖激光管，柯伦漠从库房里要来一支做试验，屏幕上果然呈现出棋盘方格黑白图像，光盘研究初战告捷。

董事会从这次光盘试验里感觉到了发展与变革的机遇，立即决定同时上马研制影碟（能存储电影的光盘）和音碟（能存储声音的光盘），并调来音响部门技术高手欧腾斯接手开发工作。1978 年，影碟率先投放音像市场，但没有一家电影制片厂愿意为其制作影片，影碟机价格居高不下，飞利浦的投资血本无归。

欧腾斯把成功的希望寄托在音碟上。音碟改用了数字编码技术，录制的音响格外纯净。同时，盘片直径也缩小到 12 cm，这就是后来光盘被称为 CD 的缘由——CD 全称“Compact Disc”，直译为“致密的盘片”。

经过不懈努力，欧腾斯实际做出了第一张 CD 光盘。它由纯净的聚碳酸酯塑料制成，重量不过 18 g，厚度不到 1. 2 mm，表面喷镀了以分子为单位的金属铝反射层。放在显微镜下观察，光盘表面布满着微小的“信息坑”，一圈圈密密麻麻地排列着，总长度可达 5 km。当然，播放光盘还需要一套复杂的电子设备，经过不断努力，欧腾斯终于把这台设备的体积缩小到约 1 m^3。

为了尽快投入量产，飞利浦公司决定与日本索尼公司合作。在索尼技术人员的协助下，光盘机的体积逐渐缩小，集成度逐渐提高，电子元件减少到 200 个，其中，含有超小型激光管的读写头只用了 6 个组件。CD 光盘播放的时间最终被双方确定为 74 分钟，恰好能够演奏完一曲以著名指挥家卡拉扬最慢速指挥的贝多芬《命运》交响曲。据说，这是因为索尼公司副总裁对《命运》情有独钟，从而决定了 CD 光盘的“命运”。1981 年，柏林爱乐交响乐团指挥卡拉扬被请到首次 CD 光盘展示会，CD 播放的声音倾倒了这位全世界最受尊重的古典音乐家。

卡拉扬手捧着一张CD盘，激动地表示："这才叫真正干净清纯的音质，在CD面前，所有的播音产品都变成老式的煤气灯。"

1982年，索尼公司与飞利浦公司为CD光盘共同制定出一套标准。由于标准书的封面采用了红颜色，人们习惯地把它称作"红皮书"。1987年，国际标准化组织将这种数字音频光盘定名为CD-DA。

1985年，飞利浦和索尼公司再度联合发表"黄皮书"标准，即多媒体电脑使用的只读光盘CD-ROM，它也成为电子出版物的最佳载体。如果以单速光盘驱动器读出数据，从头到尾读完一遍的时间也是74分钟。鉴于"黄皮书"标准不够完善，12家CD-ROM生产企业的代表聚集在美国塔霍湖畔并达成新的协议，后来演变为CD-ROM的国际标准ISO 9660。

1986年，飞利浦和索尼再次联合推出一种交互式光盘，称为CD-I，想把多媒体电脑像录像机那样普及到家庭，这种光盘的标准叫"绿皮书"。不久后，能够播放74分钟电影的小影碟（VCD）风靡全球，其标准称为"白皮书"。1992年，柯达公司也加入到光盘制作行列，推出一种能保存照片的Photo CD，最多可储存700张照片；此外，还有所谓可写一次的光盘CD-WO、可反复擦写的磁光盘CD-MO等，它们都遵循"橙皮书"标准。

红黄绿白橙，各种颜色封面的标准都已成书发行，有的标准书甚至厚达1英尺（1英尺=25.4 mm）。1995年后，一种新型"数字化视频光盘"——DVD光盘又成为万众瞩目的焦点。当年9月15日，欧、美、日10家最大的制造公司达成协议，DVD光盘将包括视频和音频、只读和可写等全面解决方案。这种新型的海量存储器，单面单层容量即达4.7 GB，足以存放135分钟的电影，而双面双层的DVD光盘则可轻松地储存长达4小时以上的电影节目，容量已达到17 GB。

（3）多媒体声卡的发展

在多媒体电脑兴起的过程中，多媒体声卡起到了非同一般的作用，而它的发明者——创新科技公司董事会主席沈望傅的名字也将永远记录在电脑发展的史册里。

沈望傅是一位华裔，1955年出生于新加坡武吉镇，父亲是工人，母亲是目不识丁的家庭妇女，家境贫寒。3 岁时，他就帮妈妈喂鸡养鸭，常常赶着鸭群逗留在邻居窗前，沉醉在收音机播放的旋律里。他从小酷爱音乐，幻想着能拥有一架自己的钢琴。中学时代，沈望傅在学校机房里第一次接触电脑，音乐和电脑同时在脑海中碰撞，在他的幻想里又增加了发明一台像钢琴那样演奏乐曲的计算机。

20 世纪 70 年代末，从义安工艺学院电子系毕业的沈望傅，与儿时的伙伴谢广成、吴启华一同来到一家民办小厂打工，被幸运地分配到电脑室工作。他们如饥似渴地钻研着电脑技术，直到工厂被人兼并。1981 年 7 月，三位年轻人决定创办自己的企业，于是东挪西借地凑集 1 万元新加坡币，在街头一间仅有 10 m^2 的小屋里创建了创新科技公司。

26 岁的沈望傅对伙伴们说："我们公司既然叫创新，就要推出与众不同的电脑产品。"两个月后，他们推出第一台"与众不同"的 CT 电脑，既能处理中英文文字，又能发出声音和显示图像。那一年，IBM PC 机刚刚问世，从未涉足电脑设计的年轻人，研制的这款多媒体产品毛病百出，无法打开销路。

在沈望傅领导下的创新公司，一边总结教训，一边积累经验和资金，寻找新的突破口。1984 年，他们研制出会说华语的 CUBIC99 型电脑，在新加坡市场上大受欢迎；1987 年，创新公司第一套初级音乐系统和作曲软件面世，一步步向"电脑加钢琴"的方向逼近。

1988 年 8 月，沈望傅告别了新加坡到美国旧金山发展，他要把创新的事业拓展到高科技的硅谷。面对竞争激烈的市场，沈望傅决定不涉足强手如林的电脑整机领域，而把创新公司的目标定位于游戏音乐卡，即"声霸卡"的前身。

然而，创新公司的声霸卡并不是第一块 PC 电脑声卡，1986 年，一位加拿大音乐教师与生产电子琴的日本雅马哈乐器公司合作，率先发明了一种叫作"魔奇音效卡"的产品，采用调频法用若干正弦波合成来模拟乐器的声音。调频法是斯坦福大学乔林教授发明的专利，被日本雅马哈乐器公司买断并制成芯片，成为电子琴等乐器发声的心脏部件。"魔奇音效卡"也装备了一片雅马哈 OPL2 型调频发音芯片。

沈望傅研制的创新声卡，决不能步别人后尘，他在声卡里增加了一组脉冲编码调制回路，使音响效果变得分外逼真。1989 年，创新第一款“声霸卡”迅速打进美国电脑市场，顿时声威大振。声霸卡的直译是“声音起爆器”，它的诞生恰好赶上了多媒体大发展的最佳时机，沈望傅抓住了千载难逢的机遇。

1990 年 11 月 27 日，微软公司联合坦迪、日本电气股份有限公司等 10 家个人电脑兼容机厂商，共同召开会议制定多媒体个人电脑标准，创新公司也参与了。1991 年 5 月，沈望傅乘势推出另一款具有 20 复音立体声音效的超级声霸卡，被世界多媒体协会接受为多媒体电脑的音响标准。此后，创新的多媒体产品和为多媒体电脑提供的升级套件，如雨后春笋般涌进市场。其中，采用波表合成技术的新一代声霸卡 AWE32 和 AWE64，甚至可以获得与录音棚相媲美的专业级音响效果。

正如沈望傅所说：“创新公司要发展就得创新，我们永远不会步人家后尘，要始终走在市场前头，成为多媒体的领头羊。”1993 年 10 月，创新公司在德国举办的展览会上荣获了十四项奖项中的两项奖，被称作多媒体行业中的头等大事。1994 年 2 月，声霸卡被选为中国国家科学技术馆的永久展品。这些殊荣使创新声霸卡成为声卡的代名词，截止 1995 年 8 月，全球使用声霸卡的用户已经超过了 1 700 万。

沈望傅用声霸卡圆了他儿时的梦，圆得那么辉煌。这个时候起，高端声卡市场被创新牢牢占据着，而低端却有 AC’97 等主板集成声卡的兴起，大部分芯片商的生存空间越来越小。随着 ESS、Aureal、雅马哈这样的厂家相继告别声卡市场，市场显得特别沉寂，很长一段时间都难有大的动作，创新大有寂寞高手的味道。

然而，峰回路转，在创新扫荡声卡高端市场的时候，曾经一个很不起眼的非强制标准——AC’97 逐渐取代了创新在声卡领域应有的领导地位。这个标准主要由英特尔公司制定，差不多所有 PCI（外设部件互联标准）声卡都遵照了这个标准设计。创新 Live！系列声卡也深受这个标准影响，在迈向 PCI 声卡的发展道路上，创新走错了重要的一步，丢掉了行业标准的制定权威。

AC’97 在音质上是开倒车的，但在成本控制方面，却是很有竞争力的，因此，所有的芯片组厂商，包括英特尔的竞争对手英伟达、威盛、AMD 都站在了统一的阵营当中，主板集成声卡成为了天经地义的事情。这么强悍的阵营，对主板集成声卡产生了可怕的推动作用，主板集成声卡是由 CPU 模拟声卡的 DSP（数字信号处理）芯片用途，配合芯片组中集成的 I/O（输入/输出）控制器来实现与独立声卡相同的功能。

起初，不值钱的软声卡形不成卖点，创新在低端还可以占有板载硬件声卡的部分声卡市场。曾几何时，主板广告上"集成创新声卡"的字样是相当具有诱惑力的，但随着芯片组厂家和 Codec（编译码器）厂家对 AC' 97 驱动的改良，软声卡的音质和功能获得巨大飞跃，大部分主板厂商开始放弃集成硬卡的设计，而推荐使用 AC' 97 集成声卡。AC' 97 的兴起并没有直接形成对创新的威胁，但创新本身由于缺乏新品支持，生存空间也越来越狭窄，频频传出亏损的消息。随着创新 Live！系列产品在市场上越来越饱和，且低端市场也难再有作为，创新可能面临被市场淘汰的境地。

然而，在长时间里，创新却没有发布能够震撼人心的新芯片，而是反反复复地利用 Emu10k1 来扩充 Live！系列，Live！系列成为了有史以来最庞大的声卡系列，也是生命周期最长的声卡系列，在竞争激烈的 IT 行业，这是一个绝对的奇迹。坐吃山空，谁也挡不住频繁地吃老本。随着 CPU 技术的迅猛发展，即便使用 CPU 来模拟硬件加速，也能获得不错的声音效果。其结果就是，大量的用户放弃购买独立的声卡产品，声卡市场急剧萎缩。最后，创新只能靠对游戏和音乐发烧者的良好支持这个卖点来支撑越来越小的独立声卡市场。创新公司将如何面对多媒体电脑正在逐步淘汰独立声卡的趋势，人们只能拭目以待。

（4）多媒体的"灵境"

你可能不太相信，多媒体技术再向前跨进一步，就是要把电脑用户领入到一种"灵境"状态，这种说法绝非刻意宣传的封建迷信。

顾名思义，"灵境"指的是某种幻觉空间。一位美国科学家最早描写了这种由电脑制造的"灵境"，他不仅发明了一种新的技术系统，而且给行将衰败的游戏机制造业注射了一针"强心剂"，游戏机制造厂商纷纷向多媒体电脑平台转移。尼葛洛庞帝教授曾预言说："以个人电脑为基础的游戏，将会取代我们熟知的专用游戏系统。在短期内，特殊用途的硬件唯一还能施展的空间，就只剩下虚拟现实。”

“虚拟”与“现实”组成的合成词“虚拟现实”表示既是“虚拟”，又是“现实”，这本身就是个可笑的悖论。被称为“虚拟现实之父”的伊凡·苏泽兰对此描写道：“电脑屏幕是一个窗口，通过这个窗口，人们可以看到一个虚拟世界。具有挑战性的工作是让那个虚拟世界看起来真实，在其中的行动像真实，听起来像真实，感觉得像真实一样。”

1962年，美国麻省理工学院博士研究生苏泽兰，应邀参加了一个由电脑绘图领域高级研究人员发起的会议。苏泽兰向会议提交了他的论文和电脑程序《画板》，几乎令与会者感到了一次“创世大爆炸”。事后有人赞叹说：苏泽兰的《画板》是以往人们“曾经编写过的程序中最重要的一个程序”。

苏泽兰发明的《画板》是有史以来的第一个交互式绘图系统，是交互式电脑绘图的开端。使用者可以用光笔在电脑屏幕上作画，可以创作、保存和多次复制，也可以把它自由地放大或缩小。十多年后，电脑界和工程界才真正体会到苏泽兰和《画板》带来的划时代变革，它开创了一个计算机辅助设计（CAD）的崭新领域，使广大工程技术人员最终抛弃了图板、铅笔和丁字尺，在电子、机械、建筑等广阔的领域中产生了巨大的经济效益，并促成了现代化设计体系的建立。交互性是苏泽兰后来提出虚拟现实技术的第一个关键因素，他在人与机之间建立了某种互动关系。

1964年，美国高级研究计划署（ARPA）发现了苏泽兰的才能，让年仅26岁的苏泽兰出任ARPA信息处理技术处的负责人。第二年，他以另一篇论文《终极的显示》再次震惊世界，首次描述了用电脑显示器作为观看虚拟世界窗口的设想，被公认为虚拟现实技术史上的里程碑。

苏泽兰加紧为他的“终极显示”研制硬件设备。他认为，人们所看到的现实中的物体有真实感，主要是因为人转动头部或身体时，会感到这个物体也随之转动。他可以通过电脑模拟这种观察的过程，将人的头部方位实时记录下来，并迫使电脑图像追随着方位的变化，反馈并调整其显示。为此，必须把人的双眼视线与外界环境加以“屏蔽”，最简单的办法是给虚拟世界的观察者戴上头盔。

1966年，世界上第一个头盔显示器（HMD）试验模型在林肯实验室面世，苏泽兰为他取名为“临头的危险”。HMD 以后经过多次改进，最后采用了两个双筒镜显示器，由电脑软件分别显示出两幅基本相似、但角度略有差异的图像，通过光学透镜的反射，在观察者眼前合成为一个立体的虚像，与我们佩戴光学眼镜观看立体电影类似。所不同的是，电脑能够及时根据头部转动的位置和方向跟踪调整图像，以极快的速度更新画面，精确模拟双眼观看景物时的活动效果。于是，1970 年的元旦，一位参加试验的犹他大学的学生，在“临头的危险”头盔显示器里，第一次进入到苏泽兰虚拟的世界。

通过眼睛观看只能够从视觉上体验这个虚拟世界，并不能与这个虚拟世界互动。苏泽兰继续改进完善他的发明，他采用美国数字设备公司生产的小型电脑 PDP－10 创建了一个虚拟的房间，又设计出类似于手枪形状的控制棒。试验者戴上头盔，用手操作控制棒上的按钮，就能使虚拟房间中的物体一会儿出现，一会儿消失，并且能让它旋转和变形，甚至可以将虚拟的物体打碎，接着又把它拼接完整。

“灵境”真的展现在苏泽兰眼前，现实世界的围观者只能看见他面对空空如也的墙壁手舞足蹈，只有苏泽兰本人在兴致勃勃地玩弄着根本不存在的东西，完全沉浸到自己创造的幻觉里，它充分展示了虚拟现实技术的第二个关键因素——“投入”的效果。

“投入”也有“沉浸”的意思，是灵境技术的本质。大家知道，当电影演员进入演戏的高潮时，他可能会忘记真实的身份，完全沉浸在自己扮演的角色里，我们就说他“投入”角色。虚拟现实则可能使普通电脑用户也获得某种“投入”感，苏泽兰试验的成功为电脑工作者打开了一扇诱人的窗口，他们以极大的热情“投入”灵境研究，取得了一系列进展。

美国雅达利电脑游戏公司研究人员托马斯·茨门曼等人率先开发出了“数据手套”。数据手套装有传感器，用光纤与电脑相连。试验者戴上数据手套和头盔显示器后，不仅可以看到自己在灵境中的“虚拟的手”，而且能用真实的手去控制那只“虚拟的手”，操纵它去抓握或移动虚拟的物体。后来，有人又根据“数据手套”的原理研制出可以穿着的“数据衣”，这种衣服装备着许多触觉传感器，可以探测和跟踪人体的所有动作。

美国北卡罗来纳大学弗雷德里克·布鲁克斯首次研制出虚拟现实环境下的触觉装置。他和其他的研究者们根据力反馈的原理，把电脑显示的虚拟图像与可能感知的接触力度联系在一起，实时反馈给数据手套产生某种压力或振动，使试验者能“摸”到虚拟物体的形状、硬度，甚至于光滑或粗糙程度等，使人们不仅“看得见”而且也“摸得着”虚拟世界的东西。

许多电脑工程师与音响技术人员协作攻关，将三维立体声和声音识别技术也带入多媒体的“灵境”。只要戴上耳机，使两耳听到大小方位略有差异的声音，就很容易被电脑所“欺骗”。在虚拟声音系统环境中，试验者可以非常准确地感知声源的位置、距离和移动的效果。

灵境技术综合的时刻来临了：应美国宇航局的要求，1981 年，美国加利福尼亚大学伯克利分校的博士研究生迈克尔·麦格里威试验成功第一个可以实际使用的头盔显示灵境系统；1985 年，雅达利电脑游戏公司的斯科特·费舍尔加盟该研究小组。在他的帮助下，研究小组把数据手套、头盔显示器、语音合成和三维立体声以及触觉反馈装置等，统统集成为一个整体，虚拟现实技术正式登上了电脑历史大舞台。第二年，英国的工业集团公司正式推出世界上第一个虚拟现实枪战游戏，取名《Virtuality VR》。

军队首先敏感地发现了“灵境”的魅力。据说，美国空军曾以 100 万美元的造价研制出高分辨力的头盔显示器，以此构造出飞行驾驶模拟器。飞行员在“灵境”中能观察到任何复杂的虚拟环境，加快学习飞行技术的进度。虚拟现实的坦克演习、反潜艇演习和导弹发射演习以及单兵作战系统也被广泛地采用。参加过虚拟坦克战强化训练的美国士兵，在海湾战争中一举摧毁伊拉克的苏制 T 72 型坦克 2 400 多辆。

建筑业、工业制造业和精密机械加工业也把电脑辅助设计技术向前推进了一大步。过去由电脑设计并显示在屏幕上的图纸是平面或者仅仅是立体的外形，进入“灵境”后，设计师可以“身临其境”深入到自己设计的房屋或机器内部浏览。20 世纪 80 年代中期，那位发明了电脑“触觉”的布鲁克斯所在的单位正准备新建自己的实验楼，研究人员当然对这座尚在图纸阶段的大楼格外关注，他们按照建筑商提供的图纸构造了“灵境”模型。在“深入”到楼房内部视察后，他们对门厅的设计很不满意，于是请来建筑设计师进行修改。建筑设计师摇头表示不以为然，布鲁克斯便把头盔显示器戴在他的头上，迫使这位先生根据“眼见为实”的观察结果修改了门厅的设计图。

目前，人们主要把这项技术用于高技术领域，例如空间技术中航天器与空间站仿真、微重力环境仿真、虚拟星际考察、飞行模拟、集团军模拟演习等。旅游业也在“灵境”中发现了新的“景点”。采用虚拟现实技术的旅游公司居然推出了诸如“宇宙空间一日游”等项目，带着游客登上“真实的”宇宙飞船，飞向月球和火星探险；而参加“侏罗纪公园一日游”的游客，则可享受到“抚摸”恐龙的奇趣。在美国，有人把这项技术试用于治疗癌症。医生们佩戴一个特制的头盔，借助电脑产生的图像，就可以在肿瘤世界里自由“走动”，察看肿瘤情况及接受放射治疗部位的变化，随即通过手控装置，为放射治疗的射线确定部位，以保证放射治疗的辐射只聚焦到肿瘤上，而不致伤害人体的健康组织。有关专家们讲，灵境技术将在下一世纪导致一场医学革命，医生将根据 CT 扫描的数据为患者建立“虚拟病人”模型，首先对“虚拟病人”进行体内病症的直观检查，然后在“虚拟病人”身上做实验性手术，以降低误诊和手术失败的可能性；它将促使科学研究手段的革新，为物理和化学研究需要构造虚拟的分子、原子模型；它还将推进教育教学方法的更新，使学生“沉浸”在虚拟学习环境里，请来司马迁为我们宣讲《史记》，让爱因斯坦为我们介绍“相对论”，或者不远万里来到英国爱丁堡罗斯林实验室，请维尔穆特博士讲授基因工程，再“亲手”克隆出一只“多利”……

多媒体技术是一门跨学科的交叉学科，是通信、计算机、网络、信息处理、数据库等众多学科的成果集成。它向更高层次发展，也与上述技术领域息息相关。它的完善，也必须站在有关各项技术的最高起点上，采用综合优化的方法，使自己达到更加完美。有人预测，在未来十多年里，多媒体产品将是市场潜力最大的产品，同时也是市场前景最广阔的产品。

2.2 互联网

2.2.1 互联网的前身与今世

互联网，英文为 Internet，又译为因特网、网际网，它是计算机广域网、局域网及单机按照一定的通信协议组成的国际计算机网络。同当代许多重大科技发明一样，互联网的发明也源于军事目的。

冷战时期，出于与苏联争霸的需要，为了保证在核打击下军事通信畅通，1969 年，美国国防部在高级研究计划署制定的协议下将美国西南部的大学加利福尼亚大学洛杉矶分校、斯坦福大学研究学院、加利福尼亚大学圣塔芭芭拉分校和犹他大学的 4 台主要的计算机连接起来，首先建立了由 4 台计算机构成的、分布式控制的分组交换网——阿帕网。

以现在的水平论，这个最早的网络显得非常原始，传输速度也慢得让人难以接受。但是，阿帕网的 4 个节点及其链接，已经具备网络的基本形态和功能。所以阿帕网的诞生通常被认为是网络传播的“创世纪”。1971 年 4 月，阿帕网已连接了美国加利福尼亚大学洛杉矶分校、斯坦福大学研究学院、加利福尼亚大学圣塔芭芭拉分校、犹他大学、BBN 公司、麻省理工学院等 15 个节点，共 23 台主机。

阿帕网问世之际，大部分电脑还互不兼容。由于采用了不同的编码方式和计算机语言，除了相同厂家的计算机勉强能够相互交流外，在绝大多数情况下，在一台计算机上完成的数据资料，拿到另一台计算机上就成了乱码。而同样的“信息孤岛”问题则困扰着当时每一所大学和研究机构。于是，如何使硬件和软件都不同的电脑实现真正的互联，就成为人们力图解决的难题。在斯坦福大学最初的联网方案中，采用的是施乐公司的 PUP 通信协议。由于网络通信系统从本质上来说是一种为数据传输选择路径的软件系统，可以在任何一台计算机上运行，因此 20 世纪 80 年代初期的网络数据都是通过计算机来直接处理和转发数据包的，斯坦福大学通行的通信模式，都是“主机/终端”的方式，这种通信方式不但消耗主机资源，而且一旦主机故障，则其他终端都将失去通信能力。能不能专门设计一种设备来解决异种计算机之间的互联问题？一些计算机科学家不约而同地想到了这一点。

在早期的网络转发设备设计中，各种解决异种机互联的方案都被提出。研究者们有许多重要创新，最终这些创新演化为一件产品——多协议路由器，简称路由器。路由器是将包转发和处理软件烧制在一块微处理器上，直接安装到路由器的电路板上，软硬件结合大大提高了网络转发的效率，降低了成本。此后20年中，路由器的这种结构一直没有改变。

1973年春，美国的文顿·瑟夫和鲍勃·康开始思考如何将阿帕网和另外两个已有的网络相连接，尤其是连接卫星网络和基于夏威夷的分组无线业务的阿罗哈网。他们设想了新的计算机交流协议，最后被称为传送控制协议/互联网协议（TCP/IP），后来成为互联网的主流协议，因此他们也被人们称为“互联网之父”。

1975年，阿帕网被转交到美国国防部通信处。与此同时，大量新的网络开始出现，包括计算机科学研究网络、加拿大网络、因时网和美国国家科学基金网络等。

1982年中期，阿帕网被暂时停用，原先的交流协议被禁用，只允许使用TCP/IP协议的网站交流。1983年1月1日，美国国防部正式将TCP/IP作为阿帕网的网络协议，并命名为“Internet”，中文正式译名为因特网，后来又被称为国际互联网。随后的阿帕网被分成两部分：用于军事和国防部门的军事网和用于民间的阿帕网版本。作为Internet的早期骨干网，阿帕网试验并奠定了Internet存在和发展的基础，TCP/IP协议簇的开发和利用较好地解决了异种机网络互联的一系列理论和技术问题，局域网和广域网的产生及蓬勃发展对Internet的进一步发展起了重要的作用。

1986年，美国国家科学基金会（NSF）资助建成基于TCP/IP技术的主干网NSFNET，这是世界上第一个真正意义上的互联网，NSF在全美国建立了按地区划分的计算机广域网并将这些地区的网络和超级计算机中心互联起来。它连接了美国若干超级计算中心、主要大学和研究机构，并迅速扩展到世界各地，形成全球性的教育科研网络。NSFNET对Internet的最大贡献是使Internet向全社会开放，而不像以前的那样仅供计算机研究人员和政府机构使用。当NSFNET成为互联网中枢后，阿帕网的重要性被大大减弱了，终于在1989年被关闭，1990年正式退役。于是，NFSNET于1990年6月彻底取代了阿帕网而成为Internet的主干网。

1990年9月，由Merit、IBM和MCI公司联合建立了一个非营利的组织——先进网络科学公司（ANS）。ANS的目的是建立一个全美范围的T3级主干网，它能以45 Mbit/s的速率传送数据。到1991年底，NSFNET的全部主干网都与ANS提供的T3级主干网相联通。

1991年，瑞士高能物理研究实验室程序设计员伯纳斯·李开发出WWW（万维网）技术，采用超文本格式把分布在网上的文件链接在一起，Web页面在互联网上首次登场。他提出所有人都可以免费使用WWW的概念，促使WWW以惊人的速度发展。1993年，美国伊利诺伊大学国家超级应用软件研究中心的Marc Andressen、Eric Bina设计出采用WWW的第一个图形用户界面的浏览软件Mosaic，这也是微软浏览器Internet Explore的基础。1994年，Mosaic程序被重写，改名为Netscape Navigator后推向市场，互联网以WWW技术为开端得以进入爆炸性普及阶段。今天，万维网公开出版的网页就有500多亿个，但网页实际数量可能比被搜索引擎编入索引的500亿还要多400～750倍。每分钟就有数十万的页面加入。

此外，互联网的第二次飞跃还归功于Internet的商业化。1991年，NSF就通过一个计划，即从1994年开始允许商用网络运营商通过竞标方式将各自的主干网互连起来，形成一个新的主干网来取代NSFNET。1994年，美国允许商业资本介入，于是Internet从实验室走出，进入面向社会的商用阶段。商业机构一踏入Internet这一陌生世界，很快发现了它在通信、资料检索、客户服务等方面的巨大潜力。于是世界各地的无数企业纷纷涌入Internet，带来了Internet发展史上的一个新的飞跃。

1994年3月，中国加入了国际互联网组织。同年4月20日，中国用64 bit/s专线正式接入互联网，并于5月份在中国科学院高能物理研究所设立中国第一个万维网服务器，国家智能计算机研究开发中心开通了曙光BBS站，这是中国大陆第一个 BBS 网站。

1995 年 4 月 30 日，NSFNET 主干网正式停止使用，NSF 把 NSFNET 经营权转交给美国 3 家最大的私营电信公司（Sprint、MCI 和 ANS），互联网全面进入了商业应用领域，全面商业化的互联网主干网形成。

1995 年 5 月，张树新创立中国第一家互联网服务供应商瀛海威，中国普通民众开始进入互联网络。中国电信开始筹建中国公用计算机互联网全国骨干网，1996 年 1 月正式开通提供服务，标志着中国互联网进入社会化应用阶段。

万维网将浩如烟海的各类信息组织在一起，通过浏览器呈现给用户，大大降低了信息交流和共享的门槛，使更多的人能够更快捷方便地使用互联网，一大批具有全球影响力的网站出现，互联网迅速成为全球化的公众信息平台。1996 年，全球大约有 1 200 万台计算机接入国际互联网，建立了 50 多万个 WWW 站点。1999 年 2 月 22 日，第一家网上银行在美国印第安纳正式营业。1999 年 9 月，中国招商银行率先在国内启动“一网通”网上银行服务。2000 年 4 ~7 月，中国三大门户网站搜狐、新浪、网易成功在纳斯达克上市。

在这一时期，互联网以网络的扩大、用户的增加和大批网站的出现为主，主要应用于浏览网页和收发电子邮件等。互联网的潜在商业价值被普遍看好，吸引了各方的大量投资。但是，由于互联网在商用初期未能迅速找到有效的盈利模式，过度的投机行为最终导致了 20 世纪末全球性“网络泡沫”的出现与破灭。网络泡沫实际上就是过热的投资，涌入大量的资本之后找不到盈利点，最后没有利润导致公司必然要倒闭。

进入 21 世纪，随着网络泡沫破灭，互联网发展进入相对平稳的阶段。宽带、无线移动通信等技术发展，为互联网应用的丰富和拓展创造了条件。在网络规模和用户数量持续增加的同时，互联网开始向更深层次的应用领域扩张。电子政务、电子商务、远程教育等网络应用日渐成熟，互联网逐渐渗透到金融、商贸、公共服务、社会管理、新闻出版、广播影视等方面。以博客、播客等为代表的第二代万维网（Web 2.0）使每个普通网民都可以成为互联网内容的提供者，激发了公众的参与热情，网络内容日益繁盛。至 2008 年，互联网已经覆盖世界五大洲 233 个国家和地区，网民超过 15 亿，普及率达 21.1%。互联网已经成为推动经济发展和社会进步的全球性重要信息基础设施。

在这个阶段，因互联网高速发展所掩盖的信息安全问题、监管问题、商业模式问题等不安全和不稳定的隐患，也随着互联网的社会化而更加凸现。比如，日益增长的针对DNS系统的攻击及黑客行为，域名与知识产权的冲突，域名与隐私权保护，域名持有人的权利保护等。不仅互联网自身发展面临着挑战，互联网对政治、经济、文化、生活的负面影响也受到了普遍关注。人们在反思互联网设计理念的同时，开始积极探索互联网技术、应用、管理的新思路，互联网发展日趋理性。

2.2.2 互联网的普及与应用

近年来，世界各国的人都爱讲："地球变小了!"这当然不是指地球直径变短了，而是交通工具和信息技术发展，让人与人之间的时空距离骤然缩短，人类地球村的梦想变成了现实。我们今天所说的地球村概念，已不再是因为发明了飞机让世界物理距离变"短"，而是互联网让人们有"无时不在身旁"的感觉。"离互联网还有多远？从此向西500米"，这曾是上世纪末瀛海威公司的网络广告。从那时起，人们认识到，一只奇怪的"猫"（Modem）可以让电脑连接到世界各地。从此，互联网把地球变成了高度扁平化的村落，把世界各地的人拉到一起，让全球成为一个大家庭。

2005年，英国"FT/高盛"财经书大奖得主、《世界是平的——21世纪简史》的作者托马斯·弗里德曼认为，世界从2000年进入了一个全新的时代：即全球化3.0版本。整个世界进一步缩微，整个世界的竞技场因一台无所不包的电脑而被夷平。越来越多的人被电脑、电子邮件、网络、远程会议和各种新软件联系在一起。人们在地球村里，如同古代神话人物夸父一样，瞬间跨越五洲四海。

就像莎拉·布莱曼和刘欢在2008年北京奥运会开幕式上所唱的"我和你，心连心，同住地球村"。"同一个世界，同一个梦想"，人类为了共同的梦想，把世界变成了一个村子，而我们都是生活在这个村子里的村民。互联网已经将世界变成了一个地球村，在0和1的转换之间，把你和我紧紧地联系在一起。

自从20世纪90年代以来，一场以计算机数字化、多媒体集成和互联网等技术综合而成的信息化浪潮迅速席卷全球。这场以网络技术为主要标志的信息化浪潮，其影响和意义都是过去所无法比拟的。众多学者指出，互联网实际上是一场信息革命，是电信革命、计算机革命、软件革命及与此相联系的信息技术革命和信息产业革命的综合反映，是现代通信、电子计算机、信息资源三者各自网络化及其相互渗透、连接、联合而形成的全方位服务网络，而世界各国风起云涌的“信息高速公路”计划是这次信息化革命浪潮的集中表现。

美国仍旧是最早提出建设“信息高速公路”的国家。早在20世纪80年代前，美国时任参议员的戈尔——后来的美国副总统，就已经提出了“信息高速公路”的概念。1991年，美国众议院通过一项法案，同意拨款十亿美元，铺设连接超级计算机的光导纤维网络。美国企业在电脑和通信设备方面的支出首次超过在工业设备方面的支出。

1993年2月22日，当选后的克林顿总统和戈尔一起在硅谷访问一家技术公司时强调，建设“信息高速公路”是新政府技术政策的中心，被置于白宫科技议事日程的最突出位置。同年9月1日，戈尔和商务部长布朗正式宣布了建设国家信息基础设施（NII），即“信息高速公路”的行动计划。

所谓“信息高速公路”，实际是指要建立以现代计算机网和多媒体通信技术为基础，以光纤传输为骨干，覆盖全社会的高速度、大容量、为社会提供全方位服务的电子数据传输系统网络。它是由信息设备、信息网络和信息资源等核心要素构成的一项规模庞大的社会系统工程，是国家信息基础设施。

美国计划中的“信息高速公路”主要由以下几个部分组成：建设一个覆盖全国的宽带高速信息通信网；信息资源的开发和利用；以微电子技术为基础的信息设备的开发与制造；通信和信息系统软件、应用软件和各类技术标准的研究开发；培养和造就大量的信息技术人才。

美国政府的目标是：先把100万户家庭连接起来，五年之内使全国大部分家庭入网；在20世纪末实现多媒体的普及化；到2010年，使所有的地区、所有的经济阶层及普通公民获得以各种形式进行信息交流的机会。

NII计划对信息基础结构做了详细阐述。从直观上看，国家信息基础结构是一些看得见、摸得着的物理设备。它们包括摄像机、扫描设备、键盘、电话、传真机、计算机、光盘、声像磁带、电缆、电线、卫星、光纤传输线、转换器、电视机、监视器、打印机等。NII 还包括如下内容：

（1）各种形式的信息。电视节目、科研和商业数据库、图像、录音磁带、图书馆档案等。

（2）应用系统和软件。它们可以帮助用户使用、处理、组织和整理由国家信息基础结构提供的大量激增信息。

（3）网络标准和传输编码。这些标准和编码可促进网络之间的互联和兼容，保证网络的安全性和可靠性。

（4）人。主要指那些在民间企业产生信息、开发应用与服务系统、建造设施并培训其他人开发国家信息基础结构潜力的人们。

建设国家信息基础结构，必须全面地、协调地发展其中的每一个组成部分，使之发挥出整体效应。NII 计划是一个社会系统工程。

把上述各部分的作用充分地发挥出来，信息基础结构才能最大限度地发挥出功能。这正如用于交通的高速公路一样，要有“路”——光纤卫星网络及各种终端设备等，有“车”——多媒体，有“规则”——有关的网络标准，有“司机”——开发与使用信息基础设施的人们，现代化的“信息高速公路”才能有效地运行起来，成为支撑人类社会高速运转的“动脉”。

NII 计划对“信息高速公路”将给美国带来的美好前景做了详细的说明。从总体上说，“国家信息基础结构给国家带来的潜在利益是巨大的。它将使美国公司在全球经济竞争中获胜，为美国人民创造良好的就业机会，给国家带来经济增长。重要的是，国家信息基础结构注定会改变美国人民的生活，突破经济、地理环境和经济地位的种种限制，向所有的美国人提供公平的机会，让他们尽量施展自己的才能，实现抱负。”

美国在 NII 建设计划的推动下，各个行业都在加紧准备或正在向信息网络化方向发展。例如，卫生医疗行业已建立“健康网络”，“计算机医生”通过互联网向病友、用户提供会诊和保健咨询，远程医疗的研究计划多达数百个；美国 6 家电信公司计划投资数百亿美元建设光纤网，加速光纤到户建设，到 2001 年光纤网络已连接 1 000 多万个家庭；电子报刊得到进一步发展，互联网已广泛用于发布电子新闻，全世界上网发行的报刊到2001年底接近1万种，美国几乎占到一半。而在1995年以前，美国还只有78家报纸发行电子版，发行电子版的杂志也只有数十家；许多学校已开始转向多媒体教学。

“信息高速公路”建设投资巨大，在克林顿于1992年2月发表的国情咨文中，美国计划用20年时间，投资2 000亿~4 000亿美元建设NII。为了保证该计划的顺利实施，美国政府在财政预算中拨专款用于“信息高速公路”建设，1999年其数额为8.5亿美元，实际支出13.4亿美元。2000年信息技术研究投入的财政预算比1999年又增长了28%，以后每年的增幅都不低于25%。此外，美国政府还通过建立在财政支持下稳定增长（年增长率8%）的科研基金予以财力支持，其中美国国家标准与技术研究院基金则主要服务于信息产业的开发研制。除了直接的财政支出外，美国政府还用优惠税收等方式给技术投资以财力支持，主要有延长“科研抵税法”实施年限、对小企业技术投资减半征税、采用有利技术更新的加速折旧法等措施来减少企业应缴税收。

“信息高速公路”的建设对美国社会经济的发展起到了重要作用。第一，它极大地推动了经济发展。由于这一计划的实施，到2007年，美国国内的生产总值增加到1 470亿美元，国民生产总值增加到3 700亿美元，劳动生产率提高了20%~40%，信息产业已成为美国的第一大产业，达到国民生产总值的60%左右。第二，可在国内广泛地提供就业机会。第三，它促进了医疗、教育事业的发展。因为可以提供远程理疗，乡村的病人在家中通过“信息高速公路”可由城市医院的医生对他进行诊断，提供药方；远程教育的开展则为在家中的读者提供了调阅国际上各种图书的可能性，不仅可以阅读图书资料，而且还可以调用图像资料来参观美术馆、博物馆等。第四，它改变了人们生活、工作和相互沟通的方式，有些工作甚至在家里就可以完成。第五，促进科学研究和科技的发展。第六，可以节省大量的资源。由于人们可以通过“信息高速公路”相互沟通，在交通高速公路上的客流量可减少30%~40%，也相应减少能源消耗和污染，极大地促进了美国经济向可持续发展道路转变。

在美国的NII计划影响下，全球掀起了新的信息化浪潮。世界许多国家和地区都开展了自己的“信息高速公路”投资计划。日本、欧盟、加拿大、韩国等，相继投资建设了自己的NII。

面对世界各国兴起的信息化浪潮，经过多年的实践，美国认为只有建立“全球信息基础设施”才能真正发挥“国家信息基础设施”的作用。于是，美国政府在1994年初又提出了全球信息基础设施（GII）的概念，建议将各国的NII连接起来，组成世界范围内的“信息高速公路”，实现全球信息共享。1994年3月，美国副总统戈尔在布宜诺斯艾利斯国际电信联盟会议上发言时说：“在10年当中、在这次会议上，我们手头就有技术上的突破和经济手段，它们能将全世界所有的地区连为一体。我们现在便可以最终建设成一个全球性的信息网络，通过这个网络，信息可以以光速从任何一个大城市通往每个大陆的任何一个小村庄。美国总统和我都相信，对人类大家庭的所有成员来说，维持发展的基本前提是创建连接各个网络的全球网。为了实现这个目标，立法者、管理者及企业家必须要建成并开通一个全球性的信息基础结构，全球信息基础结构为每个人提供周游世界的环球高速公路。”

为推进全球“信息高速公路”的发展，1995年，美国倡导西方七国集团在布鲁塞尔召开了信息社会部长级会议，确立了建立全球信息社会的宏伟构想和方向，并提出了实现这一构想的8项基本原则和发展全球信息网络的11项指导性计划。同年，美国又积极推动召开了亚太经合组织首届通信与信息产业部长级会议，与会国确立了加快亚太地区和APEC各成员国信息基础结构建设的目标和主要核心原则。1996年5月在南非召开“信息社会与发展大会”部长级会议，这次会议是1996年西方七国布鲁塞尔会议的后续会议，但是不同的是这次会议还吸引了30个发展中国家与会。

1995年2月，在美国的倡导下，全球信息基础设施委员会（GIIC）成立了，总部设在美国首都华盛顿。GIIC虽然是一个国际民间组织，但它的成立和运作大大推动了世界各国，尤其是发展中国家基础设施的建设，对全球信息化的早日到来有深远的影响。基于此，我国国务院信息化工作领导小组也参加了GIIC。尽管许多国家对“信息高速公路”建设的想法不尽相同，但看到谁拥有信息就拥有未来，对国家“信息高速公路”建设的重要性也就有了共识，都在摩拳擦掌，准备迎接挑战。

1998年1月，美国副总统戈尔在《数字地球——理解21世纪我们的星球》报告中首次提出“数字地球”的新概念，这是继NII、GII之后在全球范围内广泛传播的又一个信息基础设施概念。

什么是数字地球？戈尔曾做了一段生动的描述：设想一个小女孩在一个地方博物馆参观数字地球，当她戴上头盔时，她看到的地球和从太空中看到的没有什么两样。通过数据手套，她可以将看到的影像不断用越来越高的分辨率放大，直到可以看到各大洲以及不同地区、国家和城市的内容，甚至可以看到具体的房屋、树木以及其他的自然和人造对象。当她发现感兴趣的地区时，可以通过三维显示方式看到这个地区的立体景观，还可以通过声音识别系统听到陆地海洋的各种声音，可以对各种植物和动物种类进行重新分类，甚至可以对气候、道路、建筑、人口进行实时模拟和分配。借助数据手套点击任何一个目标，可以通过超链接获得更详细的信息。在数字地球上她不仅可以做虚拟的空间旅行，还可以倒退一段时间做历史考察，甚至可以倒退到白垩纪时代去了解恐龙的生活。她能够通过覆盖在数字地球上的数字地图、新闻图片、文字或口语故事了解任何一个时代任何一个地方发生的任何事情。

迄今为止，包括首倡者，对数字地球均未给出严格的科学定义。但关于数字地球的概念及内涵，已有若干种大同小异的认识和表述。中国科学院李德仁院士指出，“数字地球”是一个以“信息高速公路”为基础、以空间数据基础设施为依托而更加广泛的概念。概括地说：数字地球就是信息化的地球。它包括全部地球资料的数字化、网络化、智能化和可视化的过程在内。数字地球的核心思想是用数字化手段整体性地解决地球问题，并最大限度地利用信息资源。数字地球从数字化、数据建模、系统仿真、决策支持一直到虚拟现实，是一个开放的复杂的巨系统，是一个全球综合信息的数据系统工程。这也是现阶段中国科学界对数字地球的概念的认识。

20世纪70年代以来，信息作为一种重要的资源越来越受到重视。每个国家的社会发展和经济增长必然对信息资源有空前巨大的需求，与空间位置有关的地理信息在信息总量中约占80%。科学研究、工农业生产、经济活动、军事技术、人民生活都存在着对空间地理信息的巨大需求。数字地球即地球的信息化载体的出现，可望从根本上满足这种巨大的信息需求，并解决信息化社会所面临的海量数据闲置与信息饥渴同时存在的矛盾。因此，数字地球这一思想也是美国“信息高速公路”和国家信息基础设施的自然延伸与美国全球信息战略的延续和发展。

目前，国际互联网已经发展成为一个联系着超过160个国家和地区的世界上信息资源最丰富的电脑公共网络。互联网已被公认为是未来全球信息高速公路的雏形。当前的互联网还远远不能满足未来信息时代的要求，它本身诸多问题如带宽有限、保密性不够、服务费用过高等都需要解决。随着全世界各个国家信息基础设施建设和信息技术手段的不断提高，新一代网络也将不断提速和发展，相信在不远的未来，全球信息高速公路一定会使人们期待中的“地球村”彻底变成现实。它将涉及人类社会生活的方方面面，完全地改变人类社会的工作和生活观念，信息技术的发展正使这幅图画越来越绚丽多彩。

2.2.3 互联网改变现代媒体格局

中国科学院院士周光召曾经这样说过：“互联网已由一种信息技术手段，演变为在社会生活中扮演重要角色的新媒体。如今，网络媒体发展已日趋成熟，以互联网、移动媒体为代表的新媒体，正在带来跨媒介、跨产业融合的全球传播新格局。”20世纪20年代至50年代，从全球第一家广播电台——美国的KDKA电台在1920年开播，到38年后的1958年，无线电广播听众人数达到5 000万；从1936年第一家电视台在英国开通，到13年后的1949年观众数目达到5 000万；而互联网从1993年对公众开放，到15年后的2008年就拥有了15亿用户，互联网的高速发展为媒体传播提供了绝好的舞台。在1998年5月举行的联合国新闻委员会年会上，互联网这一新型媒体被正式冠以“第四媒体”的称号。相对于传统媒体，数字化的网络媒体确实具有难以比拟的优点。信息综合性和丰富性、充分的互动性与开放性、信息传递的快捷与超时空以及信息的大容量、灵活性造就了网络媒体的别具一格。

世界新闻界认定，互联网将有广阔发展前景，并将给媒体传播带来划时代革命，于是一些通讯社、电视台和报纸，如美联社、路透社、CNN等，都积极抢占互联网阵地，开始在网上提供新闻和经济信息服务。它们将原本经由传统媒体渠道发布的新闻信息用网络进行传播，并且利用互联网大容量和交互性等优势，逐渐形成网络新闻传播的特色，影响也越来越大。

对许多早期的网络媒体而言，基本上都是起源于传统媒体。美国是最早出现媒体网站的国家。1991 年，《圣何塞信使新闻报》依托“美国在线”在网上发布电子版，被称为全球第一个在网上发布电子版的报纸。1994 年，媒体上网之风迅速刮遍美国，成为美国媒体网站兴起之年。到 1998 年，美国主要传媒公司均已建立网站。《波士顿环球报》《今日美国》《华尔街日报》、美国广播公司、美国全国广播公司等著名媒体，均较早建立网站。2005 年 10 月初，Newslink. org 网站上提供的数据显示，美国数码电视台已达 1 679 家，在网上进行播出的美国广播电台已达 2 000 家。美国网络媒体发展，经历了从在网上发布报刊的电子版，到逐渐拓展网上原创内容、各种信息（增值）服务、网络游戏等过程。美国报刊上网后迅速拓展内容，先是通过超链接提供额外信息——新闻背景资料，并开辟电子论坛、聊天室、电了邮件列表等服务，再进而发展到网络版与印刷版相对独立，而后伴随着新闻媒体建立的地区性网站、综合信息平台（新闻门户网站）的出现，将内容拓展到整个地方上的信息。美国广电传媒开始上网后，建设新闻门户网站、涉足电子商务、发布手机短信、设立博客网页等实践，都是在美国首先出现的创新之举。

美国媒体网站发展各具特色，模式各不相同。有的以打母体传媒品牌为主，利用网络多媒体、互动式传播等优势，不同程度地提供超越印刷版（传统版）内容范畴的网上服务，《纽约时报》网站、《华尔街日报》网站就是很好的例子。有的是媒体网站办成地区性综合信息平台（新闻门户网站），《波士顿环球报》就是典型例子。有的传媒机构联合或传媒机构与网络服务商等其他相关行业的机构联合创办专业性的信息服务网站、站点。

中国网络媒体经过二十年发展，也已初具规模，在整个中国媒体格局中，占据重要一席。中国已经形成以 9 家中央主流新闻网站为龙头、26 家地方主流新闻网站为骨干、其他政府新闻网站为补充的主流新闻网站体系。这些新闻网站大多脱胎于传统媒体。中国媒体网络化进程，可以追溯到 1993 年 12 月 6 日的《杭州日报》电子版，但真正拉开序幕的是 1995 年中国公共互联网的开通。自 1995

年1月12日《神州学人》杂志开中国出版刊物上网之先河后，同年12月20日，《中国贸易报》首先开通网络版，成为新闻上网的先行者。到1995年底，中国第一批网络媒体的总数达到七八家，其中包括《中国计算机报》。到1996年底，有30多家报纸在网上发行了电子版，20多家杂志上了网。在广播、电视以及通讯社方面，1996年10月广东人民广播电台建立网站，1996年12月中央电视台建立网站，中国新闻社香港分社也建立了网站。1997年1月1日，《人民日报》正式开通网站。1997年4月中国新闻社《华声月报》申请独立域名，5月25日亮相互联网。1997年11月7日新华社正式开通网站。到2000年底，全国共有2 000多家媒体上了网。与此同时，非传统媒体兴办的网络媒体也快速发展。网易与搜狐等门户网站在1998年开通新闻频道，与国内多家著名传统媒体建立合作。新浪网于1998年12月成立后，在1999年4月改版推出大型新闻中心。2000年12月底，一些商业性门户网站取得登载新闻业务的许可证。这些网站每天发布并随时更新国际、国内、社会、体育、娱乐、财经等各种新闻，页面浏览量迅速增长。2000年5月，中国还诞生了两家由地方各传统媒体联合而成并试图进入资本市场运作的网络媒体：北京千龙新闻网和上海东方网。至今，全国已经建立北方网等类似地方重点新闻网站。

与传统媒体相比，网络媒体具有极大丰富、形态多样、迅速及时、全球传播和自由交互的独特优势。对报刊、广播、电视来说，没有任何一种媒体能够同时具备这些特点，网络媒体却能将报纸、广播和电视三者的优点汇集于一身，是传统媒体所无法抗衡的。因此，网络媒体不仅可以改变传统媒体的格局，甚至在将来有可能取代三大传统传媒。

网络媒体不但拥有三大传统媒介所无法企及的信息量，而且具有即时性，不受时空限制的特点。它能够在一件事情发生不到两分钟便及时发布，做到实时传播、同步传播、连续传播，相比第二天去买一份报纸，或等待广播和电视的新闻播报，人们更愿意自由选择新闻去阅读。相对于广播和电视，互联网在时效性和交互性上又更进一步，通过像QQ、聊天室、论坛等网络平台，人们就可以直接交流，而“网络电台”的出现也使网络有了与收音机效果相同的有声广播节目。

如今，互联网已经超过报纸和杂志，成为人们获悉新闻和特别信息的主要来源。越来越多的年轻人开始厌倦乏味的广播和电视节目，将注意力转移到了互联网。他们每天花大量的时间在线交流、通信、下载音乐、收听网络广播或在线游戏。网络媒体甚至能够把一个专题新闻累积起来，不断添加，使用户可以方便地看到事件的所有新闻过程。文字、图表、图片、声音、录像、动画等多种形式更加丰富了网络媒体的播报方式，网络电影、自拍视频、微博、个人空间等形式使互联网变成了个人新闻工作室和电影院。

互联网改变了传统信息传播的媒体格局，成为影响巨大、最具潜力的信息传播载体。十几年来，中国的互联网也发生了深刻变化，网络媒体群逐渐兴起，即时通信平台、媒体平台、娱乐平台和商务平台等应用性传播平台已经形成。通信平台上有电子邮件、即时通信、短信、网络电话；媒体平台上有网络媒体、网络杂志、信息检索；娱乐平台上有休闲网络游戏、大型角色游戏、音乐、影视剧、广播电台、彩信和彩铃；商务平台上有 C2C、B2C、B2B 以及旅游、招聘、房产等在线交易和服务。

互联网已经从信息传播工具发展成大众传播媒介，成为一种新型媒体。从全球看，互联网日趋显现“第一媒体”之势，电视正逐步变为“第二媒体”。传统观点认为，报纸为第一媒体，刊物为第二媒体，广播、电视被称为第三媒体，互联网被称为第四媒体，而移动网络服务是第五媒体。媒体排列的标准也各不相同，或以是否主流性为准，或以受众多少为准。目前中国有 1 900 多种报纸、9 000多种刊物、3 000 多家广播电台电视台、287.8 万个网站、1.62 亿个博客用户，随着三网融合和3G 时代到来，10 亿多手机用户都将成为潜在的网络媒体用户，因此无论是从受众多少或是从发展规模来看，互联网都日趋显现“第一媒体”之势。再从发展态势、影响广度来看，广播问世38 年之后才拥有5 000 万听众，电视拥有同样数量的观众也用了近 13 年，而互联网则只用了 4 年。根据有关统计，二十年来网络媒体给传统媒体带来了巨大的影响和压力，大约 1/3 阅读在线电子新闻用户对传统媒体失去了兴趣，电视收视率下降 35%，广播收听率下降 25%，报纸购买率下降 18%。网络媒体已经超过报纸、杂志、图书等传统媒体对民众的影响，并呈现出取代电视的发展势头。《中国传媒产业发展报告(2007—2008)》指出，2008 年传媒产业总产值约 5 440 亿元。中国传媒产业内部的组成结构发生了迅速变化。从比重变化率的情况看，新媒体在传媒产业中的比重增加到28.07%，而传统媒体下降到71.93%。在传媒产业中占重要比重的门类，如图书出版、电视广告、报纸发行、广告公司等，占传媒产业的比重下降幅度比较大。

从2008年开始，互联网就已超过了报纸，成为仅次于电视之后，人们获取信息的第二大渠道，而在大学生、知识分子等群体中，互联网已成为获取信息的第一渠道。61.8%的中国网络媒体用户表示“重大新闻一般都首先从互联网上看到”，90.4%网民承认需要信息时首先会去网上寻找，76.9%的网民表示“上网以后，比以前更加关注社会事件”。

2008年时，中国发生的一系列重大新闻事件，极大促进了网络新闻的发展。中国网络新闻用户规模猛增，使用率较2007年提升近5个百分点，达78.5%，用户群体增长7 900万，达2.34亿人，成为仅次于网络音乐的第二大网络应用。中国网民的网络新闻阅读率，高于美国（71%）和韩国（67.1%）。特别是对重大事件，例如北京奥运会的报道，使网络媒体进入中国主流媒体行列。

2008年北京奥运会是百年奥运会史上第一次通过互联网、手机等新媒体方式转播的奥运会，中国2亿多网友积极参与网络奥运，被誉为世界上“首届Web 2.0版的奥运会”。国际奥委会首次将互联网、手机等新媒体作为独立转播机构，与传统媒体一起列入北京奥运会转播体系。

中国互联网数据中心（DCCI）《网络传播数据日报》显示，在奥运会开幕式的4小时内，有3 200多万网友通过央视网等9家奥运合作网观看奥运会开幕式视频和信息。中国互联网数据中心统计，8月8日全天，这9家网站的站与站之间不重复独立用户数达1.61亿人。从8月8日到16日，这9家网站的日均访问人数达1.38亿。中国网友获取奥运赛事信息的第一来源为互联网，首次超过电视，其中有13%的网友完全依赖互联网获取奥运信息。

8月18日12时，刘翔因伤退赛引起举世关注，1小时之后，人民网即在头条重磅推出《奥运时评：刘翔有权受伤　13亿人的期望不该由一个人扛》，开创了网络媒体在重大突发新闻上快速发出重要评论的新纪录。搜狐网推出每日网论，以理性、新锐的观点引导网友。中国网通表示，授权转播奥运会实况的网站访问量达到平时的 6 倍，峰值竟然达到 10 倍。

开幕式当天，奥运官方网站访问量达 2 400 万，有 400 万独立用户通过官方网站了解开幕式盛况。8 月 14 日，该网站访问量达 1.83 亿，其中，29% 来自中国，约 23% 来自美国。约 45% 的用户使用英文操作系统，32% 的用户使用中文操作系统，其后依次为法文、西班牙文、韩文和德文等。在访问量最大的比赛成绩发布系统中，英文版访问比例占到了 57%，中文版访问占 38%。网络媒体在缔造“奥运地球村”，诠释“同一个世界，同一个梦想”的奥运主题上起到了重要作用。

传统媒体将逐渐全面实现数字化管理，诸多媒体高度融合的多维传播时代，即超媒体时代即将到来，但在演进过程中，传统媒体、新媒体还会共存很长一段时间。奥运会之后，有人总结一句话：上班用电脑看奥运会，下班回家用电视看，走在马路上用手机看。媒体是互补的，在不同场合都可以使用不同的媒体。人们的沟通方式已经摆脱时间和空间的限制，人类的信息交流方式和形式将变得无限延伸。

2.2.4 互联网造就虚拟世界

1993 年，一幅著名的戏谑漫画“互联网时代，没人知道你是一条狗”在《纽约客》上刊登。短短十几年的时间里，中国网民人数已超过美国而跃居世界第一，互联网已经从一个令普通人充满好奇的新鲜事物，成为一种家喻户晓的数字化社会生活方式。进入 21 世纪，互联网已经成为人们基本的生活环境，网络新闻、自由软件、信息家电、网上购物、网上书店、网上微博、网络社区等成为人们注意力聚集的中心；满街涌动的公共汽车背上是大幅跳动的网站广告，人们的生活随之发生着翻天覆地的变化，地球正在变为网络化的星球。

互联网促进了人类生活方式和社会组织结构的深刻变革，甚至形成了与现实生活并行的虚拟社会。互联网已经成为现实社会的延伸，是一种新的生活方式、新的社会基础结构、新的社会理念。所谓虚拟社会，是由联网计算机模拟虚拟空间，用户通过虚拟形象生活其中，并可与其他虚拟形象互动交往，是现实社会真实关系的数字化模仿，是模拟现实社会的虚拟平台。目前全球大约有 40 多个虚拟社会。

2007年，瑞士达沃斯世界经济论坛在“第二人生”虚拟社会中开设了网络论坛，这意味着现实社会正在接受虚拟社会的存在，全球社会正随之发生变化。

虚拟社会如同现实社会一样真实。人们能在虚拟社会里创造出前所未有的人类社会，这里有文学、艺术、音乐、资讯、科技和一切你所能想象到的事物，甚至创造出自然界中根本不存在的壮丽景观。人们可以超越国界、民族、宗教，建造人类最大的社会共同体。虚拟社会与现实社会对接，相互影响。现实社会也开始承认虚拟社会是现实社会的重要部分，认为虚拟生活同样值得尊敬。

全球第一个多用户、大规模、图形化的虚拟社会是1985年Quantum Link（AOL的前身）发布的Habitat（《栖息地》）。1990年后出现了二维（2D）环境的The Palace、Virtual Places、Comic Chat，以及三维（3D）环境的Active Worlds、Cybertown、Traveler 8和Worlds Chat，统称为第一代虚拟社会。2002年以后，在第一代基础上掀起第二代创建热潮，The Sims Online、There、Habbo Hotel、Second Life、Coke Music等陆续发布，第二代虚拟社会临场感强、互动性强、场景画面精美、突出社区本质。Second Life（“第二人生”）逐渐成为全球影响最大的虚拟社会，全球用户1 200万。国际大企业纷纷进驻，使其成为具有经济产值的虚拟社会，并逐渐具有能够带动真实社会的经济力量。国外虚拟社会公司海皮士、创想王国、优万三大公司也纷纷将“第二人生”模式搬到中国。

虚拟社会与计算机游戏的纯娱乐功能不同，体验是多方位的，包括娱乐、创造、社交等。虚拟社会的功能可以归纳为：3D拟真（形象、环境、活动）、活动平台（可以做各种事情）和对接现实（现实生活应用可以移植到虚拟社会）。虚拟社会不是网络游戏，没有升级，没有终点，没有情节，是一个与现实平行且相互联通与延伸的社会。虚拟社会是由用户生成内容的Web 2.0的应用，它有即时通信工具，可以即时沟通，也有博客，可以自主发布内容，还有BBS，可以讨论发言。虚拟社会是个人门户，可以进行社交活动和创作生产，也是实验室，用户可以对社会关系发展做模拟实验，用户创造生产的东西，所有权都归用户所有。从未来发展趋势看，虚拟社会是未来网络社会发展的重要形态，是未来社会活动的重要窗口。特别是随着虚拟实在技术、传感技术、神经科学计算机等发展，虚拟社会将与现实社会紧密联系，互相影响。

现实社会的人们诠释了各自的“第二人生”，哲学家看到了与真实生命等价的“人工生命”，经济学者认为它是一部尚未书写完成的自由市场经济史，社会学家把它看作社会发展史在虚拟社会的类型演变。比如，“第二人生”的商业模式最基本的就是广告、虚拟土地收益和交易佣金。最早“第二人生”并没有官方虚拟货币交易场所，是市场自发形成的，这就如一部“缩写的市场经济的进化史”。

人们渐渐地可以在虚拟社会中找到现实社会中接触到的事物。虚拟社会除满足人们幻想和创造财富外，还可以提供实施国家权力、参政议政等机会。瑞典外交部下属机构瑞典学院2007年在“第二人生”开设“瑞典大使馆”，为找签证信息及瑞典数据的人士提供信息，瑞典成为首个在虚拟社会设立大使馆的国家。瑞典学院还计划在虚拟社会购买一个岛，作为瑞典公司“家园”。马尔代夫在“第二人生”外交岛上设立虚拟大使馆，该国常驻联合国日内瓦代表团官员都是注册用户，游客可以面对面地与虚拟大使交谈签证、贸易和其他事宜。欧盟把在“第二人生”建立办公室作为努力亲近公众的一部分，加强与欧盟民众的沟通。新加坡政府购买HiPiHi中国公司的虚拟“小岛”，向全球展示新加坡的教育、服务和管理模式，加强新加坡与中国文化交流。法国总统候选人纷纷在“第二人生”建立竞选总部，与民众沟通，对选民展开攻势。2007年1月4日，虚拟的美国国会正式在“第二人生”开放，设有常驻新闻发言人。总统竞选人马克·华纳第一个召开新闻发布会，并接受“第二人生”全职记者Hamlet Au的采访。

虚拟社会越来越真实，而真实的社会却越来越走向虚拟。林登实验室作为运营商，扮演着虚拟社会“中央政府”的角色，虽然没有领土，但却和国家一样同样面临经济、法律等问题，同样存在持有不同意见的政治团体、维护安全的警察体系。有一个“第二人生解放军”的组织，据称为居民们争取基本政治权力，主张“第二人生”的事情应由全体公民投票表决，反对林登实验室独裁。为防止“第二人生”过于商业化，曾经策划在American Apparel大厦前抗议，甚至会打击进入大厦购买衣服的用户，阻止交易。

2006年，路透社在“第二人生”建起一座“分部”，其原型参照自己在伦敦和纽约时代广场的办公室，派驻专职记者并正式成立新闻分支机构，以文字、图片、视讯等方式同时向居民报道虚拟社会和真实社会的新闻，成为真实社会与虚拟社会并行运作的新闻中心。驻伦敦路透社记者亚当·帕斯克使用虚拟身份“亚当·路透社”出任虚拟分社首位社长，他说：“它看起来似乎很古怪，但跟在真实世界当记者分别不大。当习惯后，就觉得跟我过往几年的工作差不多。”路透社总裁格罗瑟指出：“在‘虚拟社会’里，我们令路透社成为新时代的一部分。我们将真实世界带入‘虚拟人生’，再将‘虚拟社会’带入真实世界，在这个社群担当主动积极的角色。”“虚拟社会”世界中的“居民”，只要携带虚拟流动装置“路透社新闻中心”，就可获悉最新头条新闻，包括发生在“虚拟社会”世界中的财经和文化新闻，另外还有真实世界新闻的路透社超级链接。“虚拟社会”居民可直接与其他人一起讨论现实社会与“虚拟社会”里的新闻。

2007 年 3 月 19 日，中国的 HiPiHi 开始进入有限内测。与“第二人生”那样完全依靠自发建成不同，HiPiHi 是经过了“开天辟地”“女娲造人”“天工造物”“海市蜃楼”（有限测试期）和“社会初显”（公开测试期）五个历史阶段。HiPiHi的 Logo（标志）由“三个小人”组成，其最核心的理念就是以人为中心。HiPiHi 中国虚拟社会也形成了自己的价值观：“网络时代新三民主义”和“四项基本原则”，即“民主、民有、民享”，以及“公开透明的信息披露，公平开放的游戏规则，互助共享的协同精神，尊重包容的社区文化”，以应变每天、每时、每刻都在变化的 HiPiHi 世界。

中国有 HiPiHi，美国有“第二人生”等虚拟社区，更多的虚拟社区在未来还会不断出现。这些不同的虚拟社区形成了不同的经济体，不同的经济体之间如何对话、沟通、兑换和协作，已经成为摆在桌面上的问题。未来可能会形成世界上几家虚拟社会的联合体，相互之间“免签”，快速分享全世界的脑力资源和创造力。此外，还可能会演变出几个大的虚拟社会里通行的虚拟货币，大家会坐下来共同研究讨论，如何促进虚拟货币在全球的流动。任何现实的行为都可能在这个“虚拟联合国”里复制。比如跨国洗钱，或许会有几个国家“央行”联合起来，公开披露所有发生的信息。

2.2.5 互联网成就社会变革

（1）互联网带来的新精神

互联网天生就蕴含着平等的精神，而平等给人带来自由交流的乐趣。麦克卢汉在20世纪60年代就曾预言："信息技术的发展将使地球变成一个村落——地球村，每个人都可以享受到网络的强大功能和丰富资源，人们都将充分分享信息，享有平等的话语权。"

互联网所具有的平等化、平民化、自由化特征，正是它的永恒魅力所在。人们闲暇时浏览网站论坛，交心、谈话、游戏，在网络这个国度里，所有网民都是平等的。人们不再因种族、民族、职业、性别、出身、贫富不同而有所差别；所有信息资源和信息服务都向所有人开放，而不分社会条件差别和人的自然禀赋差别；在信息资源配置和信息服务提供过程中，对所有需求者一视同仁而不采取强行区别或歧视对待。

在人类历史的长河中，从人类诞生伊始就开始追求自由、平等的社会关系，可以说人类对自由、平等的追求从未放弃过，但是我们知道，人人平等只是一个极为理想的状态，任何平等都不是绝对意义上的平等，互联网也不例外。互联网的出现只是使人类朝着理想的平等社会又进了一步。

在人类历史上，从来没有如此众多的人，可以只靠自己就能找到如此多的资讯。互联网就如同一个没有边界的信息海洋，任何人可以在任何时间、任何地点以任何身份获取自己所需要的信息，同时了解很多和自己相关的周边信息。这些信息在获取上是平等的，它打破了垄断信息传播、少数人控制的局面，打破了不同人享受不同信息的情况。信息平等已经成为评判整个社会先进与否的关键因素，直接影响到国家的综合国力，成为国家与社会发展文明程度的标志。

从长远来看，互联网的平等有着更加深远的意义。互联网拓宽了人们获得信息的渠道，为信息资源平等共享提供了必要前提，开拓了人们了解公共事务的可能性，为人们平等参与社会活动、政治活动提供了信息条件。近年来，中国出现了一个网络投票热潮，"超级女声"评选、长城参选"新世界七大奇迹""当代读者最喜爱的100位中文作家""中国最美50人""红楼选秀""抗震救灾英雄少年”评选……各种网络投票此起彼伏。1995 年，《中国青年报》借鉴《USA TODAY》（《今日美国》）的模式，率先在国内尝试对社会新闻事件开设网络投票，以收集网络民意、网络上冷热酸甜的网友意见作为新闻报道的切入点，成就了《中国青年报》知名品牌报道栏目《青年调查》。

爱沙尼亚是全球第一个将网络投票方式运用于全国范围地方选举的国家。2002 年 3 月 27 日，爱沙尼亚议会通过《地方政府议会选举法》。网络投票方式对于现代民主具有巨大价值，可以极大地为选民提供便利，促进民众的政治参与。以美国亚利桑那州 1996 年与 2000 年投票率的比较为例，2000 年实行网络投票之后，相较于 1996 年的选举增长了 600%，投票率高达 93%，尤其是 18 ~ 20 岁的投票人数大幅增加。可见，网络投票对于落实选举的普遍平等原则具有极高价值。

有人说，“互联网是上帝赐给人类的珍贵礼物”。网络世界中，每一个虚拟行为的背后，都有一个真实的人，不管是每一个网上投票活动，还是每一篇网络评论，都体现着自由与平等，即自由发挥的网络使用权和自由发言权。互联网把那些有着相同价值立场、志趣爱好和目标愿景的网民聚集起来对政治、宗教、文化、生活、工作等问题交流看法和分享经验。一个文明和谐的社会，区分社会群体的标准并不是财富，而是权利的平等和多寡。美国马里兰大学的罗伯特·史密斯教授在《互联网心理学》中预言：“就提供平等机会而言，互联网有以下引人注目的特点：在网上，种族、相貌、地位、年龄、贫富等所有原本足以影响他人对自己印象与评价的因素都不复存在。这就意味着当某人在网上发表某种意见时，他人对其见解的判断并不会受其上述特征左右，这是一种巨大的均衡力。”“互联网将史无前例地为芸芸众生提供一个公平竞争的舞台，使得小小百姓也可能拥有前所未有的强大力量，可跟一个权力和财力大得多的对手展开竞争，可能还会战之能胜。而在互联网诞生以前，‘弱势群体’根本就没有机会展示自己。”互联网将界线抹去，把距离拉近，无论国家公务还是日常事务，你都可以点击鼠标，留下想法与见解，实现人人平等参与。

（2）互联网对政治的影响

网络政治早已是一种国际现象，在一些发展中国家，公众通过上网方式参政议政也日益普遍。对于广大网民来讲，互联网正成为他们实现草根民主、将个人议题演绎为公众议题、将局部关注放大为大众焦点议程的传播平台。互联网正在改变政治民主，甚至改变政体。

2005 年法国对“欧盟宪法”进行公开投票，此前所有传统媒体的调查都称公开投票将会顺利通过，与此同时广大民众却在网上进行热议，并表示公开投票会失败，结果证实网络民意正确。之后，法国成立一个专门负责跟踪网络民意的资讯机构，隶属总统府新闻信息联络部，主要负责收集互联网上一切有关对总统个人或政府表达个人意见、评价甚至不满情绪的信息；另一方面密切关注公众某段时间内最关心和议论最多的话题，将信息综合分析处理后，转达给相关部门，职能部门在制定政策、法规或管理工作中便能减少与民众利益需求的南辕北辙。

普通民众，只要具有上网的能力，就能够通过互联网对公共事务发表意见，表达诉求。意见和诉求只要具有普遍性，就可能获得广泛的支持，形成舆论，对现实的决策、立法产生影响。互联网的平等性，也保证了所有社会成员广泛参与。2003 年 12 月召开的信息社会世界高峰会议日内瓦阶段会议通过的《原则宣言》指出：“每个人都有自由发表意见和自由言论的权利”，“任何人都不应被排除在信息社会所带来的福祉之外”。

民主政治在网络社会中不再是一种现代政体必不可少的缀饰，互联网成为公民政治参与的重要渠道。通过互联网，使选举成本更加低廉，建立网站的费用比起传统电视和印刷媒体也要便宜得多；使信息传递不受时空阻碍和政治控制，参与感增强，人们政治参与兴趣提高；极大地增加选民投票率，扩大民主政治的范围，“因为选民坐在家中，通过网络即可轻松投票”。政治学家预测说，美国大选的投票率将会由 50% ~55% 上升到 65% ~75%，奥巴马竞选时的高投票率就足以证明。互联网不仅保障了公民参与，各行专家通过网络问政，也进一步促进了政府决策的科学性与民主性。

近几年，中国网民从最初的懵懂好奇，逐渐发展到纵论时事，自由言说和参政议政。公民意识正逐渐觉醒，形成一股积极参与社会事务、促进社会进步的重要力量。论坛、博客、播客、QQ、……中国网民正以自己独特的方式改变着中国的政治生态。点击“强国论坛”“发展论坛”“复兴论坛”“天涯社区”，围绕各种议题、各色事件，网民的热烈讨论尽收眼底。2008 年，中国经历了一系列重大事件的考验，重大自然灾害和突发事件接踵而来，大事要事一个接着一个。从拉萨“3·14”暴力事件、奥运火炬境外传递，到抗击低温雨雪冰冻灾害、抗震救灾等重大事件，都有网络公民的深度参与，深刻影响和改变着事件进程。广大网民迸发出强烈的爱国热情和巨大的精神力量，利用互联网反击干扰破坏，支持北京奥运会；通过有力证据及事实揭露“藏独”分子和反华势力的造谣诬蔑；通过网络签名、发帖写信等方式，批驳西方部分媒体对我国的不实报道和恶意攻击。网民参政议政已经成为中国政治领域一道崭新亮丽的风景线。

互联网已经成为影响政治的力量，它的威力是出其不意的，在各国政治生活中发挥着不可替代的作用。在很多时候，政治家们希望通过媒体报道自己的演说，让公众知悉自己的政治理念，可媒体总是有自己的考量，有时一言以蔽之报道出与演讲主题相距甚远的话题，有时则捕风捉影关注与政治理念无关的花边新闻，所以政治家开设博客在法国已蔚然成风。许多法国政治家通过博客来回避媒体对自己政治理念的删节与过滤。2004 年美国总统大选中，落败的民主党总统候选人霍华德·迪恩利用博客成功绕过传统媒体直接与选民进行沟通，开辟了美国政治家开设博客的先河，继迪恩之后，越来越多的美国州长以及法官加入了博客阵营。

利用先进的传播方式传达自己的政治立场、塑造良好的个人形象和增加与民众互动，越来越成为各国领导人及政要的首选。政要人物上网直面公众，美国人是先行者，各种竞选活动中几乎都可以看到互联网的“身影”，而在朝鲜、伊朗、越南等国，政要上网也正渐成趋势。

2008 年 6 月 20 日 9 时 13 分，人民网强国论坛给网友发布预告：“各位网友，告诉大家一个好消息，胡锦涛总书记今天来到人民日报社了。过一会儿，他将通过人民网强国论坛同网友们在线交流。”10 时左右，胡锦涛总书记来到人民网，同网友们在线交流。强国网友们在两分钟内上帖超过 200 条，在线人数在半小时内超过 200 万。截至当日 14 时，各大网站跟帖、留言近 10 万条。胡锦涛总书记说：“虽然我平时的工作比较忙，不可能每天都上网，但我还是抽时间尽量上网。”“平时我上网，一是想看一看国内外新闻；二是想从网上了解网民朋友们关心些什么问题、有些什么看法；三是希望从网上了解网民朋友们对党和国家工作有些什么意见和建议。”

2008 年 5 月，温家宝总理的名字出现在美国知名社交网站 Facebook 上，并获得超过 1.3 万名支持者。在网友以温家宝总理名义注册的 Facebook 主页上，不仅有他视察汶川地震灾区的视频，还有他穿着棒球服的照片。至今已有近 10 万人用中英文在网页上留言。该主页上还有“温家宝总理照亮我的生活”“我们热爱温家宝”等多个与温家宝总理相关的网站。在 Facebook 上有数百名政治名人的网页，有人依据网页支持者的人数给政治名人网页做了排名。当时，温总理的网页排在第 3 位，而网页支持者的人数远远超过查韦斯和美国前总统里根。2009 年 2 月 28 日，温家宝总理与网民在线进行交流 2 小时，网友留下了 30 万个问题和留言。他的名字再次成为 Facebook 热点搜索词，他成为该网站最受欢迎的政治人物之一。

《纽约时报》把 2008 年美国大选定义为“Web 2.0 时代的美国大选”，把奥巴马称为“Web 2.0 总统”。奥巴马在竞选过程中，充分利用了网络工具，视频、播客（视频分享）、博客、网页广告等多管齐下，尤其重视搜索引擎、网络视频、博客等网络新营销工具的价值，最大力度地争取到了网民的支持。善于利用网络的奥巴马在胜选后仍然重视网络的作用。在当选总统后不到 24 小时，奥巴马的团队就推出了网站 www.change.gov。奥巴马开始直接通过互联网向公众传递信息。2008 年 11 月 15 日，美国当选总统奥巴马发表例行广播讲话，呼吁国会议员们尽快通过新经济营救计划，而讲话内容同时也出现在 YouTube、www.change.gov 上。

2007 年 2 月 2 日北京时间 18 时，人民网、俄罗斯新闻网联合邀请俄罗斯第一副总理梅德韦杰夫做客强国论坛，就“中俄关系”回答网民问题。该新闻预告后，中俄两国网友通过论坛、新闻跟帖、邮件等各种形式向梅德韦杰夫先生提出了上千个问题。人民网预告点击量近 20 万次，跟帖上千个，提问涉及政治、经济、文化、民生、教育、军事、科技等诸多领域，其中两国的经贸合作和中俄关系的未来最受网民关注。

（3）互联网带来传统文化变革

随着互联网的发展，人类文化也发生着全新的变革。互联网作为开放的全球文化共享和舆论传播平台，打破了传统的文化模式，正在形成独特的网络文化。互联网为文化发展带来了新的产生和传播方式，改变了文化创作、生产、传播和消费方式。互联网正逐渐演化为重要的文化作品创造平台、文化产品生产平台和文化消费平台，对全球文化的发展、创新、传播与管理产生了越来越深远的影响。

网络技术的发明，使网络文化应运而生，文化内容总量激增、文化样式更加丰富，给人们的精神生活带来了许多新的感受和体验。网络文化是人们在网络空间中的精神活动及其产品，是一种新的文化生产创作传播方式，它包括新闻出版、广播影视、文化艺术等形式，以及文化知识传承、思想道德教育、人际沟通交流、休闲娱乐和审美等活动在互联网上的延伸；也包括依托互联网产生的各种文化形态和文化现象，如网络媒体、网络出版、网络教育、网络音乐、网络文学、网络动漫游戏等。

互联网给文化发展带来了新的生产和传播方式，人们可以通过网站发布思想文化信息，通过网上论坛和新闻跟帖来发表意见、交流思想，通过即时通信、聊天室进行个人对个人或个人对群体的在线讨论，通过博客和播客发布和管理个人信息。网络的海量信息，使文化产品的内容极大丰富；网民的自主性，使文化生产、传播和消费者间的界限大大淡化；网络的无界性，使文化传播突破时空界限；网络的交互性与群体性，使文化传播模式由点到多点的单向传播走向多方多向互动；网络的多媒体化，大大丰富了文化创造的形式。

互联网是一个多媒体兼容的综合媒体，它以图文、声情、影像、动画并茂，利用虚拟现实技术请您“亲临现场”观看或亲身感受、体验产品或服务，可以请你在线参与文化创作，还可以邀请你参加网上文化活动。互联网联通着工作、生活、娱乐和公共场所，联通着世界各个不同地域和民族的人们，人们可以很方便地将个人文化创作上传到网上，或自我欣赏，或与网友共同欣赏，也可以在网上与不同领域、不同地域的人们共同创作文化产品。互联网催生了众多新的文化形态和样式，从网络动漫到网络游戏，从网络影视到网络文学，网络文化的生产、制作、传播和储存都采用网上来、网上去的数字化方式，内容上普遍存在一种大众化、通俗化和娱乐化的倾向，网络视频、网络音乐正逐渐成为世界娱乐消费的重要方式，网络游戏成为人们特别是年轻人新的娱乐方式。互联网上一个完整的视频发布系统已然成形，从最初的预告片播放、剧情预测、剧情点评，到后来专门成立论坛，为剧集进行个人创作。歌手和唱片公司靠唱片的销量挣钱，电影靠卖电影票挣钱，但互联网时代的到来却在改变甚至颠覆了娱乐业传统的赢利模式。

作为互联网革命的产物——网络文化，已经成为主宰80后一代青年人的主流文化。中国青少年研究中心在2008年年底发布的《中国青年权益状况报告》显示，中国网民中18~30岁的青年是中国网民的主体，网络已成为中国青年参与文化生活的重要方式。报告显示，中国国民网上阅读率从1999年的3.7%增加到2005年的27.8%，每年平均增长率为107%。互联网发展改变了中国人的阅读习惯，中国出版科学研究所2008年的有关报告表明：中国国民传统介质阅读率持续6年下降的同时，网络阅读率6年来则上升了6.5倍。第五次全国国民阅读调查报告也显示，网络阅读已达44.9%，比2005年提高了17.1%，已经接近了48.8%的图书阅读率。青年网民这个群体已不仅仅是活跃于网络虚拟世界的力量，而且已经成为现实社会中不可或缺的重要群体。他们用特有的网络语言和各种网络形式，反映现实生活中许多现象，关注热点问题，创造网络文化。

在中国十大网络应用中，网络音乐是中国网民的第一大网络应用，使用率达到84.5%，用户量高达2.14亿人。网络新闻使用率为81.5%，排名第二位。网络游戏使用率为58.3%，排名第七位。中国网络游戏网民中玩角色扮演类网络游戏的比例为53%，网络游戏用户规模达7 815万人。

从人类文化历史来看，任何一种新技术的变革，都会带来一场文化方面的革命。自20世纪末以来，互联网技术再次给中国文化带来了一次文化方面的革命。1997年，网络文学在中国正式登场，从1999年痞子蔡《第一次的亲密接触》风行的10多年里，网络文学发展迅猛，网络创作模式已经突破和颠覆了传统的文学道路，使中国进入了一个作家大众化的时代。

（4）互联网引起知识传播和学习形式的革命

从古至今，人类知识的传播史已经经历了五次重大革命。第一次传播革命，人类发展出了语言，发生在10万年前；第二次传播革命，人类发明了文字，约在公元前3500年；第三次传播革命是中国人在唐朝初期发明了印刷术；第四次传播革命始于1844年，人类迎来了电讯传播时代；第五次传播革命，以1946年电子计算机的发明为开端，以互联网的诞生和全球“信息高速公路计划”的信息化浪潮为特征。每一次知识传播革命，都对人类的知识发展和社会进步起到了巨大的推动作用，将人类带进新的境界、新的时代。

2003年，当全球SARS病毒暴发时，国际旅行被禁止，世界卫生组织（WHO）利用互联网联系来自14个国家的科学家，实时分享共享数据和测试结果，终于在一个月内成功发现病毒。维基百科、百度知道等集合了彼此不相识的人们共同协力创作的成功范例，预示着互联网带来了人类知识的再一次革命。

利用共享开放的互联网，创造出人人参与、人人共享的网络百科全书，一直是维基百科（Wikipedia）的理想。维基百科不仅改变了人类的知识积累方式，同时也改变了人类知识的聚合方式。一直以来，我们对自上而下用教科书式的传播知识的方式已经习以为常，但以维基百科所代表的新的知识传播方式，似乎要改变这一切。从2001年至今，维基百科已拥有超过128种语言版本，200多万个词条，内容以每天约1 000篇文章的数量增加。

Wiki的原理在于开放编辑和自由协作，用户可以修改系统中所有的知识信息并添加意见，Wiki系统能够记录下所有的用户行为和修订的版本历史。通过集体协作，知识更多的是来自于众人的智慧结晶，大量匿名的知识奉献者只记录下了他们的行为，不要求记录更多的相关信息，这种自下而上的知识积累和传播方式与传统完全不同，这就是Wiki所倡导的一种网络精神——开放、多元、平民化和非权威主义。知识是客观的，不会改变，当技术能够使更多的人参与知识构建从而替代少数精英的分析时，知识就更能够回避主观带来的偏差。在维基百科，任何人的身份都是平等的，没有所谓的“权威”，甚至连“主编”都没有，人人可以编写词条，人人可以修改，人人可以免费分享，维基百科对传统权威发起了挑战。

将全世界的知识收集于一个屋檐下，供人查阅，这个理想最早要追溯到古代亚历山大图书馆里的70万卷羊皮书。两千多年过去了，这个理想似乎要由“维基百科”来完成——“用世界上每一种语言免费传递一个完整而全面的百科全书，即使最贫穷和最受压迫的人也能轻松查阅。”如今，维基百科已经大大超越《不列颠百科全书》。

根据维基百科媒体基金会的统计，维基百科有30多万注册用户，核心编写成员3 800名，另外还有18 000名常客。Lord Emsworth是维基百科的常客，从英国贵族制度的起源写到美国国会的历史，文笔相当老练、规范，不少文章还被评为维基百科当天的特色条目，但他只是一位16岁的美国少年。与普林尼相比，这个16岁的少年当然微不足道，但维基百科的算法是，500个Lord Emsworth大于或等于一个普林尼，而网络上可以有无数个Lord Emsworth。正是这些“乌合之众”在抗衡《不列颠百科全书》编撰委员会里那些德高望重的诺贝尔奖获得者、大学校长、知名学者和艺术家。

维基全面开放的空间不仅成为互联网上交流的平台，而且给每个参与的维基人提供了话语权。曾有人预言，在传统道德根深蒂固的中国社会，维基百科将打破人们熟知的文化交流常态，成为令人耳目一新的知识分享方式。中文维基百科是维基百科协作计划的中文版本，繁简同站，大部分内容由世界各地的华人一起合作完成。中文维基百科希望能为丰富汉语互联网络做贡献，中文维基从建立的那天开始就是繁体中文和简体中文共用，第一位中文维基人Mountain曾经整理过一段数据：中文维基的使用者，中国大陆占46%、北美占22%、中国台湾地区占12%、中国香港地区占9%、日本占3%、欧洲占3%、东南亚占2%，其他未知来源占3%，全世界的华文使用者共同在中文维基书写词条，部分人还建立了闽南语维基和粤语维基。在中国，维基百科方式不断得到发展和延展，出现了Yahoo中国“知识堂”、天涯“问答”、腾讯“问问”、奇虎“问答”、新浪“爱问”等大量的中文维基模式。

也许有人会担忧，让一群无组织的人在网上编写百科全书，如何保证编写内容正确性与高质量。但事实上，在维基百科幕后有一个管理科学的团队在照料和检查编写质量。维基百科的一条重要原则是“更多的眼睛可以看见更多的错误”，即便破坏和错误发生了，也能很快被纠正。“所有的眼睛都注视着‘最近更改’的页面，他们坚持不懈地修改和补充彼此的文章。当不应该的修改和删除发生后，你还可以恢复到以前的版本。”比如，一篇在中文维基百科上发布的新闻稿显示，在英文原稿发表之前，有37名志愿者修改了259次，并被翻译成18种语言。中文翻译稿则由4名志愿者修改了59次。观点的中立和修正也是维基百科能够成功的一个关键，由于参与者拥有不同的背景，来自世界不同地区，想要使每个人的每篇文章客观、公正不是一件容易事，这就要求任何人在写任何一篇文章时，不能以自己认为是客观和没有偏见的观点来表述，而是必须公平地呈现一个议题所有的观点，即使你认为这种观点是错的。

互联网正在引发人类历史上一场知识传播和学习的革命。网络化的学习和教育方式逐渐成为生活的有机组成部分，互联网成为了没有围墙的学校。在传统课堂教学中，大多数教师没有机会和班级中的每个学生进行交流，网络学习却改变了这一切。在互联网上，学习者不仅可以从网上下载教师的作业、讲义和其他相关的资料，而且可以向远在千万里之外的教师提问，调动了他们学习的积极性。传统的课堂教学是以教师为中心的灌输式的教学，极大地限制了学习者的自主学习范围和深度。而互联网一方面将全世界的学校、研究所、图书馆和其他各种信息资源联结起来，成为一个海量的资源库；另一方面，世界各地的优秀教师或专家可以从不同的角度提供相同知识的学习素材和教学指导，任何人可以在任何地点通过网络访问，形成多对多的教学方式。

互联网在不断制造着传奇，当互联网把全世界的电脑连接在一起，也就把电脑前的人连接在了一起，互联网将单个的人有机地组织了起来，形成了众多“团体”，这种团体的力量是巨大的，是任何人也无法阻挡的。全世界每一个角落，不分语言文化，都有人奉献自己所知，来成全这个有史以来最庞大的知识库。互联网正以一种广义的、宽泛的、公开的、对大多数人有效的传媒形式，以比任何其他方式都更快、更经济、更直观、更有效地把人们的思想或知识传播开来。

现代电子计算机和计算机网络是电子信息技术高度发展取得的成就，是人类文明进入到更高阶段的标志，它推动着人类社会向更加信息化的方向发展，同时推动了知识经济时代的到来。人们通过计算机网络的连接，实现了信息沟通的无限可能，打破了时间和空间上的阻隔，在无形中拉近了人与人之间的距离，也在一定程度上扩大了人们的生存空间。计算机网络给人们提供了超乎寻常的方便和成功，但是计算机网络也给现代社会带来了更多的变革和挑战，这就要求我们要以更高的层次去面对新的生活和环境，同时不断地改变我们的思想和行为，与时俱进，抓住网络时代带给我们的机遇，不断努力推动人类社会与文明向更高阶段发展。

3 信息化时代

互联网的诞生让人们感受到了科技给我们带来的沟通上的便利，彼此之间虽空间上相隔万里，但却觉得近在咫尺。可以说互联网开启了信息化时代的大门，人们开始习惯于坐在电脑前，连接互联网，然后将各种信息在瞬间传递和接收。不过，随着沟通日益频繁，社会合作日趋复杂，生活节奏不断提速，人们更期望能随时随地和朋友或合作伙伴进行信息的交流。这样一种需求导致了移动互联的到来，以移动通信网络技术为代表的移动互联逐渐将每一个人类成员变成了网络的节点。不过，这仅仅是我们雄心壮志的开始，随后的物联网与云计算将把我们带入一个人与环境、人与物体、物与物进行信息交互的崭新时代。

3.1 便利的移动互联

3.1.1 从 BP 机到移动电话

就在第二次世界大战结束不久，美国联邦通信委员会（FCC）在 1946 年通过审议，为民用无线电服务分配了第一组无线电频率，即居民无线电业务频段。无线电通信领域的开拓者阿尔·格罗斯马上成立了格罗斯电子公司，并于 1948 年开始批量生产了可以利用此频段的双向呼叫通信系统（即无线对讲机），这些产品的主要用户为农民和美国海岸警卫队。

1949 年，格罗斯发明了无线寻呼机，简称 BP 机，英文名叫作 Pager。所谓 BP 机，就是一种靠无线电进行通信的电子设备，尺寸大约有三个火柴盒大小，可以用来接收并显示数字、短信，甚至播放语音。最早期的 BP 机是单向呼叫，信息只能由呼叫方传递到被呼叫方，后来经过技术改良，诞生了应答 BP 机和双向 BP 机。应答 BP 机的内部装有无线电发射器，在收到信息后能够立刻反向发送简单的预设信息，通知发送者信息已经到达。而双向 BP 机不仅能反向发送信息，还可以用机器自带的 QWERTY 键盘编辑并发送短信。1950 年，格罗斯的第一套实用性的传呼系统被纽约市的医生以每月 12 美金的服务费试用，每个携带 BP 传呼机的医生能在以信号发射塔为中心的半径 40 千米的距离内接收到信号。1962 年，贝尔公司在西雅图世界博览会上给众人展示了第一套用于个人传呼的商业系统，并取名为 Bellboy，从此 BP 机在美国才开始进一步商业化普及。

20 世纪 70 年代以后，传呼机通信技术的不断成熟令传呼通信业务开始由美国流行并蔓延到了世界各地。1983 年，第一家寻呼台落户上海，使 BP 机走入了中国寻常百姓家。在随后的 10 年，华旅、万声、国信、亚太、新华和远望这些寻呼台先后成立。随着 BP 机的技术变革，中国用户经历了从模拟传呼机到数字传呼机以及最后中文定制机的几个市场发展阶段。在模拟传呼机时代，信息接收者需要查询寻呼台才能查看呼叫信息。在数字传呼机时代，人们可以直接在自己所携带的 BP 机上查看电话号码和英文短信。1990 年，浪潮与摩托罗拉联合推出了第一台支持中文信息显示的 BP 机。在随后的几年，寻呼业务也由最初单一的呼叫号码和简单的短信显示扩展了一些增值业务，比如天气信息、财经资讯和新闻快报。以 BP 机为终端的信息通信设备让人们体验到了在移动当中也能和呼叫者保持着信息交换的方便性。

1973 年，摩托罗拉的两位工程师约翰·米契尔和马丁·库珀博士向世人展示了第一台手持移动电话，英文名为 Mobile Phone。有趣的是库珀博士在纽约市的街道上打出的第一个电话竟是给他的竞争对手贝尔实验室的乔尔·恩格尔博士，走在街道上的行人都在以一种异样的眼神盯着这个一边行走一边对着耳边的“黑砖头”讲话的“怪人”。1979 年，世界上第一个用于商业的自动蜂窝电话网络由日本 NTT（日本电话电报公司）开始在东京都市圈内使用。1981 年，丹麦、芬兰、挪威、瑞典、英国、墨西哥和加拿大等西方国家也相继开始使用这种网络。美国市场也在 1983 年 3 月迎来了由 AT&T 公司所研制的美国版的基于第一代移动通信网的手机终端 DynaTAC。

严格意义上讲，最初的便携式移动电话应该叫作蜂窝式电话，这是对构建蜂窝式电话系统的基础设施的形象说明。蜂窝式电话系统为人们提供了一个能以无线电方式方便接入 PSTN（公用交换电话网）的连接方式。蜂窝式电话系统可以在一个有限的无线电频谱里为多个用户提供语音服务，其服务面积可以涵盖很大的地理区域。为了无线电话网络规划分析时的方便，工程师创造性地将每一个以信号发射基站为中心的有效通信面积的地理区域用几何六边形来表示，这样整个网络所覆盖的面积就像一个大蜂巢，所以每一个小的单元就被形象地称为蜂窝，英文名叫 Cell，这样每一个用户就可以手持蜂窝式电话一边移动一边和亲朋好友进行远距离的通信。

移动通信技术无疑是信息技术的又一场革命。与 BP 机相比，蜂窝式电话将人与人之间的信息交互能力提升到另一个高度，不仅能即时通信，其方式也由简单的数字和文字扩展到更人性化的语音，通话时间也可以由用户自行决定。蜂窝式电话的便携性和移动性也让它同时有了其他的名称，比如“移动电话”“便携式电话”“手机”，人们都会根据自己的喜好对之使用不同的称呼，但指的其实都是一个东西。

3.1.2 从 1G 到 4G

从 1973 年至今，移动通信技术共经历了 4 次主要的技术革命。我们可以将米契尔和库珀博士发明的第一台移动电话所使用的通信网络看成是第一代移动通信网（简称 1G，即 The First Generation 的缩写）。1G 通信终端设备使用的是模拟信号和频分多址（FDMA）用户接入技术。

中国的 1G 时代开始于 1987 年，中国移动通信集团公司开始运营频段是 900 MHz的模拟移动电话业务。由于当时我国移动通信技术的落后，中国用户所使用的移动终端都是由国外知名手机制造商所开发的进口产品，这其中最为有名的就是摩托罗拉 3200，俗称“大哥大”或“板砖”，机身体积大，外置天线长，样式呆板，外貌类似黑色砖头，每次通话时间最长也就 30 分钟，但却需要充电 10 多个小时。不过拥有这么一款 1G 手机却是一种身份、地位和财富的象征，可谓“一机难求”。

1G 虽然让人们体会到了信息时代科技带来的种种便利，但以“大哥大”为代表的1G移动通信技术产品存在许多不足，诸如保密性差、抗干扰能力低、覆盖面积小、手机增值业务不丰富等，这些不足直接催生了第二代移动通信网络（简称2G）。

1991年，第一个基于2G技术的移动电话在芬兰由Radiolinja运营商发布。2G所使用的网络技术标准是由欧洲电信标准协会开发的全球移动通信系统（GSM）。为了弥补1G移动通信网的不足，2G移动通信网在技术上先后做出了多次改进和提升。首先，2G采用了数字电路交换网络技术，以数字信号来代替模拟信号，改变了1G网络在传输语音信息时存在的通话质量上的缺陷，而且数字信号机制还便于对呼叫用户与基站之间的通信进行加密处理，并让用户在使用移动电话网络之前必须用预设的共享密钥机制进行身份验证，增强了安全性。其次，GSM又在1992年第一次引入了手机短信服务（SMS），同一年，英国沃达丰（Vodafone）手机运营商和芬兰电信签署了世界上第一个国际漫游协议，这样也就打破了1G手机通信技术中增值服务不足，无漫游功能的尴尬局面。2G网络最初在欧洲只是使用无线电频谱中900 MHz的频段，后来又被延伸到1 800 MHz。1993年，澳大利亚电信开始启用GSM第二代移动通信网络，成为了欧洲以外第一个使用2G网络的国家。1995年，由于美国国内频谱分配的需要，2G手机第一次使用了1 900 MHz的频段，并加入了对传真、数据流和SMS的支持。至此，以GSM标准为核心的第二代移动通信网络走出了欧洲，迈向了更为广阔的世界市场。

随着2G网络的普及，2000年，人们又采用了通用分组无线业务（GPRS）和时分多址（TDMA）接入网络，将2G网络的数据传输速度提高到大约114 kbit/s。由于GPRS是对2 G GSM的一种补充，不是一种全新的变革，所以人们一般都称GPRS技术为2.5 G。2003年，GSM增强数据速率演进技术（EDGE）又进一步将数据传输速率提升到大约400 kbit/s，人们普遍将EDGE认为是3G移动通信技术的前期技术。

2004年，全世界GSM的移动电话用户超过了10亿人，一年之后，GSM移动通信网络占据了全球蜂窝网络75%的市场份额，用户达到了15亿人。用户数量井喷式的增长得益于移动通信网络所带来的越来越便捷的信息交互，如此大量增长的用户群带来了巨大的商机。移动通信终端制造商如雨后春笋般出现，并迅速为市场提供了不同种类的产品来满足不同用户的需求。

1994 年，IBM 首先推出了具有移动电话功能的第一款个人数码助理（PDA），名字叫作 IBM Simon，人们也普遍认为这是第一款智能手机（Smartphone）。有趣的是，PDA 却是由当时苹果公司的 CEO 约翰·斯库利在 1992 年拉斯维加斯举行的国际消费类电子展览会上提出的概念。

1996 年，诺基亚（Nokia）公司推出了带有风靡一时的 QWERTY 键盘的智能手机 Nokia 9000，并成为了当时最为畅销的 PDA。1999 年，诺基亚推出 Nokia 7110，成为了第一款可以通过移动通信终端接入 WAP（无线应用协议）站点的手机。WAP 是早期专门为 2G 手机用户能通过手机无线通信网络访问互联网上交互式信息而研制的一种技术标准，虽然它在当时还达不到让手机用户像用电脑浏览互联网一样的效果，但它开启了移动互联的一个先河。

1999 年，芬兰的 GeoSentric 公司推出了世界上第一款使用 GSM 同时又具备全球定位系统（GPS）导航功能的 Benefon Esc！型手机，用户可以借助手机自带的 GPS 系统和“找朋友”应用服务，互相追踪对方的当前位置。虽然实现的功能比较单一，增值业务也相对落后，但这绝对可以看成是现在大家所熟悉的地理信息在手机上最早期的成功应用。

2000 年，三星公司（Samsung）推出了基于码分多址（CDMA）接入技术的全球第一款能够播放 MP3 音乐的手机 SPH－M100，至此，移动电话在具备语音通话和文字信息传递功能的基础上增加了播放音乐的功能。这里我们需要说明的是 CDMA 和 GSM 标准同属于第二代移动通信技术，只不过是在不同的地理区域内，不同的运营商根据自身的需要采用了不同的技术标准。举例来说，由于历史的原因，美国七大移动运营商中有五个就是使用了 CDMA，比如 Verizon Wireless、Sprint、MetroPCS、Cricket 和 U. S. Cellular，而剩下的两家 AT&T 和 T－Mobile 则使用了 GSM。

2000 年，日本夏普（Sharp）公司推出了世界上第一款内置照相机的 2G 移动电话 J－SH04，其相机分辨率仅有 11 万像素，更值得一提的是它还第一次配备了 256 色的彩色液晶显示屏。Sharp J－SH04 开启了移动影像的大门，让人们能在移动中传输语音和文字或浏览网页的基础上又可以体验影像拍摄的乐趣。

2005 年，摩托罗拉公司推出了世界上第一款能整合苹果公司音乐播放器 iTunes 的手机 Motorola ROKR E1，它使用 2.5G 的 GPRS 移动通信网络技术。这款产品的出现，让 iTunes 的用户一旦从 iTunes 在线音乐商店购买了音乐，就可以非常方便地将它们同步到 ROKR E1 中，并且电脑端的操作界面很类似于那时的 iPod 音乐播放器所使用的界面。虽然现在很多智能手机，特别是苹果公司的 iPhone 系列手机都能易如反掌地和电脑通过 iTunes 软件进行音乐同步，但是在当时 ROKR E1 移动终端上的实现却是在摩托罗拉与苹果公司进行合作后做出的第一次成功尝试。

2007 年 1 月 9 日，苹果公司发布了第一代 iPhone 智能手机，并于同年 6 月 29 日向美国市场推出。iPhone 的发布是智能手机发展史上具有里程碑意义的事件，它是将移动电话、宽屏 iPod 和上网装置三大功能集于一身的掌上智能手机，拥有 4 频段的 GSM 制式，支持 EDGE 和 802.11b/g 无线上网，200 万像素的摄像头。内置 iOS（原名 iPhoneOS，自 4.0 版本起改名为 iOS）操作系统，支持电子邮件、移动通话、短信、网络浏览以及其他的无线通信服务。在 iOS 的用户界面上，用户能够使用多点触控技术直接操作，控制方法包括滑动、轻按、挤压及旋转。此外，通过其内置的重力感应器，可以令屏幕自动改变方向。内置的光感器，支持根据当前光线强度调整屏幕亮度。内置的距离感应器，可以防止用户在接打电话时，耳朵误触屏幕引起的操作。通过多点触摸技术，手指轻点就能拨打电话，应用程序之间的切换也易如反掌，还可以直接从网站拷贝粘贴文字和图片，它同时也是世界上第一台批量生产的商业用途的使用电容屏的智能手机。iPhone 的横空出世颠覆了 20 多年来传统手机存在的意义，开创了智能手机的新生，外观、界面、应用商店、多点触摸、一体化设计，移动通信市场在一夜之间发生了改变，以至于有人不无感慨地说苹果公司“再次发明了手机”。

随着网络技术的不断提升，原先服务于 GSM 的加密算法，比如 A5/1 和 A5/2 等相继被破解，2G 技术亟待提升，加上移动通信用户对手机所承载的增值服务要求也越来越高，比如人们期望在进行语音交流的基础上进行面对面的视频谈话、在 2G 移动通信网络的 WAP 信息交互基础上进行无拘无束的网上冲浪、在简单的拍照基础上利用手机进行录像以及利用移动技术接收实时的电视信号等，人们对高品质生活娱乐的追求，再一次给科技人员带来了新的挑战。

随着又一轮移动信息技术领域的革命的到来，3G 向人们打开了一扇通向梦想的大门。3G 实际上是一套遵循由国际电信联盟（ITU）所制定的第三代无线通信的全球标准 IMT-2000。按照 IMT-2000 规定，移动终端若是使用 3G 网络，那么在行车环境中能达到 144 kbit/s 的数据传输速率，在户外步行时能够达到 384 kbit/s，在室内小范围活动或静止时能达到 2 Mbit/s。通过数据传输速率的提升，就能够为实现前面用户所提出的功能要求提供技术条件。

一般来说，凡是能满足 IMT-2000 标准的，都可以被称为 3G 移动通信网络技术。这里我们代表性地对 UMTS（通用移动通信系统）和 CDMA2000 系统加以说明，因为它们是当今全球使用最为普遍的 3G 移动通信技术。UMTS，全称是 Universal Mobile Telecommunications System，是由第三代合作伙伴计划（3GPP）组织牵头研发的一种 3G 移动通信系统，全球主要是欧洲、中国、日本等国家和地区采用此系统，这主要是由于这些国家之前就采用了以 GSM 为主的 2G 移动通信网，UMTS 可以为已经采用此技术的运营商提供反向技术支持，这样就可以方便用户根据需要在 UMTS 和 GSM 之间进行转换。

我国在 3G 标准的制定上也走在了世界的前列，为了能摆脱对西方技术的依赖，由中国原邮电部下属的电信科学技术研究院（即现在的大唐电信科技股份有限公司）向 ITU 提出了 TD-SCDMA（时分-同步码分多址）的 3G 提案。理论上讲，TD-SCDMA 的技术更适合人口密集度高的地区，比如我国大部分城市，而且它较之 W-CDMA（另一种使用较广的 3G 无线移动通信标准）只对宏单元信息对称传输做优化来说，TD-SCDMA 还对微单元和皮单元（Pico Cell）中信息的传输做了优化，这样让 TD-SCDMA 可以在移动速率比较低的环境中达到更快的传输效果。虽然我国在 2005 年就对 TD-SCDMA 立项，但一直到 2008 年才在实际部署上有了真正的用户，并达到6 万人。2009 年，我国向中国移动颁发了 TD-SCDMA 3G 执照，至此，由我国自主研发的 TD-SCDMA 3G 技术开始进入市场并接受市场用户的检验。一年之后，TD-SCDMA 的用户上升到了 132 万人。根据中国移动发布的运营数据显示，截至 2013 年 2 月底，TD-SCDMA 用户总数达到1.04亿，短短5年时间里，TD－SCDMA的用户数量呈现指数形式的高速增长，在我国占到了3G移动电话总数的40.1%。由此可以看到，我国自主研发的3G技术正逐渐被越来越多的国人所接受，借此我国也成功摆脱了一直以来在移动手机通信技术上对西方国家强烈依赖的尴尬局面，在信息安全上也多了一份强有力的保障！

目前世界上主要的3G标准除了UMTS和TD－SCDMA外，还有CDMA2000。CDMA2000由3GPP组织在2002年提出，并广泛应用于北美和韩国。CDMA2000与第二代的IS－95标准共享同样的底层基础设施，这样很多支持CDMA2000的移动用户终端通常也支持2G IS－95网络。

3G与之前的1G和2G技术相比在多个方面都有了很大的进步。首先，数据传输速度的大幅提升让用户可以充分体验到移动冲浪的乐趣，人们可以一边坐车或行走，一边利用智能手机上网、听音乐、看视频甚至打视频电话。其次，3G技术在安全性方面也提供了比2G技术更可靠的支持，使用了KASUMI分组密码来代替2G移动通信网络技术所使用的A5/1，这样可以让被加密的信息在传输过程当中更难被破译。更令人欣喜的是，随着基于安卓（Android）或苹果iOS操作系统的智能手机的普及，一种新的手机增值服务应运而生，这就是手机应用。手机应用就是一个个能运行在智能手机操作系统上的应用程序，比如天气预报、在线视频、地图导航、列车时刻表、旅店预定系统等，这些应用程序可以在手机上单独运行或通过连接互联网中的服务器提取用户所需的信息来给用户提供方便。

2008年6月9日，在苹果全球开发者大会上，苹果公司推出了第三代智能手机iPhone 3G，开始了对3G移动通信网络的支持。高速的数据传输速率和多种微型智能感应器的巧妙组合，让iPhone 3G成为了一款具有多种功能的微型移动计算机。这款便于人们随身携带的“移动计算机”里装着卫星导航仪、高像素照相机、Wi－Fi无线网络、蓝牙、三轴陀螺仪、距离传感器和光线传感器。其他开发者可以在苹果公司提供的软件开发平台上通过对这些物理传感器进行创造性的不同组合之后开发出琳琅满目的手机应用。同一年，随着苹果操作系统iOS 2.0的推出，应用程序商店（App Store）这款全新的App被预装到了iPhone 3G上，这使得苹果手机的开发者可以有序地将自己开发的手机应用在应用程序商店里进行分类和标价，陈列并出售。用户从此可以更方便、更有针对性地对自己感兴趣的手机应用进行搜索，浏览和下载并留下评价意见。

同在2008年，就在谷歌公司收购了安卓操作系统后，台湾HTC公司推出了第一款安卓手机，即HTC Dream，随后类似于苹果应用程序商店（App Store）的安卓市场（Android Market）也应运而生，来抗衡苹果公司对手机应用市场的垄断。在苹果和安卓的应用程序大卖场的概念引领下，2009年，黑莓应用世界、诺基亚Ovi商店、Palm应用目录和视窗移动市场百花齐放，应用程序涵盖了从个人生活娱乐到商业应用的各个方面。2010年，iPhone 4和Windows Phone 7智能手机相继被推出，而安卓智能手机市场占有率也从5%猛增到29%，智能手机领域再也不是苹果手机一枝独秀的局面。

就在人们享受2G和3G移动通信网络所带来的各种服务的同时，国际电信联盟无线电通信部门（ITU－R）于2008年3月开始制定了一套4G标准，并取名为国际移动电信升级版（IMT－Advanced）。它要求4G技术需要保证在高速移动情况下，数据传输速率达到100 Mbit/s，若是在低速移动情况下，比如移动终端在以步行速度或静止状态下使用时，数据传输速率需要达到1 Gbit/s。如此高速的传输速率，已经等同于移动宽带。据此我们能想到的潜在应用包括了未来移动互联网的接入、IP电话、大型在线网络游戏、高清电视电影、视频会议、在线3D电视还有云计算等一些需要频繁和服务器进行实时信息交互的应用。

目前4G主要有两大标准，一个是由国际电子和电气工程师协会（IEEE）提出的Mobile WiMAX，另一个是由3GPP组织提出的长期演进技术升级版（LTE Advanced），而Mobile WiMAX在2006年就首次在韩国开始了商业运营，LTE的第一版则于2009年陆续在挪威和瑞典发布。在美国，不同的移动电信运营商根据需要采用了不同的标准，比如Sprint Nextel在2008年采用了Mobile WiMax技术，而MetroPCS在2010年使用了LTE技术。在欧洲，现在是LTE占领了绝对的市场份额。

从技术层面来看，和以往1G、2G和3G技术相比，4G系统不再支持传统的电路交互电话服务，而是全部采用了基于IP通信的IP电话服务。4G还采用了正交频分多址多载技术（OFDMA）和多种频域平衡机制，这有别于3G系统使用的扩频技术，其目的就是为了保证无线电信号能在多路径传播和反射的环境中有很高的传输速率，这样信号的抗衰减能力会大大加强，若是再配上适用于多输入多输出（MIMO）的智能天线，那么数据传输速率还可以进一步提升。

在4G网络系统的设计和建立方面，我国再一次地走到了世界的前列。以中国大唐电信、中国移动、中国华为、中兴通信等为主的中国电信企业牵头制定的TD－LTE－Advanced 4G移动通信网络技术于2007年已经顺利推出。2012年1月18日下午5时，国际电信联盟在2012年无线电通信全会全体会议上，正式审议通过将LTE－Advanced和WirelessMAN－Advanced（802.16m）技术规范确立为IMT－Advanced国际标准，中国主导制定的TD－LTE－Advanced与西方国家制定的FDD－LTE－Advanced同时并列成为4G国际标准。目前我国的4G在技术标准、频率分配、终端准备、网络设备准备等方面已基本成熟，4G牌照发放在即，国内的移动通信运营商都摩拳擦掌、翘首以待，未来到底谁主沉浮，人们拭目以待。

3.1.3 移动改变生活

互联网的诞生拉近了人与人之间的心理距离，让身在世界不同角落的用户通过电脑接入互联网进行信息的相互交流，但是这种接入方式是有线固定的，是不便利的，用户必须留守在电脑前才能进行实时的在线通信。以手机为代表的移动通信网络让用户摆脱了有线的“束缚”，随着由1G到4G技术革命的相继到来，人们正强烈感受着移动宽带给我们生活中的方方面面所带来的影响，这些影响中有些是显而易见的，有些却是潜移默化的。

最开始人们只是希望能摆脱有线电话的束缚，让语音交流可以在行动中不间断地进行，或者能在呼叫双方不方便的时候用文字短信的方式将信息相互传递。但早期的移动通信网络技术并不能达到人们的期望，因此在初期用户的需求的带领下，移动通信技术开发者、终端制造者和运营商不断地对网络通信技术进行升级，从而产生了颠覆性的产品革命，最终以智能手机为代表的移动终端设备所带来的是人们以前不曾想到以及不敢奢望的东西，比如即时视频语音电话、几乎零成本的IP电话、以地理位置系统为核心的导航应用、远程会议、高速接入传统国际互联网享受实时高清电视电影、邮件接收、网上购物、电子商务交易、手机网上银行支付等。人们惊奇地发现以前坐在办公桌或书桌前敲打鼠标键盘才能完成的事情，变成了可以在咖啡店和饭馆里、马路上、公交车上、餐桌前、浴室中、旅行中用手指轻盈快速地在自己的手机屏幕上滑来滑去来进行。当然，除了手机还有更多其他移动终端让用户体验这种移动互联网的便利，比如iPad、Windows Table和Amazon Kindle等，通过Wi-Fi无线局域网或是3G手机通信模块可以方便地接入互联网。

互联网让人们成为信息的搜索者和消化者，从而让信息为人们所用。移动互联网让人们每时每刻都成为信息的消费者，有时甚至是被动接收者。2013年，世界知名网络设备制造公司思科（Cisco）在思科视觉网络指数报告中统计出，截至2011年底，全球移动数据流量达到520 petabytes（520×10^{15}字节），仅过了一年，到了2012年底，流量就增加了70%，达到了885 petabytes，这一数字是2000年互联网数据流量的12倍。由此可见，大家越来越依赖移动通信设备来进行数据信息的交互。2012年底，移动视频流量历史性地超过了总流量的50%，这无疑得益于移动通信网络技术的快速变革和不断提升的移动通信网络速度。数据显示，2012年移动网络下载平均速度是526 kbit/s，较之2011年的248 kbit/s提升了1倍之多，其中智能手机用户的下载平均速度由2011年的1 211 kbit/s上升到了2012年的2 064 kbit/s，而移动平板电脑用户的平均下载速度由2011年的2 030 kbit/s上升到了2012年的3 683 kbit/s。在2012年，仅占全球手机总量18%的智能手机所使用的流量占到了总流量的92%，看来人们更喜欢在易于操作的智能手机上获取信息。思科报告中还特别提到了中国移动互联网的发展现状，以中国移动为例，从2011年中期到2012年中期，中国移动的手机数据流量增长了77%，而中国联通更是增长了112%，其增幅让人叹为观止。

我们还可以明显地发现，具有移动接入互联网的智能手机、平板电脑以及手提电脑不仅仅成为人们娱乐的工具，同时还是商业人士移动办公的利器。由于21世纪世界各个国家的人都被卷入到这场有史以来波及范围最广、影响最深的社会变革中来，人们正以前所未有的速度随时随地同分布在世界各角落的人沟通。种种生活上和商业中的实际应用反过来又促使人们愈发感受到移动互联网的重要性，从而不断推动移动互联网技术的发展，人们的生活模式、商业模式、消费模式也随之发生着改变，移动互联最终让人们从一个个单一的点，变成了互相连接的信息网，相互竞争又相互依存。然而这场信息革命的浪潮还远没有结束，未来世界的面貌如何，值得人们共同期待。

3.2 触手可及的未来

3.2.1 联通一切

互联网让我们很容易地交换着数字信息，极大地推动了电子消费市场的发展，比如在线图书、在线音乐、在线购物和人与人的通信。今天人们使用 QQ、人人网或是微信等社交网络工具和亲朋好友保持联系，使用微博来进行实时信息发布，但这还不够。

接下来人们更是雄心壮志，构想并开始着手建立起一个更加智能、更加绿色的地球，我们每一个人都正在经历和感受着这一场具有历史性时刻的变革，我们所处的世界正在转换为以符号 0 和 1 的形式并被储存成为数字世界。在这个崭新的数字世界里，生活中的一切物体都将数字化，我们身边每一件物体，每一条信息都将被采样、收集、传递和分析，从此世界将真正变成浩瀚的信息源。人们将拥有更为广阔的视野、更为丰富的知识来解决当今社会存在的各种棘手的难题，比如能源危机、食品安全问题、医疗卫生问题和生活质量的提高问题。

物联网这一概念最先是由凯文·阿什通在 1999 年提出的，他还考虑了如何能利用物联网来实现上文中所提到的大胆的设想和描绘的美好蓝图。简单来说“物联网”就是通过独一无二的可以辨识物体的射频识别技术，将所有物体在数字世界里进行虚拟的表达，并以互联网的形式相互关联而形成的网络。射频识别通常被人们看作构成物联网的先决条件，因为它为物理环境中的各个物体提供了一个可以识别的 ID，就好像我们每一个人都有个绝对不会和他人相同的身份证号码，这样我们就可以非常方便地在这张庞大的信息网中去寻找需要的物体及其相关的参数。在物联网中，物体将会智能化，成为新兴商业模型、信息交互和社交活动的积极参与者，它们能够感知其所嵌入的环境，自主地对环境中参数的变化做出相应的预设反应，同时还能在彼此之间或与所处环境之间进行信息的不间断交换。在这个过程中可以有人的参与，也可以由物体独立完成。

也许有人觉得物联网的定义太过笼统和抽象，那么无线传感器网络技术作为物联网的一种化身很快出现在人们的视野里，让人们真切感受到了物联网的具体含义。无线传感器网络是一群自身完整独立的微机系统设备的集合，每一个小小的设备节点常被人们通俗地称之为“尘埃”。之所以叫作“尘埃”，是一种形象的比喻，比喻其物理大小像空气中的尘埃一样。每一个节点都包含了独立的运算单元（通常指的是嵌入式微处理器）、记忆单元（如闪存或 SRAM）、集成的低功耗无线模块（无线电收发机）和电源（如 AA 电池）。这种带有感应器的节点可以嵌入到物理世界中去，像一粒粒智能的“尘埃”，在时空上对环境信息，包括温度、湿度、光线、物体倾斜度、加速度、化学成分和人体生理数据进行所需的采集。这些被采集的信息要么临时储存在感应器节点上，要么被及时地传输到网络上。无线传感器网络设计的初衷就是让人们更大限度地去收集有关周围物理环境的信息，它还同时兼享有以下好处，如厘米级的大小、无妨碍性、低功耗、自我组网、低安装成本、低维护成本和快速升级。

美国加利福尼亚大学伯克利分校的研究员们是“无线传感器网络”这一领域的开拓者，他们最早开发了一整套开源的硬件和软件平台。开发人员可以利用这样的平台，把感知、通信和计算整合到一个完整的构架中去。其实，无线传感器网络这一新的形态的信息革命起源于 2000 年美国国防部高等研究计划署委托伯克利分校所做的互联嵌入式软件技术项目。这个项目是要开展有关分布嵌入式信息系统的研究，其系统能让我们融合更为细微的物理环境和信息化进程，所依赖的手段就是通过使用实时的、分布式的、嵌入式的计算节点（节点数量通常在 10^2 到 10^5 个），以一定协调的方式互联。

举个例子，一群来自剑桥大学的科研人员利用自己在土木工程学和计算机科学方面的专长，研发了一套可以用来实时观测城市基础设施结构老化程度的无线传感器网络监测系统，这样人们便可以很方便地抓取以往因为空间局限而难以得到的数据，工作人员利用这些数据就能即时评估基础设施的安全状况。他们在英国伦敦地铁贝克街站和邦德街站之间部署了一套这样的无线传感器网络系统，用来感知关于伦敦地铁隧道及其结构的多种相关数据，如温度、湿度、墙壁裂痕以及墙壁倾斜度。他们希望能借助此系统实时观测隧道结构随着时间的推移而发生的变形情况，并利用收集到的数据和分析的结果为未来基础设施的建设提出一套更为科学的指导方案。

理论上讲，人们能够在不同的地理位置上部署无线传感器网络用来服务于不同的场景，同时这些不同的无线传感器网络彼此之间也能自由地进行交流，彼此合作。通过对收集到的大量数据进行分析，人们将对所研究的物体有一个非常全面的认识，使人们有能力处理更为复杂的任务和难题。

目前，不同无线物联网络之间的交流以及给每一个需要被监测的物体配置独一无二的 ID 标示是借助于 IPv6 技术实现的。有一个专门致力于推动无线传感器网络嵌入式操作系统（TinyOS）的小组推出了 IPv6 堆栈，并命名为“伯克利低功率 IP（BLIP）”。这种适用于低功耗无线个人区域网络的 IPv6 具有 128 bit 长的地址将当前使用的 IPv4 32 bit 所能表示的 40 亿地址数量提升到了 3.4×10^{38} 个，这样以来，人们可以轻松地为地球上几十亿感应节点中的任意一个节点提供独一无二的 IP 地址。这样做的直接好处就是让传感器寻址变得易如反掌，令物联网这一较为抽象的概念变成可触摸的、实实在在的应用。

据美国 ABI Research 调查研究，到 2020 年将会有 300 亿台设备通过无线连接到物联网，届时人类便能够操控机器去实现数字信息的采集、处理和传输。很多高危险性的地段，比如自然灾害频发的地方，人类因自身极限所无法到达的地方，就可以使用智能的传感器去代替人类来完成所要做的艰巨任务。

毫无疑问，未来的物联网会更趋向于人工智能物联网，它会利用自身学习的能力来不断优化自己来更好地完成采集和分析工作。通过它，人们将能够不断地发现新的知识，开拓新的领域，改变我们的生活环境，因此物联网一定会成为未来信息化所需要的新的网络平台。

3.2.2 虚拟的“云”

最近 5 年，在计算机学术界和消费者市场，云计算成为一个非常热门的主题，但究竟什么是云计算？到现在为止，还没有一个公认的、清楚的、完整的定义。后来，有人在总结了20多位专家关于云计算的定义后，提出了一个更为全面的定义，具体来讲就是“‘云’就是一个由很多方便接入和使用的虚拟资源（比如硬件、开发平台和应用服务）所组成的很大的池子。这些资源可以被动态地配置与调整，从而达到系统负载均衡和资源利用的最大化。这个资源池通常按使用收费的方式被利用，其服务质量可以通过和基础设施供应商签署的定制的服务水准协议书来约束。”换句话来说，云计算就是一种由用户通过Internet动态获得的规模可变的虚拟化资源和计算形式。

在经历了1997年到2000年的“互联网泡沫”之后，世界知名的在线消费公司亚马逊在云计算的发展方面扮演了很重要的角色。起初亚马逊发现其现代化的数据中心使用率非常低，除了偶尔会有用户所产生的数据流量峰值外，平均仅有10%的利用率。为了能充分利用这未开发的90%的计算潜力，亚马逊在2006年为外部的用户推出了亚马逊网络服务系统（AWS）的云计算平台。2008年，美国桉树系统公司推出了第一款开放源代码并和亚马逊AWS兼容的平台。用户可以利用这一平台来部署“私有云”来供自己使用。同一年，OpenNebula成为第一款可以被用来开发“私有云”“混合云”和“联合云”的开放源代码的平台。后来，其功能又在欧盟资助的IRMOS项目中得到加强，提升了云计算基础设施的服务质量，并直接导致了实时云计算环境的产生。到了2011年，IBM宣布用IBM“智能云”（SmartCloud）生态系统来服务“智能星球”这一宏伟蓝图，而云计算成为实现此蓝图的关键要素。

从云计算短暂的发展史和实际部署中，人们总结出云计算有以下关键特点：

• 虚拟化：通过虚拟化可以为用户隐藏平台后台很多不同种类的基础设施、系统平台和数据，以此来达到资源环境的无缝转换和操作，免去很多用户不需要关心的关于底层硬件执行的知识和为此所带来的烦恼。

• 可扩展性：云计算需要根据用户所需服务数量的增长或减少动态地改变虚拟资源，以此达到最为优化的使用率，同时又减少了资源的浪费或服务中断的可能性。

• 可用性：对于每一个用户，云计算服务友好的用户界面都是必要的一个元素，因为云计算将会为来自不同领域的用户提供服务，无论是科研界还是工业界，不管是商业界还是政府部门，用户界面都将会像浏览网页一样简单。

• 可靠性：当用户逐渐地将他们传统的计算机服务应用程序和操作移植到云端时，人们将会对私有化的、集中管理的云端服务产生比以往更为强烈的依赖感，所以为用户提供抵抗单点或多点数据中心中断服务的能力是必不可少的。

• 安全性：对敏感的数据，比如用户的数据信息，是绝对不能泄露的。通过虚拟化技术能保证每一个用户都可以对自己的虚拟化环境有着独一无二的访问权限，互不干扰，相互隔离。

• 成本：因为云计算是由商业应用所驱动的，所以它需要一个新的商业模型来对用户的使用进行收费。就目前而言，大多数的云计算供应商都采用“按需收费”的商业收费模式。

根据云计算运营商所提供的服务，人们大致将当前的云计算分为三种类别：

（1）基础设施服务类（IaaS）

服务供应商仅为消费者提供虚拟化的计算资源，比如物理运算能力、存储空间，允许用户搭建自己的操作系统和平台。典型的例子就有亚马逊的 Amazon Elastic Compute Cloud（EC2）和 HP Cloud。

（2）平台服务类（PaaS）

云计算运营商将平台搭建于基础设施之上，并提供预先设定好的操作系统（比如 Windows 或 Linux）、程序运行环境（比如 Java VM，Python，and . Net），还有丰富的 API（应用程序编程接口），这样客户可以开发和建立自己基于云端的应用程序和服务，给下游用户使用。典型的例子有 Amazon Simple Storage Service（S3）、Windows Azure Cloud Service、Cloud Foundry、Force. com 以及 Google App Engine。

（3）软件服务类（SaaS）

与在本地用户计算机上运行程序所不同的是，应用程序软件可以作为一种服务在云端的计算平台上运行。该应用的输入或输出结果将会通过各种不同的接口由用户传递到云端设备或传递给最终用户，比如说通过网页浏览器或指令输入终端机。比较典型的例子有 Sales Cloud 2、Service Cloud、Google Apps 和 Microsoft

Office 365。其中，Service Cloud 由 saleforce. com 公司推出，旨在为商业用户提供用户关系管理系统。Google Apps/Google Docs，旨在分别为商业级或个人提供云端办公软件，比如文字处理软件、电子表格和幻灯片。还有就是 Adobe 公司也出品了基于云计算的 Adobe Creative Cloud，将非常流行的图片剪辑软件也搬到了网上。

在上面的章节中曾介绍了以无线传感器网络为代表的物联网技术给人们带来了很多令人欢欣鼓舞的应用，但是在不久的将来，随着物联网应用不断地被发掘和具有无线通信功能的感应节点数量的激增，其产生的数据量也会成指数形式爆炸性增长。即使是在由不多的无线传感器网络所组成的应用中，偶尔的“事件爆发”也能触发“数据爆发”的连锁反应。这个现象在使用无线传感器网络监测自然灾害的应用中尤为明显。2011 年 3 月，地震和海啸袭击了日本东部地区，并造成了核电站的核泄漏和大量人员伤亡这样的灾难。若是当时能将物联网的技术应用到这样的自然灾害实时监测和报警中，那么人们就能提前采取预防措施，尽可能减少人员伤亡和财产损失。例如人们可以给物联网配置地震感应器来监测地壳运动，平时以一种不太频繁的频率采样数据，可以是每 1 小时一次，或几倍于 1 小时一次的频率。这样做的好处是可以节省能源消耗和数据存储空间，让物联网可以更长久地工作。不过如果网络监测到任何异常事件，比如底层表面反常的位移或是海平面异常升高，那么网络监测的频率就立刻做出相对应的提升，比如每 1 分钟一次或是更快。随着事态的恶化，采样频率和数据传输速率还可以得到进一步的提高，以此来增加数据量和分辨率，让人们能对当前形势做出更为准确的判断。瞬间产生的数据采样和收集的峰值就会导致我们前面所说的“事件爆发”和“数据爆发”。

“事件爆发”和“数据爆发”这种现象还会发生在病人情况恶化的物联网监测应用中，频繁的采样和海量的数据能够使医生免于丢失任何重要的参数，从而避免由于数据采样不足造成病情判断上的误导。在即将到来的智能医疗时代，预计爆炸式的数据增长会让数据量达到“艾”级（10^{18}）字节。可以预见，未来的物联网一定会遇到以下一些问题：

（1）存储空间问题

通常情况下人们都是运行一台标准的 PC 服务器来接收数据，且服务器通常是安置在远端不太安全的空间里，比如公司的办公室里。而服务器若是用来储存长时间监测的数据（按年计算），那么很容易就会达到存储的上限。例如工业界使用 AquaMW 公司提供的无线传感器来监测工业厂房的项目，叫作 SMART Solutions（智能解决方案），通过使用无线传感器网络提高生产效率、降低能量消耗和二氧化碳排放量。工业水泵的健康状况跟工业生产能耗与效益息息相关，因此工作人员有必要每几秒就采集一次数据，比如 5 秒。这个应用中每个节点集成了 4 种不同的传感器：电表、水流感应器、压力传感器和温度传感器。节点的每个模拟通道需要 12 bit 的分辨率，所以每个节点产生的每个数据包将会有 60 字节的信息，若是按照每 5 秒一次的采样频率计算，单节点一年就会产生 0.4 GB 的数据量，而工业界的一个无线传感器网络的部署通常包括成百上千个节点，所以一年的数据量就很容易达到几百兆比特的容量。传统的数据存储空间将很容易被填满，若是没有弹性存储机制作为支持，数据丢失将会是意料中的事。再加上缺乏为不同无线传感器网络自动高效地建立数据库的能力，开发人员或应用工程师需要重复地手动为每一个新的无线传感器网络建立数据库，哪怕有时网络与网络之间需要储存的参数并没有变化。

（2）设备可接触性问题

关键性的基础设施的监测数据是非常敏感的，比如说地铁隧道，所以我们必须对从外部环境接入数据服务器的用户有很严格的访问限制。举例来说，基础设施的所有者应该有最高的权限访问数据，而其他人的访问权限需要做相应的约束。但是实际情况是，这种分级别访问的机制并不能很好地在独立服务器上部署，同时对于非计算机领域的工程师或是一般使用者，权限的设置又是相当烦琐的事情，一般用户不会去做这样的限制。

（3）可靠性问题

在目前常见的无线传感器网络应用中，通常每一个时刻只有一个服务器在运行，那么这对“单点故障”问题提出了严峻的考验，若是整个网络中唯一的服务器因为诸如硬件或软件故障而停止服务，那么无线传感器网络就像是抽去灵魂的骨架，没有任何意义了。

（4）实时处理问题

在物联网实际应用当中，很多时候被收集来的数据是在线下完成数据库入库和后期处理的，人们缺乏实时信号处理的能力和连续不断运行的算法来实时分析数据。那么，这所导致的问题就是如果遇到了反常的事件发生，用户将不能得到及时的报警。

通过以上在实际当中部署无线传感器网络所面对的问题，再结合前文所述的云计算的特性，我们有理由相信以云计算为基础的计算服务将会为物联网的实际问题带来一种解决方案。可扩展的计算能力、灵活的应用程序开发工具、几乎无限的数据存储空间都让云计算在技术上令人振奋。我们可以想象，若是将无线传感器节点分布到微观物理世界，最终无线传感器网络将成为一个巨大的探测器来感应宏观世界，再加上以云为后端主干基础设施进行信息存储和运算，整个物联网会变得愈加智能化。与此同时，云计算也为我们提供了一个可以随时随地都在延展的“中央图书馆”，在这里，云计算应用的开发者和使用者都可以按需取用，将主要精力放在自己的工作上，而不必再为上千万个开发者已经解决的关于安全、延展性、数据分享的问题所担心。所谓“单点故障”的问题也将迎刃而解，因为云计算本身固有的特性可以定期将用户的关键性资料备份到世界各地不同的数据中心里，一来为了让世界各地不同的用户以最快的速度访问离他们最近的数据中心，同时也让风险分散，毕竟地球上不同地区同时发生毁灭性的灾难的可能性非常之低。

3.2.3 展望未来

回顾信息技术的发展史，我们不难发现新技术的产生原因要么是为了解决当时人们生活所面临的亟待解决的问题，要么是走在社会发展的前面，提前考虑可以用什么方法让未来的生活更便捷，工业生产更高效。前者是社会发展对信息技术的驱动力，后者是信息技术反过来推动社会的发展，两者相辅相成。

就移动通信技术来讲，5G 将会是继 4G 之后未来的发展方向，但目前为止还没有任何官方机构对 5G 的标准给出确切的定义。根据移动通信技术的发展历史，大致可以总结出每10年就会有一次重大的技术革命，比如1981年左右1G开始了商业运营，然后在1991年左右、2001年左右和2010年左右，陆续产生了2G、3G和4G，也许5G也会遵循这个规律在2020年左右登陆消费者市场。日前，韩国三星公司已经宣布成功测试了他们的5G移动通信网络，其宣称的下载速度是1 Gbit/s，最高能达到10 Gbit/s，但是三星公司同时也表示只有到了2020年或许才会提供如此之快的5G网络服务。

从现在研发情况来看，可以作为未来5G的科技产品有普适网络、合作中继、认知无线电、动态随意无线网络、可穿戴式无线网络、毫微微蜂窝式基站网络等。不久前，思科公司发布了一组对于未来移动网络发展的数据的预测：在接下来的5年里，移动数据流量将达到里程碑式的数量，比如到2017年每月全球移动数据流量将超过10×10^{18}字节，每月移动平板电脑数据流量将超过1×10^{18}字节，移动连接的终端设备数量将超过地球上人类的数量，4G网络将占到总连接数的10%，但其产生的数据流量占到总流量的45%，41%的全球移动终端和连接将有能力接入到IPv6的移动网络上，2/3的世界数据流量将会是视频信息，智能手机将会产生平均每月2.7 GB的数据流量，将是2012年平均每月342 MB的8倍。

就物联网和云计算而言，未来的发展趋势将是"人工智能"化。物联网将会变得具有不可预知性，网络的组成也将会是网络节点在部署后根据当时环境自主组网，从而拥有最为优化的网络覆盖面、功耗最低的网络构架、最快最有保障的数据传输路径，小到每个网络节点，大到云端的服务器都将运行着具有学习能力的智能算法，其功能会随着情况的变化而进行自我"进化"。由于"人工智能"技术的引入，物联网与云计算最初的人与环境、人与环境中的物体交互的模式很快会被延伸到环境中的物体与物体之间的直接"对话"，而不需要人类的任何监督和干涉，因为这种没有中间人的信息交互会更有效、更快捷、更及时、更准确，当然这也会为人类解放出大量宝贵的劳动力，让人们有更多的精力和时间去开发和完善商业产品。从商业角度来讲，由于任何人都可以以低廉的成本租用由云计算强大的计算能力、存储能力和快速反应能力所支持的服务，进入商业合作的门槛被大幅度降低，个人可以很容易地以类似于在淘宝网上开店的形式进入到电子商务领域。传统的商业对商业（B2B）的合作模式将会朝着商业对消费者（B2C），再到消费者对消费者（C2C）的模式转变，个人将不可避免地参与到人类有史以来合作最为广泛的国际贸易中去。

互联网的诞生将我们离散的个体统一到了相互连接的平面网中，随着卫星电话电视和卫星导航遥感的建立和成熟，我们终究会将当前的2D的平面网拓展为3D的立体网络，任何接入网络的物体都可以被准确定位和鉴别，由此而产生的应用将会呈爆炸式增长，而且也必将超出我们现在的想象。

信息化时代信息科技的发展与应用，使我们看到计算机和计算机互联网的发展直接或间接地推动了移动互联网的发展。具有移动互联功能的智能手机终端可以看成是微型式的嵌入式计算机，只不过附加的无线模块赋予了它移动的功能。移动通信速度的不断提升是移动多媒体发展和移动应用不可缺少的基础，也是实现物联网与云计算将强大的信息分析处理能力、储存能力传递到终端用户过程中“最后一千米”的强有力的保障。回顾信息科技的发展史，展望将来的科技走向，从而让我们对未来有所期待有所规划，只有这样我们才会在瞬息万变的信息时代少走弯路，紧跟时代步伐，甚至是引领时代潮流，提升生活质量，成为生活的主人，而不是信息的被动接收者。

4 利剑双刃

任何事物都具有两面性，互联网也不例外。当今社会，在人们充分享受网络技术带来的方便与进步的同时，互联网这把利剑也把它的另一面展现了出来。欧美等发达国家利用在信息技术方面的优势，悄悄控制着全球信息流转的脉络，以人们看不见的方式监视、搜集、侵入甚至霸占着对自己有利的各种资源和信息。这绝不是危言耸听，而是事实。一如中国现代国际关系研究院安全与战略研究所副所长张力所言：“美国等发达国家对互联网的控制程度已经远远超出了普通人的想象，虚拟世界给我们的生活带来的冲击是‘一个世界’的冲击，而不只是一个领域、一个部门……但这个世界里，从虚拟的领土，到各种技术手段基本上都是被某些国家牢牢地控制住的。”

4.1 信息技术的不对称性

4.1.1 美国在互联网上的优势地位

众所周知，互联网起源于美国。虽然美国在互联网发展初期投入了大量研发资金和人力、物力资源，但是同时美国也成为互联网领域最大的既得利益者。除了占有绝大多数互联网资源和信息技术资源外，美国还把持着对互联网的控制权，尤其是对互联网根服务器的管理权。美国在互联网上的决定性权力，远远超出了它在世界政治、经济中的权力。美国也正是通过互联网这种优势，向其他国家传播着自己的思想文化、政治制度，增强着自己的软实力。

由于美国掌握着全球互联网 13 台根服务器中的 10 台（另 3 台由日本等发达国家掌握）以及操纵管理着 13 台根服务器内容的 ICANN 组织，美国事实上拥有对全球互联网的信息掌控权，这相当于掌握着互联网的主动脉。

过去几十年，互联网作为一种革命性技术手段完全改变了世界的现状和未来，而唯一没有改变的就是美国在互联网技术和资源方面的绝对优势。信息革命从美国开始，第三次信息化浪潮从美国涌向全世界。因为创新在前、技术领先、地位强势，美国成为第一代互联网的最大受益者。从光纤到PC机，从通信协议到操作系统，大都是美国制造，甚至全世界的网络用户都在向美国支付带宽使用费用。

全世界几乎都在为美国打工，互联网上的绝对优势和数字鸿沟进一步突显了美国信息超级大国的地位。2000年，在全球信息产业中，美国中央处理器产量占92%，系统软件产量占86%。美国IT产业投资占全球投资的41.5%，微软公司的Windows系统占全球操作平台应用量的95%。美国互联网用户占全球互联网用户总量的一半以上，电子信箱量占全球总量的58%，电子商务额占全球总额的75%，商业网站占全球总数的90%。世界性大型数据库有近3 000个，其中70%设在美国，全球13台域名根服务器中有10台设在美国。上述关键数据，均大大超过美国GDP占世界总额28%的份额，美国在IT领域遥遥领先于其他各国，包括主要发达国家。互联网为美国带来了巨大的财富效应和发展效益，20世纪90年代以来，信息技术的发展和信息产业的崛起成为美国经济增长的加速器，从1994年至2000年的美国GDP的增长中，信息产业在美国经济总产值中的比例从6.3%提高到8.3%，信息产业发展对美国实际经济增长的贡献达30%。

信息技术上的领先地位，使得美国能够以强大的经济和人才优势，控制着互联网领域的核心技术，掌握着制定标准和规范的实际权力。从光纤中的玻璃丝到控制芯片，从网络通信协议到操作系统，互联网和信息产业链上每个环节的关键设备，基本上都由美国主宰。

中国人通常讲，卖给你防盗门的人拥有你防盗门的钥匙，将它运用到互联网技术上是再恰当不过的了。比如，微软公司只要在编写Windows操作系统时留下一个超级特权用户账户，就能以合法用户身份畅通无阻地进入个人计算机。在"Windows 95"刚推出时，澳大利亚有技术人员发现系统中有个神秘的"黑匣子"，只要连接上互联网，它就会悄悄地向微软总部发送信息。从20世纪90年代代末起，美国就逐渐通过信息技术交易深深地侵入了中国互联网的中枢神经。比如，中国的中国人民银行以及四大国有商业银行的电脑主机都是IBM制造的，虽然通信线路的主要部分是中国电信公司控制，但在设计、进口设备等方面，美国一些有代表性的信息技术企业从头至尾参与，并一直发挥主导作用。中国的国际互联网干线的容量仅为46.3 GB/s，还不到国际最高水准的一半水平。尽管中国互联网用户已经超过美国，位居世界第一位，但是这仅仅是人数优势，从利用国际互联网的形态来说，中国远远落后于美国。

当今网络时代，谁掌握了标准（制式）的制定权，谁就在一定程度上掌握了市场主动权，掌握了技术和经济竞争的主动权。在信息技术领域，美国通过科技优势、行业领先优势，通过标准（制式）控制全球互联网。美国前财政部副部长劳伦斯·萨默斯坦言："在工业化以后的经济活动的几乎每一个领域，如微软公司在软件方面，美亚国际保险公司在保险方面，麦当劳公司在快餐方面，沃尔玛公司在零售业方面，麦金公司在管理咨询方面，如意玩具公司在玩具零售业方面……美国公司都确定了世界标准。"美国正是通过这种标准（制式）在互联网发展中得到巨大好处，并通过标准（制式）冠冕堂皇地将其他人的技术和服务拒之门外。

全世界互联网业务量80%与美国有关，访问量最多的100个网站中，85个在美国，网上内容80%是英文，网络相关产品绝大部分来自美国，美式英语是通用的网络语言。网上主流传播的是美式商业文化和价值观念，几乎所有互联网运行规则都是由美国人制定和控制。

虽然中国网站的数量位居世界第一，但几乎都是面向国内的中文网站。相比之下，能被国际社会普遍访问和使用的实际上仅限于美国和英国的网站。从信息的质量来说，中国与美国的差距也越来越大。而且庞大的互联网数据库都由美国控制。美国的搜索引擎也很完备，它可告诉用户何处有所需要的信息。Google从搜索语言到搜索规则的制定遵循的都是美国化的思维方式。即使是Google中文网站，其搜索到的英文信息还是要远远多于中文信息。从中文Google中搜索"communication"，搜索结果共有25 100 000条相关选项，用时0.12秒；如果换成中文"交流"来搜索，结果是共有408 000条相关选项。有专家分析说，从信息的质量来说，其他国家的信息质量仅相当于美国信息质量的几百分之一。

“谁控制了网络，谁就控制了现实”，这并非是耸人听闻的猜想。随着互联网对现实世界的影响越来越大，它不断从现实生活中获得越来越大的权力，一个网络帝国正在逐步形成。如果人们对这种网络帝国缺乏监管，那么人类生活的一切，包括你的隐私，都有可能被一种不可知的搜索网络监测……

4.1.2 搜索引擎之争

在互联网发展初期，网站相对较少，信息查找比较容易。但随着互联网的爆炸性发展，用户想找到所需资料简直如同大海捞针，这时为满足大众信息检索需求的搜索网站便应运而生。

现代意义上的搜索引擎，最早是1990年由蒙特利尔大学学生Alan Emtage发明的Archie。当时由于大量文件散布在分散的FTP主机中，查询起来非常不便，而Archie工作原理与现在的搜索引擎已经很接近，可以对有关信息索引。受Archie启发，美国内华达州System Computing Services大学于1993年开发了另一个与之非常相似的搜索工具，不过此时已能够检索网页。“机器人”一词开始在编程者中流行。“机器人”是指一种能以人类无法达到的速度不间断地执行某项任务的软件程序。由于专门用于检索信息的“机器人”程序能够在网络间来回搜集信息，这与蜘蛛在蜘蛛网上搜索猎物信息类似，因此，搜索引擎的“机器人”程序就被形象地称为“蜘蛛”。世界上第一个专门用于监测互联网发展规模的“机器人”程序是马修·格雷开发的Wanderer。刚开始它只用来统计网上服务器的数量，后来扩展为能够检索网站域名。与Wanderer相对应，马丁·科斯特于1993年10月创建了ALIWEB，它是Archie的HTTP版本。ALIWEB不使用“机器人”程序，而是靠网站主动提交信息来建立链接索引，类似于雅虎（Yahoo）。

1993年底，在Wanderer基础上，一些编程者将传统的“蜘蛛”程序的工作原理做了改进。其设想是，既然所有网页都可能有连向其他网站的链接，那么从一个网站的链接开始追踪，就有可能检索完整个互联网。1994年4月，斯坦福大学的两名博士生，David Filo和美籍华人杨致远共同创办了超级目录索引Yahoo，并成功地使搜索引擎概念深入人心。同年7月，最早具有现代意义的搜索引擎出现，迈克尔·莫尔丁将蜘蛛程序接入到索引程序中，创建了 Lycos。从此，搜索引擎进入了高速发展时期。目前，互联网上的搜索引擎已达数百家，检索的信息量十分庞大，比如谷歌，数据库存放网页有 50 亿之巨。

随着互联网规模的急剧膨胀，一家搜索引擎光靠自己单打独斗已无法适应市场规模，因此搜索引擎之间开始出现了分工协作，并有了专业的搜索引擎技术和搜索数据库服务提供商。有些搜索引擎公司，本身并不直接面向用户，而是向其他搜索引擎提供全文网页搜索服务。国内的百度也提供类似的服务，搜狐和新浪用的就是百度的搜索技术。因此从这个意义上来说，它们已经成为搜索引擎的搜索引擎。

自搜索引擎技术发明以来，谷歌、雅虎等互联网搜索巨头凭借先发优势，几乎在全球范围内形成了垄断局面，这种趋势引起了除美国之外各国的恐慌。这种恐慌源自搜索引擎本身极大的技术能力以及巨大的连带效应。随着互联网的进一步发展，搜索引擎的使用也越来越广泛，应用范围也越来越宽广，满足着人们多方面、个性化的信息搜索需求。搜索引擎的快速发展，进一步带来了巨大的商业价值，竞价排名、搜索推广、搜索广告等，每年可以带来数百亿美元的经济效益。搜索引擎作为互联网信息接入的通道，对网民的信息采集和搜索导向都具有很强的指导性，而且搜索引擎是一个巨大的信息库，有关国家的核心机密、安全信息，还有一些对政治人物、公众人物的不实攻击言论等，都能通过这个信息库传播出去。从古至今，从来没有一种传播媒介像搜索引擎一样，能够如此深入地影响整个人类社会。

搜索引擎还具有强大的信息汇集和整合功能，是搜集经济和社会情报的重要工具，更逐渐成为政府决策和社会管理的重要工具。搜索引擎具有记录和分析网民搜索行为的功能，可以掌握人们关心什么问题、需要什么信息，这为政府决策和社会管理提供了重要信息参考。搜索引擎能够对每天数以亿计的搜索查寻进行统计分析，就有可能形成国家层面的总体状况的情报。例如，“谷歌趋势”能对各国网民的搜索关键词统计分析，得出该国政治、经济、文化和社会发展状况趋势，并可获得突发事件、突发疫情等流变发展的情报。“谷歌地球”搜索，覆盖了全球 70% 的人口分布地区，能够提供高分辨率卫星图，曾泄露过印度、韩国等国家军事基地和敏感地区的位置。“谷歌工具栏”能把用户使用电脑的一举一动传输到美国总部，甚至还能通过 IP 地址定位追踪特定单位、个人的搜索行为，相当于网络“电子眼”。国家安全信息、企业商业活动、社会思想文化动态等，都能通过搜索引擎获取，这对国家安全、社会稳定和个人隐私构成极大的潜在威胁。2008 年 3 月，谷歌完成了英国版“街道视图”的图片拍摄，19 日公布后，数小时内点击率即达到数百万次。公布的图片甚至包括伦敦一名男子从性用品商店走出的画面以及另一名男子呕吐的场景，这引起了公众对泄露个人隐私的担忧和抗议，最后，谷歌不得不对图片人物面部和车牌做模糊处理，以维护个人隐私。

搜索引擎还成为了思想文化传播渗透的重要途径。有专家指出，掌握一种信息传播方式，就拥有一种传播某种思想文化的权力和影响力。搜索引擎已经成为网上思想文化无国界汇集和传播的中枢平台。谷歌等国际互联网巨头凭借先发优势，几乎在全球范围内形成垄断，引起除美国之外各国对保护本土文化、防止外来思想文化渗透的担忧。谷歌凭借技术和市场优势，通过人为干预和控制搜索结果等方式，强化美国的文化信息，对他国实施思想文化渗透。比如，在英国、法国等欧洲国家，谷歌占据市场主导地位，两国网民使用谷歌搜索时，搜索结果中的前几条基本上都是美国网站的内容。

目前，拥有搜索引擎核心技术自主知识产权的只有美、中、俄、韩四国，搜索引擎的高资金、高技术门槛，使得这一领域垄断现象十分突出。美国 Comscore 公司报告显示，全球搜索引擎市场中谷歌占据了 60% 以上的份额，雅虎、百度、微软分列二、三、四位。面对美国在搜索领域的霸权，世界各国纷纷采取应对措施，加以对抗和制衡。

2006 年 4 月 25 日，法国推出 6 个重大工业创新项目，其中包括引人注目的 Quaero 搜索引擎计划。这标志着欧洲终于开始建设能与美国 Google 相抗衡的搜索引擎。早在 2005 年 4 月，希拉克和时任德国总理的施罗德就提出建立欧洲搜索引擎的计划，欲打破谷歌的垄断地位，抵御谷歌的“文化入侵”，维护欧盟国家信息安全。一些欧洲媒体甚至将 Quaero 称为“谷歌杀手”。Quaero 将不只是一个搜索引擎，而是一整套网络工具，能够用于翻译、识别和索引包括图片及声音和文字在内的信息。Quaero 将成为第一个真正的多媒体搜索引擎。Quaero 在拉丁语中意为“我搜”，该计划得到包括德国电信、贝塔斯曼集团、西门子公司、法国电信和汤姆逊公司在内的法德两国众多企业和机构的支持。法国媒体认为，该计划的推出，标志着欧洲终于开始建设能与美国谷歌相抗衡的搜索引擎。

2006 年 6 月，法国又推出一种新搜索引擎 Geoportail，它可提供高清晰度的卫星地图资料及各种地理信息，与谷歌地球类似。法国此举意在挑战美国在网络搜索领域，尤其是网上地图搜索领域的强势地位。Geoportail 搜索引擎首日访问量就达到了 500 万人次。主要提供法国国内的详细地图资料和各种尺寸比例的精确地图，可以辨认地面上 50 厘米以上的物体。用户能够选定法国任何地方并放大该地方的地图，以获得更详尽的资料。搜索引擎使用了 40 万幅卫星图片和 3 700幅地图照片，由法国国家地理研究所每 5 年实施一次更新。对于少数敏感和涉及军事领域的照片，法国国家地理研究所进行了技术上的模糊处理。

4.1.3 比尔 · 盖茨的远见

从 2008 年 10 月 20 日 24 时起，微软在中国推出了两个重要的系统更新——Windows 正版增值计划通知（简称 WGA）和 Office 正版增值计划通知（简称 OGA）。几天之内，中国许多盗版 Windows XP 专业版用户的电脑桌面每隔一小时，就会变成带有反盗版标识的全黑色，即便用户手动将桌面恢复原状，一小时后，桌面还是会变黑，不仅如此，WGA 还会定期地进行“后台连接通信”，在用户不知情的情况下偷偷连接到微软服务器，回传用户计算机的有关信息。此外，在使用 Office 软件中，凡是没有授权的软件用户也会不间断地接收到来自微软反盗版的提醒。

其实，微软早在 2005 年就已推出 WGA，2008 年只是新一轮的投放，而且只针对 Windows XP 专业版，而 OGA 是用来验证 Office 是否为正版，属于首次面世，中国是 OGA 首批投放的国家之一。暂且不论“黑屏”事件给中国的电脑用户带来的巨大影响，它首先给微软带来了立竿见影的产品销量增长，一时间，在全国各地的电子市场，正版的微软 Windows 和 Office 被绝大多数柜台摆在了显眼位置，“微软正版”的大字招牌非常醒目，这种情况在微软“黑屏”事件前是绝对没有的。在微软实施“黑屏行动”后不久，微软发布的新一期财季报告的数据显示，微软在该季度的净利润同比微涨2%，达43.7亿美元。

10多年来，盗版软件在中国逐渐盛行，盗版Windows软件在中国占据了绝大部分市场，为微软公司培养了大量的Windows操作系统和Office办公软件的习惯性使用者。“黑屏”事件的发生，让很多人担心以后盗版系统还会出现类似状况，所以干脆买个正版的，毕竟已经使用习惯了，况且国内市场上也已经没有更多其他的替换软件可供选择。

1998年，微软创始人比尔·盖茨在接受《财富》杂志采访时曾说过：“有人不喜欢花钱买软件，喜欢‘偷’，但只要他们想‘偷’，我们希望他们‘偷’我们的。因为他们会上瘾，我们将研究在未来十年如何向他们收钱。”从中可以看出微软放纵软件被盗版是蓄意而为。先让盗版用户免费使用微软的软件产品，形成了使用习惯，产生了依赖，然后突然发力打击盗版，不用是不可能了，于是用户不得不购买正版微软软件。这就好比把一只青蛙放进一锅冷水里，然后放在火上慢慢加热，等到青蛙发觉水温太高想要逃跑时已经失去了力气，最终被热水烫死。

然而，这一招欲擒故纵并不是微软公司的原创，至少150年前的英国人已经用过了。当时西方的强盗们发现遥远的东方国度中国很富饶，非常想从中国获取财富，但他们担心中国人会抵抗他们的强行掠夺，况且劳师袭远寡不敌众，于是他们就想了个办法，把他们自己国家禁止的一种能上瘾的毒药——鸦片运到中国，雇佣流氓和恶势力低价倾销。他们的做法很简单：先免费送给你烟枪，还可以让你免费抽几口，等你上了瘾，然后再抬高鸦片价格，大把收钱，用这种手段慢慢地把中国大批的金银财宝全都拿走了。

20世纪90年代初，有人就曾提出过“盗版猛于鸦片”的警语，认为如果民众长期习惯于盗版的“好处”，那么亦会被毒害。冷水慢火整整煮了10年之久，我们才看出微软筹划已久的正版计划。只是中国这只大青蛙再奋力挣扎想跳出去，显得有些晚了。终于，微软公司针对全球的盗版用户，发布了WGA验证更新，盗版Windows出现了桌面变黑，甚至系统被锁。

微软痛恨盗版，打击盗版。然而并不是所有的微软人都这么痛恨盗版，至少比尔·盖茨就是个例外。因为无论用户使用盗版也罢，正版也罢，他们将来是离不开我的。这就像毒品一样，无论你买也罢，偷也罢，你一旦染上毒瘾，就总离不开毒贩。从这个意义上讲，比尔·盖茨先生似乎更有远见。

4.1.4　GPS 的 “陷阱”

随着信息技术的发展，全球卫星导航系统对一个国家的安全、国民经济发展以及普通民众的日常生活，正在产生全面而深刻的影响。目前在太空中运行的全球卫星导航系统有美国的全球卫星定位系统（GPS）、俄罗斯的格洛纳斯（GLONASS）、中国的北斗卫星导航系统，欧洲的伽利略系统正在建设当中，但是计划一再拖延。

美国的 GPS，是一个向全球所有用户免费开放的卫星导航系统，一个长期以来让越来越多的国家和民众依赖的系统。但美国发明了技术让人们使用，美国必然具有制定标准和优先管理的先发优势。GPS 系统的开关，正是掌握在美国人手里。美国随时可以扩大 GPS 的信号误差，甚至关闭某些区域的 GPS 信号，让这些区域里的人员、设备突然失去导航服务。GPS 发射的信号分为两种：军用的和民用的，其中军用信号专供美国军方使用，民用信号免费开放给全球用户使用。一般而言，民用信号比军用信号的精度要差，而且美国军方随时可以对特定区域的信号进行调整，使其误差变大或者关闭。1993 年 7 月 23 日，美国无中生有地指控中国“银河号”货轮将制造化学武器的原料运往伊朗，制造了震惊世界的“银河号”事件。当日，“银河号”货轮上的 GPS 导航设备突然失灵，在茫茫大海上失去了方向，只好停了下来。结果，美军直升机强行登船，货轮被迫在沙特阿拉伯达曼港接受检查。搜查过后，美军军官仅仅是敬个礼，说一声“感谢你们与美国政府的合作”，然后扬长而去。随后，船上的 GPS 又恢复了正常。

近几年来，GPS 的民用用户数量正在呈几何级增长。在西方发达国家，GPS 已经成为民众生活的重要组成部分。在我国，其用户数量近年也在大幅度增长，包括中国一些政府和科研部门都已经对 GPS 产生了严重的依赖性。GPS 以其全天候、高精度、自动化、高效益等显著特点赢得了广大用户的欢迎，被大量应用于地图导航、大地测量、建筑工程监测、航空摄影测量、运载工具导航和管制、地壳运动监测、工程变形监测、资源勘察、地球动力学等多种学科，GPS已经渗透到我国大部分的民用市场、工程领域、科研领域和行政领域。所幸的是我国自主研制和建立的北斗卫星导航系统已逐渐成熟，随着北斗卫星导航系统的全面应用，它将全面替代GPS所发挥的作用，这对维护我国国家安全、推动经济社会科技文化全面发展提供了重要的安全和技术保障。

与GPS是同样的道理，美国在互联网上制造的“陷阱”也是如此：美国大力地推动互联网的全球应用，促使人们都使用互联网，一旦人们接受了由美国公司制定的有关互联网的协议和各式软件的标准，形成了使用习惯，就会陷入其中难以自拔。今天，若要广大的研究人员和商务人员不上网、不发邮件、不使用Windows操作系统，完全是不可想象的。而美国的软件提供商与互联网管理者，都必须按照美国的法律行事，在美国政府需要时，向它提供监视互联网的方便。长此以往，各国的互联网信息传输也就难有安全可言。

4.1.5　“后门”频出的隐患

2012年10月8日，美国众议院情报委员会发布报告称“中兴、华为在美国关键基础设施上所产生的设备条款将会破坏美国国家核心安全利益”。美国国会祭出“信息安全”的大旗，展开了针对中国企业中兴、华为的调查。有评论认为，拥有全球最先进网络技术的美国尚且如此谨慎，中国政府更应警惕思科等企业可能带来的网络安全威胁。与此同时，中国学术界和产业界也开始反思中国的信息安全尺度，提出美国产品“后门”频出，中国应设立国家层面的信息安全委员会。

中兴公司新闻发言人戴澍表示，这次调查事件是美国立法机构首次启动针对系统设备的调查，体现了美国人对信息安全的高度重视，这实际上也给中国敲响了警钟，中国应该从立法、法规、标准等方面加强对信息安全的监管。

中国工程院院士、北京邮电大学校长方滨兴，在接受记者采访时表示，在这份报告中，他没有看到中兴、华为产品存在“后门”的确凿证据，相反，这份报告对于信息安全的高度重视，是中国应该借鉴的。

所谓“后门”，指的是设计者秘密将程序植入电子产品系统中，以看不见的手段逃避正常的系统防护入侵到正常的计算机系统中，搜集信息而不被用户所知，故称之为“后门”。一般而言，如果用户已经知道并许可使用，如软件的在线更新，虽然也是一种远程监控，但不能称之为“后门”。

1999年1月20日，英特尔公司宣布，为了增强网上电子商务的安全，将在奔腾Ⅲ处理器中设置用于识别用户身份的序列码。也许英特尔公司的初衷是好的，但有了这个序列码，凡是安装了奔腾Ⅲ处理器的电脑就拥有了一个唯一识别码，序列码就可能成为人们在互联网上区分身份的标志，导致用户在网上所做的每一件事都会留下“脚印”。英特尔的这一计划受到了包括美国在内的许多民权保护团体的怀疑，他们认为有了与机器永久相联系的序列码等于是在变相邀请别人窥视自己的机器，对保障电子交易安全来说不但没有用处反而有风险。反对序列码的人们指出，对序列码的危害绝对不可等闲视之，在使用了以奔腾Ⅲ为中央处理器的电脑后，用户在互联网络上的一举一动，很可能处在“有心人”的监视之下。“有心人”可以通过序列码分析他们的站点访问习惯，通过序列码将用户与截获的信息一一对应起来。如此一来，用户还有什么秘密可言？也就是同年的3月15日，美国民主与技术中心（CDT）向美国联邦贸易委员会（FTC）递交了一份要求禁止奔腾Ⅲ进入市场的报告，他们要求FTC立即采取行动，阻止奔腾Ⅲ处理器序列码给用户隐私带来的侵害。同样，由于可能泄露国家重要信息和用户隐私的“后门”——序列码，英特尔公司的奔腾Ⅲ被中国政府亮了“警示灯”，并且要求政府部门安装了奔腾Ⅲ处理器的电脑都不得直接上互联网。

更加令人担忧的是思科公司。思科系统公司，简称思科公司或思科，1984年12月正式成立，是互联网解决方案的领先提供者，其设备和软件产品主要用于连接计算机网络系统，总部位于美国加利福尼亚州圣何塞。1986年，思科第一台多协议路由器面市。1993年，思科建成了世界上第一个由1 000台路由器连接的网络，由此进入了一个迅猛发展的时期。2012年10月，美国众议院认定华为和中兴危害其国家安全，而华为在其后的反驳中指出，华为、中兴被认定威胁美国国家安全，正是思科在背后推波助澜。因为在竞争方面，思科与华为一直是老对手。

思科自进入中国后，其发展就非常顺利，国内各级政府对思科几乎没有设置任何门槛，并且在很多方面思科可以享受超国民待遇。这让本就实力强大的思科如鱼得水。思科在中国设立了12个业务分支机构，并在上海建立了一个大型研发中心。思科在中国拥有员工超过4 000人，分别从事销售、客户支持和服务、研发、业务流程运营和IT服务外包、思科融资及制造等工作。

根据市场研究公司Synergy Research Group发布的数据显示，思科已击败惠普和IBM，成为云计算市场上最大的IT产品提供商。思科的旗帜已经插遍了中国国内几大领域的核心企业，其客户名单中包括中国国家金融数据通信骨干网、中国电信、中国联通、中石化、中国人民银行、北京市政府等众多央企及政府部门。思科还参与了中国几乎所有大型网络项目的建设，涉及政府、海关、邮政、金融、铁路、民航、医疗、军警等要害部门，以及中国电信、中国联通等电信运营商。

根据2012年《中国经济和信息化》记者调查发现，中国骨干网络几乎被思科产品全面占据。中国电信163和中国联通169骨干网承担了中国互联网80%以上的流量，思科占据了中国电信163骨干网约73%的份额，把持了163骨干网所有的超级核心节点和绝大部分普通核心节点。从169网来看，思科占据了中国联通169骨干网约81%的份额。Internet骨干网络是公众因特网的核心，所有的数据都要经过骨干网进行转发，因此Internet骨干网络的安全性是电信行业的重中之重。

除电信行业外，思科在中国其他领域也处于垄断地位。据互联网实验室出具的数据显示，在金融行业，中国四大银行及各城市商业银行的数据中心全部采用思科设备，思科占有了金融行业70%以上的份额；在海关、公安、武警、工商、教育等政府机构，思科的份额超过了50%；在铁路系统，思科的份额约占60%；在民航，空中管制骨干网络全部为思科设备；在机场、码头和港口，思科占有超过60%以上的份额；在石油、制造、轻工和烟草等行业，思科的份额超过60%，甚至很多企业和机构只采用思科设备；在互联网行业，腾讯、阿里巴巴、百度、新浪等排名前20的互联网企业，思科设备占据了约60%的份额，而在电视台及传媒行业，思科的份额更是达到了80%以上。

有专家不无担忧地指出：思科是美国政府和军方的通信设备和网络技术设备

主力供应商。在2006年美国115个政府部门参与的一场名为“网络风暴”的网络战演习中，思科是演习的重要设计者之一。

互联网实验室创始人方兴东也说：“思科把持着中国经济的神经中枢。有冲突出现时，中国将没有丝毫的抵抗能力。”

中国工程院院士、中科院计算所研究员倪光南表示，在基础设备采购上，思科在国家的系统、央企的系统中占据了太多的份额，今后在公共采购时，应增强信息主权意识。

在如此强大的威胁下，已经有部分中国大型央企开始觉醒。思科在中国的第二大客户中国联通，正在更换已经使用的思科网络设备。截至2012年10月底，中国两大骨干网之一的China169骨干网江苏无锡节点核心集群路由器已搬迁完成，而被“扫地出门”的路由器正是思科的产品。江苏联通综合部部长证实，此次搬迁是来自中国联通总部的统一安排，并不是江苏联通的决定。中国联通还称，不排除有其他省级公司继续弃用思科产品。

4.1.6 “棱镜”引起的恐惧

2013年5月至6月，29岁的美国人斯诺登在中国香港特别行政区向英国的《卫报》和美国的《华盛顿邮报》披露了一系列由美国政府实施的信号情报活动（Signal Intelligence Activities），其中让世界为之震动的，是名为“棱镜”（PRISM）的美国国家安全局绝密行动。

根据斯诺登提供的资料，至少从2007年开始，包括微软、雅虎、谷歌、Skype、AOL、Youtube、脸谱网、苹果等在内的九家提供硬件、软件、服务的最著名的美国公司，都成为了美国国家安全局这个项目的合作伙伴。资料中透露出来的信息搜集方式让人不寒而栗：美国国家安全局或许能够直接接触这些公司存储了用户数据的服务器；或许能够在服务器端装置了官方的后门；或许建立了某种长期而直接的合作关系。无论何种方式，最终的结果，用爆料者斯诺登的话来说：“我可以在日本的办公室里监视世界上任何地方任何人的任何通信活动。”

斯诺登公布的证据表明，美国政府网络入侵中国网络至少有四年时间，美国政府黑客攻击的目标达到上百个，其中还包括学校。其攻击方式通常是通过入侵大型的路由器，然后一举拿下成千上万的电脑，而无需一一入侵个别电脑。

据专家分析，2001 年发生的“9·11”恐怖袭击事件，改变了美国民众对自身安全的评估，认可了布什政府强化国家安全保障的系列措施。2001 年 10 月 4 日，布什政府签署秘密指令，允许在没有获得搜查令的情况下，对恐怖分子嫌疑人进行电子监听。2002 年 11 月 20 日，美国国防部推出全面信息感知系统项目，以计算机网络加上路面以及街旁摄像头的方式，尝试对全美实施有效监控，配合策略识别系统，识别潜在的恐怖分子嫌疑人。其间虽然受到了民众的各种反对，但最终，2007 年，美国建成并投入使用此次被曝光的“棱镜”项目。

相比此前的所有其他类型的此类系统，“棱镜”最大的区别在于它是一个全互联网范围的监控系统，从理论上说，“棱镜”的数据中心能够以近乎实时备份的方式，将整个互联网范围内的全部数据备份下来。这种全方位跨国界几乎遍布全球的监控能力，在美国国家安全的历史上，大概还属于首次。

美国“外交政策”网站近日也发文披露称，一系列机密信息显示，正陷入“窃听门”窘境的美国国家安全局设有一个名为“定制入口组织”的秘密机构，在过去 15 年时间里，“定制入口组织”已成功渗透进入中国计算机及电信系统，获得了有关中国国内所发生的“最好的、最可靠的情报”。报道称，1997 年成立的“定制入口组织”隐藏在美国国家安全局位于马里兰州米德堡的总部内，其办公区域与国家安全局其他机构隔离开来，国家安全局很多雇员甚至都不知道其存在。国家安全局几乎没有官员能完全获得“定制入口组织”的信息，因为其从事的工作非常敏感，如果要进入工作区域，还需要接受特别的检查。通往其现代化工作中心的大门由武装警卫守卫，如果要进入这扇钢铁大门，必须在键盘上输入正确的六位数密码，而且还要通过视网膜扫描仪的检查，确保只有那些经过特别检查的人才能通过这道门。

“外交政策”网站引述国家安全局前官员的话称，“定制入口组织”的任务非常简单：偷偷潜入国外目标的计算机及电信系统，破解密码，解除保护目标计算机的电脑安全系统，盗走存储在计算机硬盘上的数据，然后复制所有的信息及数据后，通过电子邮件及短信发送系统进行回传，达到收集情报资料的目的。

美国“商业内幕”网站 11 日调侃称，“这听起来很熟悉吧，因为这同样也是美国网络公司曼迪昂特指责中国网络攻击美国采用的手法”。有消息称，现在“定制入口组织”是美国国家安全局信息情报理事会最大、最重要的组成部分，有超过 1 000 名军队及民间的计算机黑客、情报分析家、目标定位专家、计算机硬件及软件设计师、电气工程师等，黑客们每周 7 日、每日 24 小时轮班。

“外交政策”网站称，“定制入口组织”现在变得如此重要，实际上不可能再继续隐藏。不过，白宫以调查仍在进行为由，未对斯诺登的说法予以回应。

“棱镜”项目的曝光，部分验证了 1995 年美国国防部分管低烈度冲突与隐秘行动的副部长办公室战略评估助理对互联网做出的战略评估，这个评估将互联网看作公开情报的主要来源。“棱镜”爆料人提供的资料显示，国家安全局提供的情报产品中，越来越多地使用互联网信息作为情报的线索和来源，而这种线索和来源，随着谷歌这样的公司加入其中，具有了更高的内在价值。2010 年 2 月 4 日，知名 IT 杂志《连线》报道称，谷歌公司向国家安全局寻求帮助，以建立某种能够防范黑客入侵电子邮件的系统，而为了建设这种系统，谷歌需要向国家安全局开放电子邮件用户的部分信息，包括联系人列表、通信频率、邮件主题等。“棱镜”项目的资料显示谷歌是 2009 年加入的，也正好在这前后。

鉴于斯诺登曝光的这些信息，美国谷歌、微软等“棱镜”项目涉及的互联网巨头为了避免网络使用者恐慌，进而影响名誉与生意，纷纷发表声明与美国政府的监控计划划清界限。在他们在试图否认与联邦政府就监视项目有“合作”未见效果后，又转而呼吁美国政府采取更透明态度，披露安全机构要求企业提供相关数据的情况，以证明这些企业的“清白”。

谷歌公司在声明中向美国司法部提出请求，希望获得允许，披露安全机构要求谷歌提供数据的具体数字和规模，包括当局依据《外国情报调查法》向企业提出的秘密要求。声明说，公开这些情况有助于证明，谷歌公司没有给予政府“不受约束的渠道”获取用户信息。“媒体称，我们公司根据这些要求，给予政府无约束的渠道获取用户信息，这完全不真实，”谷歌首席法务官戴维·德拉蒙德在一份声明中说：“谷歌的数字将证明，我们基于这些要求提供的数据远没有外界报道的那么严重。”路透社报道，这是谷歌公司首次承认收到过当局依据《外国情报调查法》提出的秘密要求。自 2010 年起，谷歌公司每半年会发表一份透明度报告，披露各个国家和地方当局要求谷歌提供相关数据的情况，但这些报告从未提及“棱镜”项目涉及的美国当局的要求。

微软公司接着也发表类似声明，呼吁当局允许“更透明地”公开在获取国家安全相关数据方面的情况，“帮助这个社会理解和辩论这些重要议题”。

对此，白宫表示，已看过相关信件并了解了这些企业的关切，但再次表明，由于事件仍在调查阶段，所以不方便评论，仅强调美国政府的做法合乎美国法律规定。

鉴于美国这种“棱镜”类项目的存在，多数有能力的国家会自然地开始考虑国家关键基础数据中心的建设问题。如何管理跨国公司建立属地化管理的数据中心，避免跨国公司母国，如谷歌公司的母国美国政府对跨国公司掌控数据的滥用，会成为一个新的焦点问题。

对中国来说，“棱镜”是个警钟，但同时也是个巨大的机遇。“棱镜”事件本身也只是更进一步印证了过去人们一直对美国信息技术霸权的担忧和猜测，如何系统地从战略层面认知和规划中国在全球网络空间的利益，整合并提升中国的技术能力，完善对中国数据的有效管理，确保互联网的发展，为推进中国梦的实现做出应有的贡献，应该成为今后中国网络空间战略发展的关注焦点。

4.2 信息安全

4.2.1 我国受到网络危害的严重情况

根据国家计算机网络应急技术处理协调中心（CNCERT）公布的统计数据：

2012 年，境外约有 7.3 万个木马或僵尸网络控制服务器控制了我国境内 1 419.7万余台主机，较 2011 年分别大幅增长 56.9% 和 59.6%；其中位于美国的 12 891 个控制服务器（占境外控制服务器的 17.6%）控制了我国境内 1 051.2 万余台主机（占受境外控制的境内主机的 74.0%），控制服务器数量和所控制的我国境内主机数量均居首位。受控主机因被黑客远程操控，一方面会导致用户计算机上存储的信息被窃取，另一方面则可能成为黑客借以发动攻击的跳板，同时大量受到黑客集中控制的受控主机还可能构成僵尸网络，成为黑客发动大规模网络攻击的工具和平台。

在网站后门攻击方面，境外有3.2万台主机通过植入后门对境内3.8万个网站实施远程控制，按照所控制的境内网站数量统计，位于美国的7 370台主机控制着境内10 037个网站，位居第一。2012年CNCERT检测发现，我国某高校、某高新技术科研院所、某上市公司等的邮件服务器被境外入侵并植入后门，三千多个用户的邮件账号与密码哈希值以及大量数据被通过加密方式上传至境外服务器。

网络钓鱼日渐猖獗，严重影响在线金融服务和电子商务的发展，危害公众利益。2012年，针对我国境内网站的钓鱼页面有22 308个，涉及IP地址2 576个；接收到网络钓鱼类事件举报9 463起，较2011年大幅增长73.3%。且针对我国的钓鱼站点有96.2%位于境外，其中位于美国的2 062台主机承载了18 230个针对境内网站的钓鱼页面，位于美国的钓鱼站点数量在全部境外的钓鱼站点中所占比例高达83.2%，位居第一。由于互联网用户通过网络开展的经济活动持续增多，在线销售和支付总额增长迅速，窃取经济利益成为黑客实施网络攻击的主要目标之一。这些钓鱼网站中，仿冒网上银行的约占54.8%，进行虚假抽奖或中奖活动、虚假新奇特或低价物品销售活动的约占44.7%。钓鱼网站的主要目的是骗取用户的银行账号、密码等网上交易所需信息。2012年，仅国家计算机网络应急技术处理协调中心监测发现被黑客骗取的用户银行卡信息就达1.8万条。

这组触目惊心的数据，显示出中国网络安全的脆弱现状。中国的信息安全在以思科为代表的美国“八大金刚”（思科、IBM、谷歌、高通、英特尔、苹果、甲骨文、微软）面前形同虚设。在绝大多数核心领域，这八家企业都占据了庞大的市场份额。一位在信息安全领域工作了20多年的专家称：“作为全球第二大经济体，中国几乎是赤身裸体地站在已经武装到牙齿的美国‘八大金刚’面前。”

4.2.2 人们对信息安全的认识

根据中国互联网络信息中心（CNNIC）发布的《2012年中国网民信息安全状况研究报告》（以下简称《报告》）显示，经过各种媒体广泛宣传，中国网民网络安全意识普遍增强，90.3%的网民知道要重视信息安全，但大部分人对信息安全事件的危害程度和原因了解较少，知道信息安全事件会给自己、给其他人带来不良影响的网民分别占57.2%、41.4%。

网龄和学历决定了网民对信息安全事件危害的了解程度。网龄越长的网民，对信息安全事件的危害越了解。4年以上网龄的网民中，知道信息安全事件会给自己、给其他人带来不良影响的网民分别占62.0%、45.4%，比例高于网龄在4年以下的网民。学历越高的网民，对信息安全事件的危害越了解。知道信息安全事件会给自己、给其他人带来不良影响的网民比例，从小学及以下的42%、24%，逐渐提高到硕士及以上的78%、66%。

绝大多数网民都会采取措施保护信息安全。在全体网民中，只有3.8%的网民不采取信息安全保护措施。在采取保护措施的网民中，平均每个网民采取5.3种，其中47.9%的网民采取4~6种措施。采用最多的信息安全保护措施是安装安全防护软件，有87.3%的网民安装，用户数为4.7亿。

我国信息安全状况不容乐观，而且网民对信息安全危害意识程度不够。有84.8%的网民遇到过信息安全事件，在这些网民中，平均每人遇到2.4类信息安全事件。在众多信息安全事件中垃圾短信和手机骚扰电话发生比例最高，分别有68.3%和56.5%。而“欺诈诱骗信息”“假冒网站”等新型信息安全事件甚至超过了部分传统信息安全事件。38.2%的网民遇到过“欺诈诱骗信息”，这一比例甚至比传统的“中病毒或木马”的网民比例高出15.1个百分点。但在遇到信息安全事件的网民中，高达47.5%的网民不做任何处理，网民对信息安全事件的危害并不了解或不在意。

随着网民在互联网上进行注册、提供个人相关资料等行为的日益频繁，其对个人信息安全的关注度也逐步提升。CNNIC报告表明，国内八成以上的网民对于在网上提供个人信息的安全性存在不同程度的担忧。调查数据显示，网银账号被盗与文件丢失、计算机瘫痪、信息资料被窃四项，成为当前网民最为担心的网络信息四大安全隐患。在个人信息泄露方面，有79.8%的网民泄露过个人联系方式；其次是个人属性信息，如姓名、年龄、性别等，占47.2%。对于个人信息泄露，绝大多数网民处于无助的状态，88.2%的网民在信息泄露后没有任何办法处理。在有手机的网民中，16.3%的网民发布过当前位置信息。发布当前位置信息也带来了个人信息的泄露问题。在发布过的网民中，7.3%的网民后悔这一行为。

我国网民对互联网诚信体系的认知，远远落后于其对网上信息安全的重视程度。报告指出，目前我国对于广大网民在网站安全性方面的知识普及力度远远不够，亟待加强这方面的教育，网民对第三方网站诚信标示的认知程度较低就说明了加强网络安全教育的必要性。近年来，钓鱼网站层出不穷，并有不断扩大的趋势，为防止钓鱼网站给网民带来经济利益方面的损失，目前国内涌现出一些第三方机构为公众网站颁发诚信标志，帮助网民防范钓鱼网站的危害，但过半数网民表示从没有听说过或关注过此类诚信标志。调查还显示，当前网民中绝大部分对电子签名的概念不够清晰，其中19.1%的网民认为电子签名是将手写签名或印章扫描成数字格式，23.5%的网民认为是账户密码。四成以上网民从来没有关注过网站数字证书的问题。

尽管绝大部分网民对电子签名的概念不够清晰，但75%的网民对电子签名表示了不同程度的信赖，这充分说明了在网民中普及网络安全知识的重要性。报告数据显示，当前国内有近一亿网民使用过网上银行专业版，占我国网民总数的33.4%。随着我国互联网的发展，网民对互联网的应用已经从单纯的娱乐转向购物、求职等多个方面，对网络信息安全的需求也日益提高。

4.2.3 信息技术的安全隐患

计算机的开放性和标准化等结构特点，使计算机信息具有高度共享和易于扩散的特性，导致计算机信息在处理、存储、传输和应用过程中很容易被泄露、窃取、篡改和破坏，或者受到计算机病毒的感染。

在计算机时代到来之前，人们会将重要的文件资料锁到文件柜或保险柜中进行保存。但是现在人们将各种重要的信息（如国家机密、商业秘密、个人隐私等）存放在没有安全防范措施的计算机中，这就像用不上锁的文件柜来存放机密文件，很容易受到内部窃贼、计算机病毒和网络黑客的攻击，具有极大的危险性。

目前，我国计算机安全防护能力处于发展的初级阶段，许多计算机基本上处于不设防的状态，在安全存储方面，无论是防范意识还是核心技术、安全产品，几乎是一片空白。每年各种重要数据、文件的滥用、泄露、丢失、被盗，给国家、企业和个人造成的损失数以亿计。这还不包括那些还没有暴露出来的深层次的问题。计算机安全问题解决不好，不仅会造成巨大的经济损失，甚至会危及国家的安全和社会的稳定。

与我国在信息化建设方面取得的巨大成就相比，目前信息安全环节显得比较薄弱。在世界范围内，中国网络安全水平被排在等级最低的“第四类”。

提起信息安全，人们自然就会想到病毒破坏和黑客攻击。但美国联邦调查局和中国国家信息安全评测认证中心的调查结果均显示，政府和企业因信息被窃取所造成的损失超过病毒破坏和黑客攻击所造成的损失，超过70%的安全威胁来自泄密和内部人员犯罪，而非病毒和外来黑客引起。

目前我国的信息安全产业存在着应用需求不明的严重问题，安全产品针对的对象是：病毒、黑客和有害数据侵入三大危险目标，因此安全产品高度集中在防火墙和加密机等有限的几类产品上，使众多厂商在这一狭小的领域内恶性竞争，无法解决国内的实际信息安全问题。

美国 Computer Security Institute 公布的一项调查结果表明，1999 年 57% 的企业曾经发生过笔记本电脑被盗事件。统计表明，在 2001 年全球约有 60 万台笔记本电脑被盗窃，即便是职业特工也经常未能幸免于难（英国国防部承认在过去 3 年内丢失了 67 台笔记本电脑）。有消息报道说，在电脑市场的二手硬盘里能轻松找到信用卡号、日记、财务账目等个人隐私和公司机密。报道中称，在 41 个用来试验的二手硬盘中，有 29 个硬盘都不同程度地保留着原来储存的信息。实际上，二手硬盘泄密问题不过是暴露出来的冰山一角。

计算机信息安全问题实际上包括三个部分，除了网络安全，还包括身份认证和安全存储。有一个不是很恰当的比喻：如果把网络安全看作是在街道上巡逻的警察和联防，那么身份认证就像是家里的防盗门，而安全存储则是家里的保险箱。安全存储是信息最直接、最有效的保护。网络保护和身份认证只有与安全存储结合使用时，才能真正发挥信息安全保护作用。就如防范系统再严密，机密文件仍需要坚固的保险柜来存储。

防火墙、入侵检测、隔离装置等网络安全保护对于阻止网络病毒的入侵有着不可替代的作用，但网络安全产品并非万能，只能对来自外部的非法攻击起到保护作用，而真正有目的的盗取或破坏信息的黑客还是占少数。与安全存储的被忽视相反，网络攻击的危害性被夸大了。

中国国家信息安全测评认证中心提供的调查结果显示，现实的威胁主要为信息泄露和内部人员犯罪，而非病毒和外来黑客引起。据公安部最新统计，70%的泄密犯罪来自于内部；计算机应用单位80%未设立相应的安全管理；58%无严格的调存管理制度。一个能进入办公室的普通人比一个技术一流的网上黑客的潜在威胁要大得多。

造成对存储安全疏忽主要有三个方面的原因：第一，对计算机信息安全的三层保护系统认识不足，有些用户甚至没有安全存储的概念。第二，缺乏应有的重视，尤其是对信息泄露和内部人员犯罪的认识及重视。在国外，安全投入占企业基础投入的5%～20%，而在中国却很少超过2%。第三，市场上缺少合适的桌面级计算机信息安全产品。

目前，国内大量的研究工作、产品开发和实际应用都集中在网络安全问题上，另有一部分是针对计算机病毒，对计算机桌面信息安全的技术研究和实际应用要少得多，很多所谓“桌面信息安全产品”也仅局限于对数据的口令/密码的保护。虽然许多IT厂商提出了多种安全电脑解决方案，但是大多因硬件解决方案成本过高和软件解决方案不安全等原因，只限于小范围内的应用，没有得到普及。

可以说一直到不久之前，先进的加密技术和产品还几乎被以美国为主的先进国家所垄断。这些产品由于有战略价值和可能危害国家安全，所以不允许自由销售到国际市场，而中国则被列为第五类严格控制出口的国家。

从另一方面讲，我国对安全产品的进口也有严格的控制。英特尔的CPU序列号、传闻中的系统软件后门，每一次都引起了包括我国政府在内的各国政府的高度重视，毕竟，没有谁会把关系到生死存亡的信息安全交付到别人手上。

同时，对于国内厂商来说，研发和生产安全电脑产品还有一定的技术门槛。几方面的原因，造成了目前市场上安全电脑产品的空缺。值得庆幸的是，国内用户已开始意识到安全计算机的重要性，而我国在安全技术和产品上也取得了一些实质性的进展。总之，解决目前信息技术的安全隐患，提高计算机终端信息安全防护能力，堵住信息安全的漏洞，除了需要有关厂商增加对技术创新、产品定制、解决方案、专业化服务等方面的投入外，政府和职能部门也应该通过多种手段，加强对全社会存储安全意识的引导和教育。

4.2.4 电子商务存在的风险

随着通信网络技术的飞速发展，特别是互联网的普及，人们的消费观念和整个商务系统也发生了巨大的变化，人们更希望通过网络的便利性来进行网络采购和交易，这就促使了电子商务的出现，并在世界范围内掀起了电子商务的热潮。

电子商务的发展给人们的工作和生活带来了新的尝试和便利，但电子商务并没有像人们想象的那样普及和深入。除使用习惯等其他因素外，一个很重要的原因就是电子商务的安全性还不够可靠，这成为阻碍电子商务发展的瓶颈。美国密执安大学一个调查机构通过对 23 000 名互联网用户的调查显示，超过 60% 的人由于担心电子商务的安全问题而不愿进行网上购物。任何个人、企业或商业机构以及银行都不会通过一个不安全的网络进行商务交易，这样会导致商业机密信息或个人隐私的泄漏，从而导致巨大的利益损失。所以，研究和分析电子商务的安全性问题，特别是针对我国自己的国情，充分借鉴国外的先进技术和经验，支持和发展具有独立知识产权的电子商务安全产品，成为目前我国发展电子商务的关键。

随着电子商务在全球范围内的迅猛发展，电子商务中的网络安全问题日渐突出。根据中国互联网络信息中心发布的《第 31 次中国互联网络发展状况统计报告》，截至 2012 年 12 月，我国网络购物用户规模达到 2.42 亿人，网络购物使用率提升至 42.9%。与 2011 年相比，网购用户增长 4 807 万人，增长率为 24.8%。在电子商务方面，52.26% 的用户最关心的是交易的安全可靠性。由此可见，电子商务中的网络安全和交易安全问题是实现电子商务持续发展的关键之所在。

网络安全的要点是保证网络上存储和传输的信息的安全性，但由于互联网在设计之初，只考虑方便性、开放性，使得互联网在安全性方面显得非常脆弱。不单是黑客的攻击或有组织的群体的入侵会带来威胁，系统内部人员的不规范使用和恶意破坏，也会使得网络信息系统遭到破坏，导致信息泄露。

总体来说，电子商务中的安全隐患可分为如下几类：

（1）信息的截获和窃取

如果没有采用加密措施或加密强度不够，攻击者可能通过互联网、公共电话网、搭线、电磁波辐射范围内安装截收装置或在数据包通过的网关和路由器上截获数据等方式，获取机密信息，或通过对信息流量和流向、通信频度和长度等参数的分析，推出有用信息，如消费者的银行账号、密码以及企业的商业机密等。

（2）信息的篡改

当攻击者熟悉了网络信息格式以后，通过各种技术方法和手段对网络传输的信息进行中途修改，并发往目的地，从而破坏信息的完整性。这种破坏手段主要有三个方面：篡改、删除和插入。通过篡改信息流的次序能够更改信息的内容，通过删除某个消息或消息的某些部分或者在消息中插入一些信息，能够让信息接收方无法解读或接收错误的信息。

（3）信息假冒

当攻击者掌握了网络信息数据规律或解密了商务信息以后，可以假冒合法用户或发送假冒信息来欺骗其他用户，主要有两种方式。一是伪造电子邮件，虚开网站和商店，给用户发电子邮件，收订货单；伪造大量用户，发电子邮件，穷尽商家资源，使合法用户不能正常访问网络资源，使有严格时间要求的服务不能及时得到响应；伪造用户，发大量的电子邮件，窃取商家的商品信息和用户信用等信息。另外一种为假冒他人身份，如冒充领导发布命令、调阅密件；冒充他人消费、栽赃；冒充主机欺骗合法主机及合法用户；冒充网络控制程序，套取或修改使用权限、通行字、密钥等信息；接管合法用户，欺骗系统，占用合法用户的资源等。

（4）交易抵赖

交易抵赖包括多个方面，如发信者事后否认曾经发送过某条信息或内容；收信者事后否认曾经收到过某条信息或内容；购买者做了订货单不承认；商家卖出的商品因价格差而不承认原有的交易等。

针对电子商务面临的安全威胁，在用户使用层面，业界普遍认为增强电子商务的安全性主要体现在以下几个方面：

（1）信息的保密性

由于电子商务是建立在一个较为开放的网络环境上的（尤其 Internet 是更为开放的网络），维护商业机密是电子商务全面推广应用的重要保障。通过保密机制，能够保证信息不会泄露给非授权的主体，只有授权用户才能访问系统中的信息，并限制其他人对计算机信息的访问。保密性一般通过密码技术来对传输的信息进行加密处理来实现，包括网络传输中的保密和信息存储保密等方面，预防信息在传输和存取过程中被非法窃取。

（2）数据完整性

电子商务简化了贸易过程，减少了人为的干预，同时也带来维护贸易各方商业信息的完整、统一的问题。数据传输过程中信息的丢失、信息重复或信息传送的次序差异也会导致贸易各方信息的不同。要保证交易信息与交易系统真实、准确、数据的一致性，预防对信息的随意生成、修改和删除，同时要防止数据传送过程中信息的丢失和重复并保证信息传送次序的统一，包括身份真实、数据完整和系统完整等方面。完整性一般可通过提取信息摘要的方式来获得。

（3）身份可识别性

又称为认证性。由于网络电子商务交易系统的特殊性，企业或个人的交易通常都是在虚拟的网络环境中进行，所以对个人或企业实体进行身份确认成了电子商务中很重要的一环。对人或实体的身份进行鉴别，为身份的真实性提供保证，即交易双方能够在相互不见面的情况下确认对方的身份。通过鉴别通信主体身份的真实性，保证交易双方的身份可以识别和确认，使未授权的用户不能进行交易，并且不会拒绝合法主体对系统资源的正当使用。认证性一般都是通过证书机构 CA 和电子签名证书来实现。

（4）不可抵赖性

电子商务可能直接关系到贸易双方的商业交易，如何确定要进行交易的贸易方正是进行交易所期望的贸易方这一问题则是保证电子商务顺利进行的关键。在无纸化的电子商务模式下，通过手写签名和印章进行贸易方的鉴别已是不可能的。因此，要在交易信息的传输过程中为参与交易的个人、企业或国家提供可靠的标识。不可抵赖性一般通过对发送的信息进行数字签名来获取。

（5）有效性

电子商务以电子形式取代了纸张，那么如何保证这种电子形式的贸易信息的有效性则是开展电子商务的前提。电子商务作为贸易的一种形式，其信息的有效性将直接关系到个人、企业或国家的经济利益和声誉。因此，要对网络故障、操作错误、应用程序错误、硬件故障、系统软件错误及计算机病毒所产生的潜在威胁加以控制和预防，以保证贸易数据在确定的时刻、确定的地点是有效的。

以当前电子商务安全的发展现状来看，由技术系统导致的风险相对较少，更多的问题主要集中在相对缺乏防御技术保障的用户端层面。如被钓鱼网站欺骗，受木马程序窃取密码、虚假银行网站套取用户的信息等，破坏了信息的保密性、数据的完整性和身份的可识别性，从而产生相应的安全问题。

调查显示，与日本等某些国家网民对网购安全性的担忧较为强烈不同，中国网民对网购安全性的担忧相对较少，只有2%和7.7%的中国网民表示在自己网购时对信用卡或银行卡的安全性很担心和极其担心；有46.5%的用户表示有一点担心，有43.4%的中国网民表示一点也不担心，这一水平与美国、波兰、瑞典等互联网发达国家较为相似。针对网上交易的不安全因素，用户认为首先要提升的是技术防护手段（45.3%的选择比例），此外，相关政策法规（40%）、安全保障机制（38.3%）和用户安全意识（36.3%）都是较多用户认为最需要提升的方面。用户对企业安全产品相对较为满意，只有18.6%的用户认为企业安全产品是最需要改善的因素。

在不提示的情况下，一般用户表示了解最多的保障电子商务安全的方式是电脑杀毒和防火墙（30.8%）；知道使用动态密码、动态口令卡的有30.6%；知道设置强安全密码的有29.9%。

有60.9%的电子商务用户认为电脑网购比手机网购更安全，8.7%的用户认为手机网购更安全。15.7%的用户认为电脑和手机网购都很安全。一半以上的网上用户（58.6%）觉得电脑网购之所以更安全是由于自己更熟悉电脑网购流程，熟悉度是增进安全感的重要因素。还有40.5%的用户是因为电脑的杀毒、防护技术更完备；34.4%的用户认为手机容易丢失、安全隐患多。还有17.6%的用户是觉得电脑网购有较多安全产品保障。

整体来看，不同网龄的用户对网上交易的安全性评价都较高，占到 90% 以上。深入分析发现，使用互联网的年限越长，对网上交易给予安全性评价的用户就越多。网龄 1 年及以下的网民中有 6.8% 的用户认为网购不安全，网龄在1 ~ 2 年的网民中这一比例降为 5.4%，在网龄 5 年以上的用户中对网上交易评价为不安全的只有 3.6%。

2011 年，在我国监管部门的指导下，由支付宝发起，联合第三方支付公司、银行、安全厂商、浏览器厂商及商户伙伴成立电子商务“安全支付联盟”，联盟包括了电子商务产业链上的所有环节，涵盖传统及无线应用场景。2012 年 5 月，支付宝与国内领先的 9 家第三方支付公司联合发起组建了第三方支付安全合作联盟。通过共享行业信息，共同抵御行业风险，合作探索更多层面、更丰富手段的联防机制，建立更加健康有序的行业安全经营环境。

2012 年 9 月，支付宝牵头成立国内首个互联网商户安全联盟，美团网、大众点评网、汇元网等多家电商加盟，这意味着电子商务产业安全阵线的进一步完善。联盟将通过开放联防标准，配合安全技术、防控方案和安全产品，帮助电商防御传统的木马、钓鱼网站安全威胁。联盟重点对用户资料泄露所引起的安全风险进行联防布控，通过联合安全防护，电商由于用户账户、银行卡信息被盗引发的支付安全风险案件量，以及支付资金损失均可以下降 90% 左右。仅 2012 年上半年，支付宝就与合作伙伴联手屏蔽了超过 13.3 万个针对网购领域的钓鱼网站，平均每周屏蔽钓鱼网站数量超过 5 000 个。庞大的反钓鱼信息库和成熟的联防共享机制，有效降低了用户的损失。

4.2.5 个人隐私的泄漏

隐私是人们最基本也是最神圣的一种权利，但是在如今的网络时代，面对如此众多的社交和共享应用，人们的这一权利慢慢地被侵蚀掉了。通过互联网，我们很容易看到这样一个事实：无论是专业部门还是个人，都可以通过一系列的手段跟踪我们的网络行迹和选择习惯，个人信息更是毫无秘密可言。

（1）搜索引擎的泄露状况

网络终端让人们可以处理好日程和沟通问题。但是当你使用这些服务的时候，就需要涉及一些隐私问题，这样你就需要将隐私交给他们。网络终端应用的使用协议中表示他们只会在内部使用这些信息，并且所有可使用的信息都是经过用户的允许的，但是网络终端也可以在不经过允许的情况下随意使用，你也不会被告知他们是怎样使用这些信息的。

近几年，因担心互联网运营服务商采集用户的个人隐私信息，全球各地的用户纷纷投诉他们侵犯个人隐私，美国、德国、英国、澳大利亚等国相继展开了有关调查。2010 年，新西兰政府保护隐私部门官员凯特琳·埃文斯介绍，警方将调查谷歌街景应用中谷歌在拍摄街景照片、采集数据过程中是否有刑事犯罪行为。根据英国媒体报道，谷歌后来公开承认，派出的街景拍摄车在新西兰等 30 多个国家和地区“无意间”从公共 Wi－Fi 网络采集到一些私人数据。谷歌已经同意将街景摄影车所误采集到的 Wi－Fi 信息交出给相关政府部门。这一事件涉及全球 33 个国家，除了欧洲的信息保护组织出面展开调查外，谷歌也因此在美国面临三起隐私诉讼官司。

（2）社交网络的泄露状况

如果你使用网上社交网络，那么恭喜你，你有很高的概率“贡献”出你的隐私信息。尽管计算机安全专家已经竭尽全力警示人们不要将个人的私密信息放到网络上，因为不法分子可以利用这些信息给你带来麻烦，但是人们的安全意识仍然淡薄。脸谱网、新浪微博、QQ 空间等社交网络培养了很多对隐私意识淡薄的人，他们不明白一切信息都可以窃取或转储。也许从现在起到十年后，我们的孩子就会在互联网上搜索爸爸和妈妈的隐私，估计大部分人都不愿意让这种事情发生。

据 2010 年国外媒体报道，许多用户担心自己的隐私在脸谱网网站上的安全性，虽然脸谱网发布了一些简单的控制措施，但是这对于一些用户来说仍然是不够的。自从脸谱网推出“即时个性化”功能以来，某些网站便通过技术手段使用这个功能来获取到更多的脸谱网用户信息，这引起了脸谱网用户的强烈反应。有传言说，脸谱网网站内部的一些员工也开始抱怨这种做法，从而导致脸谱网首席执行官马克表示道歉，并在随后缓慢地推出了一些控制措施，可是仍然不能完全满足用户的安全要求。

一些用户决定进行抗争，他们建立了专门的网站，发动了一场退出抗议活动，明确表示要删除自己在脸谱网网站上的账户以示抗议，有将近 3 万用户参与这次抗议活动。他们解释说，脸谱网为用户提供了上传和管理自己数据的功能，但是这是不完善的功能。虽然个人有选择是否使用这些功能，但脸谱网并未提供足够的安全性来保管这些数据，这让普通用户很难保护或者管理个人隐私的安全。脸谱网的这种不负责任的做法完全是不尊重用户或者用户的数据的行为。

4.2.6 保密与窃密的高科技抗衡

自 2011 年 8 月起，由国家保密局、最高人民法院、最高人民检察院、公安部、国家安全部、解放军保密委员会联合举办的全国窃密泄密案例警示教育展在全国各地先后拉开帷幕。

教育展通过文字、图片、音像资料和技术演示等形式，集中展示了近年来我国发生的重大窃密泄密案例，警示参观人员充分认识信息安全保密工作面临的严峻形势，进一步增强保密意识，筑牢保密思想防线，自觉维护国家安全和利益。

教育展的内容共分为以下四个单元：

（1）网络泄密、触目惊心

此单元通过介绍过去发生的因过失导致泄密的案件，反映出在现代网络信息环境中，对计算机网络管理不知、不会、不重视、不负责造成的严重后果，凸显出高科技条件下信息安全的脆弱性，给参观者们敲响了警钟。

（2）间谍窃密、危害严重

近年来，国内外敌对势力和境外情报机构对我党政军领导机关、国防军工科研生产单位频繁进行窃密活动，极力在部队内部“拉关系”“交朋友”“设内线”，大肆渗透策反，窃密的触角不断向经济、科技、外交等领域延伸。通过本单元的相关实例宣讲，使参观者们充分意识到在保密领域，敌我战斗就在身边，从而加强保护意识，提高保密的警觉性。

（3）技术泄密、无孔不入

这个单元展示了信息化条件下的一些常见的窃密技术手段和泄密途径。随着信息技术的高速发展，现代窃密技术也日趋高科技化，如何在信息化环境中做好保密工作成为现在保密工作的一个重要课题。

（4）窃密手段现场演示

在这个单元，参观者们在现场观看到针孔摄像头、手机窃听软件等，这些高科技包装下的窃听技术手段，更让参观者们切实感受到了安全保密工作应该从生活中的点滴做起。

近年来，国际形势错综复杂，世界各国尤其是发达国家对情报信息的战略需求大幅上升。情报信息的搜集、分析、处理和利用，已经成为国家战略能力的重要组成部分。特别是某些敌对势力把中国作为最大的异己力量和主要对手，全方位加强对我国的情报窃密活动。我国的外交战略、国防建设和武器装备的发展状况，早已成为境外情报部门的重点目标。境外情报机关广泛运用各种现代技术手段进行情报窃密活动。间谍卫星、微型窃听照相器材、加密遥控技术、网络监听等广泛应用于情报搜集活动。一些发达国家利用在信息技术领域中的垄断地位，在外销设备中做手脚、装“后门”，制造安全隐患。窃密与反窃密斗争越来越具有高科技抗衡的特点。

如今，有少数涉密人员保密意识淡薄，敌情观念淡化，对形势的严峻性和复杂性估计不足，心存侥幸而放松警惕，有意或无意地违反计算机网络保密管理规定，使用存储、处理涉密信息的计算机连接互联网，或在涉密和非涉密计算机之间交叉使用移动存储介质，最终导致计算机网络泄密案件频频发生。更有一些涉密人员严重缺乏信息化条件下保密工作必需的基本知识和技能，保密观念落后，不了解高技术窃密的基本常识，对基本的防范手段不知不会，也就意识不到违规操作造成的严重后果。

当前计算机网络泄密呈高发态势，给国家安全和利益造成了严重损害。泄密责任人因而受到党纪政纪处分乃至刑事责任的严厉追究，断送了前程乃至生命。因此，涉密人员对于计算机网络泄密必须高度重视，除了在平时工作中注意加强保密技能学习、养成良好工作习惯、建立健全保密规章制度并严格执行外，还要按照保密管理要求，采用我国拥有自主知识产权的安全保密防护产品加强安全保障，并与时俱进，学习和掌握安全保密知识和技能，利用高技术手段防范外来之敌，确保保密工作的万无一失。

互联网的飞速发展极大地方便了人们之间的信息交流，信息革命的浪潮一次又一次地推动了人类社会的进步。但是，信息技术同时也是一把双刃剑，它在为我们提供便利的同时，也带来了许多问题。网络安全问题已经日渐扩大，逐渐由潜在威胁成为迫切需要解决的一项任务。由于信息技术在我国普及较晚，西方发达国家在核心技术管制和网络管理方面都占有绝对优势，我国在网络安全建设方面一直处于被动和落后的局面。所幸大部分人已经意识到问题的严重性，在党和政府的积极倡导下，各行业和领域都在积极地采取应对措施。为了加强自我防范能力，国内信息安全领域的企业和科研单位都在大力研制和开发我国拥有自主知识产权和核心技术的信息安全产品，以期从根本上打破西方发达国家的技术管制。广大的网民和信息工作者，也在逐渐提高信息安全意识，加强对个人隐私和商业机密数据的保护措施，广泛采用我国自主研发的信息安全产品，国内的信息安全产业链正在逐渐形成。我们期待着有那么一天，我国自主研发的安全计算机、安全操作系统、安全网络设备、安全保密手机等保密技术产品能够与国外产品同台竞争，让我们自己的信息安全产品也能在全球普及，为实现全人类信息交流的互联互通贡献力量。

5 信息安全与防范

我国和西方发达国家之间一直以来存在的信息技术的不对称性和我国对西方发达国家先进信息技术的依赖性让我们越来越有一种危机感，这种危机感源于在当今信息时代，信息安全直接牵涉到国家的政治、经济、社会稳定和长治久安的事实。在互联网诞生初期，由于安全意识的淡薄，人们没有充分认识到计算机信息安全的重要性，但伴随着国际互联网的蓬勃发展和移动互联技术的突飞猛进，频繁爆发的信息安全事故和潜在的隐患唤起了国际间各个国家、机构和人们的共识。在这一章我们就带领大家来了解一下各个国家是通过采用什么样的形式和措施来维护信息安全的，尤其是我国，这个曾经在信息技术方面落后的国家，怎样通过自身的努力实现自主创新，摆脱对国外关键信息技术的依赖。

5.1 信息安全的国际共识与防范措施

5.1.1 信息安全的重要性

从20世纪末到21世纪初，人类文明进入了以电子通信、计算机科学和互联网为代表的信息领域高速发展的黄金时期，人们生活中越来越多地使用微型嵌入式信息数据处理终端，这些终端通过有线或无线的方式连接到互联网这张目前为止人类造就的最大的信息网络上，从而实现彼此的互通。每一分每一秒，人与人之间、人与机器之间、机器与机器之间都在无声无息地进行着信息的传输、处理或存储。

然而，也正是由于当今人们更加依赖于高速发展的电子信息传递工具，一些诸如推动国家经济增长的商业活动、关键的产品研发信息、商业战略计划、客户的隐私资料等背后都蕴藏着非常丰富的价值，甚至牵涉到成千上万甚至更多的消费者和企业的利益，而一旦这些敏感的信息被别有用心的不法者窃取，那么原本规范的商业市场环境将被打破，带来的是恶意的利益威胁、无序的商业竞争、丑恶的市场垄断。

美国“棱镜”丑闻事件所造成的影响是巨大的，本来应该用来维护国家和平与人民生活幸福安康的政治举措，却被演变成利用信息安全技术盗取他国机密信息、监控他国一举一动、适时进行政治威胁和敲诈、不惜一切手段保证自身利益最大化的肮脏下流的霸权行为。这样的后果必定是人与人、国家与国家之间失去自由和信任，彼此充满猜忌与怀疑。我们本应该充分去享受信息科技带来的精神平等和沟通自由，却反而被迫去花费大量的人力、物力和财力去构筑精神围墙、阻止信息流通。

日益凸显的信息安全问题在世界各国引起广泛担忧，很多国家采用了立法和建立法规的形式来加强信息安全意识的普及、提高对信息安全隐患的防范措施，帮助和保护自己的国民在享受数字信息带来的便捷的同时免受侵害。

1990 年，英国议会颁布了《计算机滥用法》，其中规定利用计算机犯罪（比如黑客行为）是一种刑事犯罪。这部法律很快成为加拿大和爱尔兰等国家关于制定信息安全法律的蓝本。英国在 1998 年进一步推行了《数据保护法案》，这部法律对在处理个人信息时发生的活动，比如获得、持有、使用或公布方面做出了规定。它的诞生是为了符合欧盟数据保护指导（EUDPD）的要求，EUDPD 要求每个成员国都必须采取相应的国家规定来标准化国民数据隐私的保护工作。

1999 年，美国国会通过了《金融服务现代化法案》，希望利用这部法律来保障金融服务行业在收集、持有和处理个人金融信息时涉及的个人隐私和安全。2002 年，美国国会通过了《萨班斯－奥克斯利法案》，此法案要求交易公司在每个财年年终上交的年度报告中必须评估自己内部金融管理的时效性。首席信息官员必须对管理和报告金融数据的系统的安全性、准确性和可靠性负责。

2000 年加拿大议会颁布了《个人信息保护和电子文件法》，这部法律给予在一定情况下，通过使用电子手段收集、使用和公布个人信息，以达到对沟通、信息记录和交易为目的的电子商务的支持和推动。

由于东西方文化的差异，中国向来对个人隐私保护、信息安全保密的意识相对薄弱，再加上中国是在20世纪90年代才第一次接触了互联网，国家在网络普及、配套法律法规建设方面更是相对落后。随着最近十几年我国在信息科学方面的大力发展和参与国际事务的日益频繁，中国已经认识到信息安全对国家长期发展战略起着举足轻重的作用。近年来，西方发达国家对我国网络信息的监控和窃取活动逐渐浮出水面，其所涉及的范围无所不包，从政治、军事领域到经济、科技和文化，其所涉及的深度和精确程度更是难以想象。因此中国开始逐步从法律法规的层面采取措施，通过制定相关法律来维护信息安全，预防信息犯罪。

1994年，中华人民共和国国务院颁布了我国第一部保护计算机信息系统安全的专门条例《中华人民共和国计算机信息系统安全保护条例》，它在我国信息安全立法方面从无到有地迈出了历史性的第一步。我国公安部也在本条例的基础上组建了中国第一代网络警察。1997年5月，国务院颁布了《中华人民共和国计算机信息网络国际联网管理暂行规定（修正）》，旨在加强对计算机信息网络国际联网的管理，规范了计算机用语的含义，明确了管理部门的职责以及对违规者的处罚标准。1997年12月，国务院颁布了《计算机信息网络国际联网管理暂行规定实施办法》和《中华人民共和国计算机信息网络国际联网安全保护管理办法》，目的是为了加强对计算机信息网络国际联网的安全保护，维护公共秩序，健全管理制度。1999年，《商用密码管理条例》由国务院颁布，其目的是为了加强商用密码的管理，保护信息安全，保护公民和组织的合法权益，确立了商用密码责任制。2000年，国务院出台了《中华人民共和国电信条例》和《互联网信息服务管理办法》，这两部条例办法的颁布是为了规范电信市场秩序，保障电信网络和信息的安全，规范互联网信息服务活动，促进互联网信息服务健康有序发展。2002年，《互联网上网服务营业场所管理条例》颁布。2006年，国务院颁布《信息网络传播权保护条例》。

除此之外，我国也从不同部门、不同地方出发颁布了具有针对性的规章和规范文件，比如公安部于1998年颁布了《金融机构计算机信息系统安全保护工作暂行规定》，国家保密局推出《涉及国家秘密的通信、办公自动化和计算机信息系统审批暂行办法》。1999年原铁道部发布了《铁路计算机信息网络国际联网保密管理暂行规定》。教育部在2001年发布了《高等学校计算机网络电子公告服务管理规定》。文化部于2002年发布了《文化部关于加强网络文化市场管理的通知》，同年原国家广播电影电视总局推出了《有线广播电视传输覆盖网安全管理办法》。2005年，信息产业部出台了《互联网电子邮件服务管理办法》，国务院新闻办公室和信息产业部联合出台了《互联网新闻信息服务管理规定》，随后银监会在2006年出台了《电子银行安全评估指引》。北京市在2005年经市人民政府第45次常务会议审议通过了《北京市公共服务网络与信息系统安全管理规定》。此外还有重庆市、黑龙江省、辽宁省、山东省等各级各地政府相继推出信息安全规定或条例，由此可见，由政府部门牵头的，带动人民增强信息安全意识的活动正在有条不紊、循序渐进地展开。

5.1.2 信息安全的保障

除了借助法律法规和行政措施来保障信息安全外，我们还从技术层面来完善信息安全的保障体系。理论上现有的信息安全技术主要包括两个方面：计算机安全技术和信息保障技术。

计算机安全技术主要是指适用于计算机系统的相关信息安全技术。这里的计算机不是狭隘定义的个人电脑，而是指每个具有独立运算处理能力的信息处理设备。随着计算机的普及和电子政务的推广，几乎所有大型企业和主要政府机构都有自己的IT部门负责计算机的安全工作来保障日常工作的开展。IT部门通过监控企事业单位内部与外部信息交换的内容来防止外部恶意网络攻击对内部信息系统的侵害和控制。

信息保障技术就是要确保当重大事件发生时，比如自然灾害、计算机终端或服务器工作异常、计算机终端被盗等，保存在计算机或服务器存储器上的数据不丢失或不被没有授权的人盗取。

其实在历史上，人们早在电子信息时代到来之前就已经意识到书信交往中对信息保密的重要性，由于书信的传递往往经过数日，在不同的人和机构间传递，这样重要信件难免不被别有用心的人偷窥。于是人们就采用了一些技术手段来防止此类信息盗取的行为。例如公元前50年，罗马共和国末期军事统帅、政治家恺撒被誉为“恺撒密码”的发明人，他发明的密码可以用来防止他所写的机密信息落入到敌人的手中，即便敌人获取了信息也不能读出内容，也就是说不能被破译，当然在落入敌人手中之前，恺撒还发明了一整套处理和控制的方法，尽可能通过信件处理程序来防止信件被敌人截获。随着邮政系统的扩展，各个国家开始成立专门的政府机构来截获、破译、阅读和重新封装信件，例如英国于 1653 年成立的秘密机构和破译分支。在 19 世纪中期，政府采用了更为复杂的分类系统，可以根据信息敏感性的不同来进行分类管理。英国政府在 1889 年还编撰了《政府机构机密法律》。在第一次世界大战中，多层次的分类系统被政府用来加密用于通信的信息。1919 年，英国专门成立了“政府代码和密码学校”，至此，编码在参战国之间被大量使用来打乱和重组信息，而且变得越来越复杂，成为一种有效的保护信息安全的科技手段。可以说战争的爆发让人们意识到信息的重要性，又在很大程度上促使信息加密技术的发展和成熟。

现代信息安全学中把信息安全分成几个关键要素：机密性、完整性、可用性、真实性、不可否认性和风险管理等。

机密性指的是防止信息泄露给没有授权的个人或机构。比如在消费者使用信用卡进行网络消费时，信用卡密码在从消费者端到商家再到银行交易处理中心这一过程中不被泄露给第三方。一旦有泄露发生，最直接的后果就是信用卡信息被盗用，信用卡被盗刷。我们通常所采用的技术手段来阻止此类情况的发生是将信用卡信息在网络传递过程中进行加密，比如个人在电脑终端上输入时掩盖密码，在通过网络传输中使用 HTTPS 加密传输协议传输信用卡信息，在网络服务中心数据库里使用编码对要储存的信息加密等。

完整性指的是数据信息从诞生到销毁整个生命过程中我们需要维护和保障信息的准确性及统一性。也就是说在没有授权情况下不能有对信息改动的任何行为发生。

可用性指的是信息必须在使用者需要的时候能被访问，这就要求存储和处理信息的计算机系统、信息安全系统和传输媒介能时刻正常工作，其中任何一个环节出现问题就会导致信息不能被及时访问。这里面最常见的黑客攻击就是“拒绝服务式攻击”，它会导致信息正常使用用户因为电源停止供电、计算机软硬件逻辑错误等故障而不能访问网络系统或计算机系统中存储的数据。

真实性指的是确保数据信息储存、数据交易、数据通信中的信息是真实的，同时我们还需要认证信息交流的双方要真正是他们宣称的人。有时信息安全系统还会使用“数字签名”机制来证明数据的真实性和数据的持有者是否拥有签名密钥。

不可否认性指的是一个人必须要履行合约的义务，也就是说合约双方任何一方都不能对收到交易而否认或者否认发送过交易。

5.1.3 信息安全的风险

风险管理也是信息安全中所采用的技术手段之一。风险管理是一个帮助人们识别信息漏洞和威胁的过程，信息使用机构会根据分析结果来采取相对应的措施来减少风险或将风险降低到可以接受的程度。风险评估通常是由一组具有专业领域知识的人组成的团队来完成。在 ISO/IEC 27002：2005 信息安全标准中，信息安全管理实施规则对风险评估所应该考察的内容做出了以下建议：安全政策、信息安全组织结构、资产管理、人力资源安全、物理和环境安全、通信和运营管理、访问控制、信息系统获取、开发和维护、信息安全事件管理、商业持续管理和法规遵从。风险管理的流程主要由以下几个部分组成：

- 资产识别和估价：这包括人、房屋、硬件、软件、数据等。
- 威胁评估：这包括自然因素、战争因素、各个事故、发起于组织内部或外部的恶意行为。
- 风险概率评估：针对每一种风险计算出它出现的概率。
- 风险危害性评估：使用定性和定量的方法计算出每一种威胁对每一份资产的危害性。
- 风险控制：使用适当的风险控制，并采用相对应的反应措施。

风险控制主要有三种类型：

第一种是行政管理控制。行政管理控制包括了核实的书面政策、程序、标准和指导，它为商业运行和人力资源管理提供了一个框架，常见的有很多公司会为了保障信息安全而制定安全政策、密码政策、雇佣政策和处罚政策。

第二种是逻辑控制。逻辑控制指的是使用软件和数据，比如密码、网络或主机的防火墙、网络入侵检测系统、访问控制列表、数据加密等手段来监督和控制对信息和计算机系统的访问。

第三种是物理控制。物理控制指的是监察和控制工作环境和计算机设施以及对这些设施，比如房门、空调系统、烟雾火灾报警系统、灭火系统等的访问。

● 风险控制有效性评估：评估控制措施的有效性，确保风险控制能在保障没有明显生产力降低的情况下提供有成本效益的保护。

为了保证信息在每个环节都是安全的，人们还需要建立一套立体的、多层次的、具有一定冗余性的防范系统，这套系统在信息安全学上来讲叫作“深度防卫”。假如一个环节中的防范措施出现了问题，那么我们马上会有候补的措施启动提供防护。通常我们会依据上面所讲的三种风险控制来作为“深度防卫”系统的基础，以此建立起一个多层次的防护战略措施。人们通常将之形象地称为“洋葱层”，在“洋葱层”中，数据处于最中心，然后依次是应用安全层、主机安全层和网络安全层。

信息安全技术中一个重要的部分是安全分类，指的是评估信息的价值和为此决定应该采取的防护要求和措施。并不是所有信息都具有同等的重要性，因此简单地使用同一种措施来保护所有的信息是不切实际的，所以我们需要对不同的信息进行安全分类，这样才能有针对性地对信息加以保护。信息分类过程是首先让机构高级管理层中的一员成为某一信息的拥有者，然后制定分类政策。分类政策应该包含信息分类标识、分类标准和对应的安全控制措施。其中分类标识根据机构的性质会有不同的表述方式，比如在商业领域，分类标识一般分为公共、敏感、私有和保密。在政府领域，分类标识一般分为无类别的、敏感但无类别的、受限制的、保密的、机密和绝对机密的。在交叉领域，通常使用交通灯协议中规定的白色、绿色、黄色和红色等进行标识。

我们一旦对信息安全进行分类，就会给不同的用户分配不同的访问权限，以此来规定信息访问者所能接触到的信息。信息访问机制的复杂程度通常与被访问的内容的安全级别成正比，也就是说越机密的信息越需要有更强力的访问机制保护。这些访问机制的建立都是从身份证明和认证开始的：身份证明指的是信息的访问者必须合法。身份认证指的是验证信息访问者身份的过程，比如你需要携带你的身份证来证明你的身份才能在银行办理一些涉及个人隐私的业务。在信息安全领域，我们通常有三种身份验证方法：第一种是由信息访问者提供自身所知道的被授权的信息，比如密码和口令。第二种是由信息访问者提供自身所拥有的证件，比如身份证或驾照。第三种是由信息访问者提供自己的生物信息，比如指纹或视网膜特征。这三种身份认证方法可以单一使用也可以配合使用，要根据所接触的信息的安全级别和所设置的安全访问权限来设定。一旦信息访问者被验明身份，信息安全系统就会授权该用户相对应的信息访问权。能看到什么样的信息是由行政控制政策和程序所事先规定的，政策的执行和强化又是由访问的机制决定的。不同的计算机系统会配置不同的访问控制机制，我们通常所接触到的有三种：第一种是非任意性的，指的就是所有用户的访问控制都是集中管理，所接触的内容由信息使用者在机构中的身份决定。第二种是任意性，这种访问控制机制将信息资源的访问控制权分配给了信息的创建者和拥有者。第三种是强制性访问控制，访问的授权将取决于信息的安全分类。

对于要传递的信息，我们通常采用加密的方式来保护其安全性，这是现代信息安全学上常用的一种保密技术手段。人们使用一定算法将要传递的信息转化为只有授权人才能读懂的形式的这一过程叫作加密。被加密的信息在信息授权人的手中通过逆算法将其转化成原来的形式，这一过程叫作解密。加密能有效地保障信息在传递、储存和处理的过程中不被未授权的信息访问者所阅读，这是因为没有授权的访问者手里没有可以还原加密信息的算法和密钥。除了对要传递的信息本身加密的功能外，加密技术还可以提供有效的应用包括改进后的认证方法、信息摘要、数字签名和加密的网络通信等。例如在当今互联网远程访问应用中，原先保密性差的互联网文件传输协议 telnet 和 ftp 逐渐被更为安全及先进的 ssh 所代替。在以 Wi－Fi 为代表的无线局域网中，我们也逐渐地使用更为安全的 WPA/WPA2 来淘汰老的 WEP 加密方法。加密的有效性取决于加密算法和密钥的优劣。使用简短密钥加密的信息很容易被“暴力法”所破译，相反，使用足够长并且足够复杂的密钥加密的信息将是难以被破译的。

由于信息安全的重要性与日俱增，世界各国都在以各种形式来加强信息安全防范意识，规范信息安全行为和措施。很多国家或大的信息技术企业结成了信息安全联盟，推出了很多有效的信息安全标准。例如全球最大的国际标准化组织（ISO），它是由 161 个国家和地区组成的非政府组织机构，总部设在瑞士日内瓦。它所制定的有关信息安全的标准有：ISO/IEC 15443 是一部关于信息安全的框架标准，ISO/IEC 27002 是信息安全管理的实施规则标准，ISO/IEC 17799—2000 是关于信息安全的服务管理标准等。美国国家标准和技术研究所是存在于美国商务部内一个独立于政府管理的联邦机构。这个机构中计算机安全部门主要负责制定标准、度量、测试、检验项目，并发布标准和规章来提升信息安全的规划、执行、管理和运行。国际互联网协会是一个由来自世界各地的超过 100 个组织和 2 万多个个体成员组成的专业互联网协会。它主要带领大家解决当今面临的互联网问题，制定和规划未来互联网发展的基础标准，其中起核心作用的是互联网工程任务组和互联网结构委员会。信息安全论坛是一个由来自全球商业服务、工业制造、电信、消费品、政府部门等 700 多个知名机构的人员组成的非营利机构，它的任务就是研究信息安全实践和提供信息安全建议。

5.2 自主创新与核心技术

5.2.1 卫星定位导航

由于我国与发达国家（比如美国、英国、德国和日本等）存在着严重的技术不对称性，导致我国长期处于购买和使用国外研制的信息科技设备的状态。这种技术和产品上的依赖性让我们时时刻刻都有挥之不去的危机感。因此，在 20 世纪 90 年代后期，我国不仅从政策法律法规上制定了相关法律，同时也大力鼓励和支持国民在信息技术方面的自主创新，希望通过发扬艰苦奋斗和“两弹一星”的精神，早日彻底摆脱对国外信息技术和产品的依赖，筑起我们信息科技上的“万里长城”。经过十几年的发展，我国已经产生了一大批信息技术企业和高科技产品，能够在世界信息技术和产品的舞台上与国外产品同台竞技。

首先在卫星定位导航系统方面，我国正在实施的自主发展、独立运行的北斗卫星导航系统已经成熟。2012 年 12 月 27 日，北斗系统空间信号接口控制文件正式版正式公布，北斗导航业务正式对亚太地区提供无源定位、导航、授时服务。北斗卫星导航系统致力于促进卫星导航产业链的形成，以形成完善的国家卫星导航应用产业支撑、推广和保障体系，向全球用户提供高质量的定位、导航、授时服务，军用与民用兼具。北斗卫星导航系统由空间端、地面端和用户端组成，可在全球范围内全天候为各类用户提供高精度、高可靠定位、导航、授时服务，并具短报文通信能力，已经初步具备区域导航、定位和授时能力，定位精度优于 20 m，授时精度优于 100 ns。

随着信息产业的不断壮大，人们对基于空间地理位置信息的产品需求量越来越大，质量要求越来越高，比如手机地图导航和生活娱乐导购，精准的卫星导航系统已经成为重要的空间信息基础设施。我国早在 1994 年就正式开始北斗卫星导航试验系统（北斗一号）的研制，并在 2000 年发射了两颗静止轨道卫星，区域性的导航功能得以实现。2003 年，我国又发射了一个备份卫星，完成了北斗卫星导航试验系统的组建。至此，我国成为继美国拥有全球定位系统、俄罗斯拥有格洛纳斯系统后第三个拥有自主卫星导航系统的国家，并连同欧盟的伽利略定位系统一起成为联合国卫星导航委员会认定的供应商，并已经成功应用于测绘、电信、水利、渔业、交通运输、森林防火、减灾救灾和公共安全等领域。

2003 年完成的北斗一号，是中国的第一代卫星导航系统，它是有源区域卫星定位系统，其主要组成部分为空间端、地面端和用户端三个部分。空间端是由 3 颗地球静止轨道卫星组成，地面端由中心控制系统和标校系统组成，用户端是由用户终端组成。北斗一号的定位精度为 100 m，在地面参照站校准后为 20 m，授时精度为 20 ns，定位响应时间为 1 s。2004 年我国又启动了具有全球导航能力的北斗卫星导航系统的建设，我们也称之为北斗二号。2011 年北斗二号开始对中国和周边地区提供测试服务，2012 年 12 月 27 日起正式提供卫星导航服务。北斗二号能够提供免费的定位、测速、授时服务，定位精度为 10 m，测速精度为 0.2 m/s，授时精度为 50 ns。还有一种非免费服务是授权服务，一般服务对象是中国军队和政府，其服务的质量会有更大的提升。预计在 2020 年北斗卫星将覆盖全球，届时将会为全球用户提供相关服务。

在 2013 年 7 月 18 日厦门软件园举行的“北斗产业与高端人才研讨会”上，

有关人士透漏，在2013年年底，基于北斗卫星导航系统的高附加值产品定位鞋子和智能节油系统将在厦门抢先面世。北斗卫星导航系统是将通信与导航结合的典范，通常我们都知道导航系统可以告诉用户时间和所在的位置，但我国自主研发的北斗导航系统还可以让用户使用类似于手机移动短信的方式通过卫星进行交流，这样我们就可以将各自的地理信息相互传递，尤其在移动通信信号无法覆盖的偏远地区，比如沙漠、高原、草原和山区，其便利性尤为明显。我国科研人员可以利用北斗导航系统这个特点，将具有接受导航信息能力的芯片嵌入到鞋子里面，让老人、儿童及智障人士等需要特殊保护的人群穿上，实现对他们进行实时的追踪，家人或公安机关可以在关键时刻快速定位其位置，给他们提供必要的帮助。北斗卫星导航系统还可以和物联网的一个分支——车联网相结合生产出具有我国自主知识产权的智能省油系统。我们在购车时知道，一般厂家标注的油耗都是在理想状态下测出的数值，实际生活当中的汽车油耗会受到很多因素的影响，比如驾驶员的驾驶习惯、车辆载重、行车路况等，所以真正的油耗往往会比标注的要高很多。这种状况将在智能省油系统中得到很大的改观，这套系统将根据导航系统精确地定位车辆的位置，并通过车内安装的各个传感器把汽车的运行状况传递给导航卫星，然后卫星将依据当前的路况和车况计算出最为合理省油的行车路线，科研人员的目标是利用这套系统将油耗降低10%以上，如果到时实际产品能达到此项标准，这无疑将对我国绿色能源和节能减排方面做出很大的贡献。

我们知道自动驾驶领域的发达程度代表了一个国家汽车工业的发展水平，它不仅包含了汽车工业本身的科研水平，还包括了人工智能、卫星导航、自动化控制等许多和人类生活息息相关的科技成果，所以以美国为代表的西方发达国家很早就开始投入大量人力和物力来进行这方面的研发，其中最为成功的是美国谷歌公司研制的无人驾驶车。我们从中就能看出，其成功研制离不开美国成熟的全球定位系统。GPS不仅能告诉汽车精准的行车路线，还可以告诉汽车道路上所有需要的信息，比如弯道、车流量、车距、红绿灯。在我国民用的GPS的精度为10 m，但北斗导航系统精度最高可达到1 m之内，也就是所谓“亚米级”。这无疑为我国自主研发无人驾驶车提供了技术保障，甚至可以让汽车自动泊车到普通人手动都无法做到的狭小空间内。

5.2.2 互联网主干网的建设

在传统互联网主干网建设方面，我国也大力支持中国信息科技企业在自主创新和掌握核心技术方面做出重大的突破。总部设在广东省深圳市的华为技术有限公司在这一领域做出了卓越的贡献。华为是1987年注册成立的生产销售通信设备的民营公司，主要产品涉及通信网络中的交换网络、传输网络、无线及有线固定接入网络、数据通信网络和无线终端产品，为世界各地通信公司、运营商和专业网络拥有者提供软件、硬件，以及服务和解决方案。华为在通信设备核心技术方面的第一次突破是以1994年推出的“C&C08”大型程控交换机为代表的，之后逐渐占据国内固定交换及接入网等通信设备市场，到20世纪90年代末成为市场上的主导力量，并在2007年开始与全球电信市场中的知名国际公司比如爱立信、阿尔法特、思科进行国际竞争。华为不仅为企业提供网络信息技术相关的产品，同时也满足个人的需求，其主要涉足的产品有：服务于GSM、UMTS、LTE等移动通信网络的无线接入基站设备、服务于传统固网接入和光纤宽带接入的固定接入设备、核心网络产品、传送网络产品、路由器和交换机等数据通信产品、通信软件、存储和网络安全，以及各种比如手机、调制解调器、机顶盒等网络终端产品。

在现代计算机设计、生产和销售方面，北京联想计算机集团公司成为国内的佼佼者。联想公司成立于1984年，主要生产桌面级台式电脑、笔记本电脑、服务器、一体机、平板电脑、手机、打印机、投影机等电脑周边和移动互联的电子信息终端设备。联想的前身是1984年由中国科学院计算技术研究所的11名科技人员成立的中国科学院计算所新技术发展公司。1990年联想依靠自主研发向市场推出了首台个人电脑，以此为标志，联想将自身由一个进口电脑产品代理商转变为拥有自己品牌的电脑生产商和销售商，其生产的系列电脑产品通过了技术鉴定和国家“火炬计划”验收。1992年，联想推出了“联想1+1”家用电脑。1993年联想推出了中国第一台“586”奔腾个人电脑。1995年联想推出了第一台联想服务器，就在1年后的1996年联想笔记本电脑诞生。2003年由于公司规模不断扩大和国内市场占有率占据主导地位，联想宣布使用新的公司标识“Lenovo”准备进军海外市场，并于2005年完成了对IBM个人电脑业务的收购，所有曾经是IBM个人电脑旗舰产品的“Think”系列都更名换姓变成了Lenovo的产品。至此，联想的产品线缤纷异常，从以ThinkPad、IdeaPad和Essential系列为代表的笔记本电脑，到ThinkCenter、IdeaCenter、Essential为代表的一体机，到台式机、服务器、数码产品再到安全保障服务等一应俱全。

在国产自主创新微处理器和计算机方面，北京龙芯中科技术服务有限公司迈出了坚实的步伐。2001年5月，在中科院计算所知识创新工程的支持下，龙芯课题组正式成立。2002年8月10日，首款龙芯1号（代号X1A50）流片成功。龙芯最初的英文名字是Godson，后来正式注册的英文名为loongson。2003年，龙芯2号（英文名称Godson－2）正式完成并发布，它是64位处理器，主频为300 MHz至1 000 MHz，500 MHz版与1 GHz版的Intel Pentium Ⅲ、Pentium 4拥有相近的效能水平。2012年底，中国第一个具有完全自主知识产权的4核CPU，龙芯3A研发完成，龙芯3 A处理器采用的是65 nm工艺，主频为1 GHz，晶体管数目为4.25亿个，单颗龙芯3 A的最大功耗为15 W，理论峰值为16 Gflops，每颗CPU单瓦特能效比为1.06 Gflops/W，是目前X86 CPU的2倍以上，达到了世界先进水平。继龙芯3 A后，龙芯3号系列处理器的第二代产品——8核龙芯3B处理器已于2013年初流片成功。中国科学技术大学与深圳大学还联合研制成功了我国首台采用自主设计的“龙芯3B”8核处理器的万亿次高性能计算机“KD－90”。KD－90采用单一机箱，集成了10颗8核龙芯3B处理器，理论峰值计算能力达到每秒1万亿次。系统硬件由1个前置服务器、5个计算节点、2个千兆以太网交换机以及监控单元组成。其中，前置服务器和计算节点均采用了我国自主设计的龙芯3B 8核处理器，主要互连部件采用了自主研发的超多端口千兆以太网交换芯片。系统软件以开源软件为主，其中包括针对龙芯3B处理器结构专门优化的数学函数库，以及自主研发的图形化系统监控管理软件，具有兼容性强、易维护、易升级、易使用等特点。以中科院院士陆汝钤为组长的专家组鉴定后认为，KD－90是我国高性能计算机国产化的又一次重要突破，在编程模型和互联网络等关键技术上达到了世界先进水平。适用于高性能计算教学、大规模科学与工程计算，以及军事科学、国家安全和国民经济建设等领域，应用前景广阔。

在如今的芯片市场上，国际巨头垄断，自主研发可谓困难重重。而“龙芯”的初衷就是要打破国际垄断。“龙芯”的应用不仅仅限于电脑，而且在国防工业、网络服务器、路由器、游戏机等领域，特别是在中国广大的消费市场上有着广阔的发展前景。龙芯的研发成功增强了国人的自信心，向世界证明了中国人也可以自己做芯片。现在，龙芯已经被写入九年制义务教育的教科书，记录了龙芯的历史性贡献。另外，龙芯也被写入普通高等教育《大学计算机基础》教材，在讲计算机文化时，龙芯已经和 Intel 一样，成为了授课内容。

5.2.3 国产计算机保密技术

在国产安全计算机和保密技术领域，中安科技集团有限公司（简称中安集团）走在了科研的最前沿。中安科技集团有限公司是经国家工商行政管理总局批准登记注册的企业集团。公司以研究、开发、生产信息安全保密产品为主，目前已成为拥有 200 多项自主知识产权的高新技术企业和软件企业，还是工业和信息化部批准组建的“国家级信息安全产品研发生产基地”的承建单位和运营单位，国家保密局批准组建的“国家保密技术产品科研生产基地”和国家保密局核准的“涉及国家秘密的计算机系统集成甲级资质单位”。中安科技集团有限公司所涉足的领域包括安全防护计算机的研制与生产、安全保密软件的开发与生产以及其他安全保密设备的研发与制造。其中安全防护计算机是国家保密局下达给中安科技集团有限公司的科研生产任务，主要用于解决高密级网络中处理国家秘密信息的计算机的信息安全保密问题，为涉密计算机提供全方位的安全防护，是党政军机关、金融、企事业单位用于处理重要信息的专用计算机。中安集团研发的安全防护计算机也是目前唯一通过国家保密局和解放军信息安全测评认证中心测评认证的安全专用产品（国家保密局一级、军 B + 级）。先后列入科学技术部火炬计划、工业和信息化部电子信息产业发展基金项目、国家发展和改革委员会国家高技术产业化信息安全专项示范工程。

此外，中安集团还成功研发了便携式安全防护计算机和中安 Office 安全办公软件。便携式安全计算机是国务院信息化工作办公室对中安集团下达的科研任务，主要用于解决移动办公中的信息安全保密问题，它采用内外网物理隔离技术实现了一机双网，具备移动安全操作平台、防电磁信息泄漏、内外网数据安全交换、指纹和电子钥匙多机制认证等安全功能，是我国第一台便携式安全计算机。便携式安全计算机还通过了国家保密局的测评，被科学技术部、环境保护部、商务部和国家质检总局联合认定为国家重点新产品，被工业和信息化部列入国家电子信息产业发展基金招标项目。先后通过了科技成果鉴定和国防科技成果鉴定，鉴定委员会认为："该计算机构思新颖、设计合理、安全可靠、实用性强，填补了我国便携式涉密计算机的空白，具有自主知识产权，达到国际领先水平"。中安 Office（密级标识与定密管理系统），是由国家保密局下达给中安科技集团有限公司的科研生产任务，已被国家发展和改革委员会列入国家高技术产业化信息安全专项。中安 Office 分为普通版和军用版，是用于处理涉密文件的专用软件产品，可实现密级标识、定密管理，并能自动生成规范标准的公文格式，直接打印出红头文件。生成的公文，根据密级、类型、状态可自动存储至相应的保密柜中。对存入保密柜的公文进行查看、转出、复制等操作，必须具有相应的权限，并可实现安全审计。

在安全服务器方面，中安科技集团有限公司也有了新的突破，研制生产了安全防护涉密服务器。安全防护涉密服务器是国家保密局下达给中安集团的科研生产任务。主要用于高密级网络中处理、存储和传输涉密信息，可在非电磁屏蔽环境中使用，大大节约了建设电磁屏蔽室所产生的高额费用，已通过国家保密局和解放军信息安全测评认证中心的测评认证。

研发具有我国自主知识产权的计算机安全操作系统也是我国信息安全发展的一个重点课题。麒麟操作系统（Kylin OS），又叫作银河麒麟，成为国产安全操作系统的典型代表。它是从 2001 年开始，由国防科技大学、中软公司、联想公司、浪潮集团以及民族恒星公司联合研制的商业闭源服务器操作系统。从技术上来讲，一开始麒麟操作系统是由 FreeBSD 开源类 Unix 的操作系统改变而来，但在 2010 年之后，项目团队做了重大调整，改为使用 Linux 内核为基础。2013 年，项目团队又与 Canonical 公司合作，将麒麟操作系统改为以 Ubuntu 为基础，称为 Ubuntu Kylin。麒麟安全操作系统是通过三层的构架来实现安全保护的：最底层是开发团队研发的"既不像内核，又不像虚拟机"的物质，这样可以保证安全性、实时性，可以自由替换加载，中间一层是 BSD 内核，最上面的一层是 Linux 兼容库。

中安科技集团有限公司也自主研发了符合我国《计算机信息系统安全保护等级划分准则》（GB17859—1999）第三级（安全标记保护级）要求的高安全等级操作系统，具有 11 个安全功能：强身份识别、自主访问控制、强制访问控制、敏感标记维护、信息资源重用控制、数据完整性控制、安全审计、应用保护、系统安全恢复、可信芯片软件栈、密级标识与文件实时保护。

信息安全防护是一个系统工程，首先必须由国家规划和制定相关信息安全法律法规，从法律的层面来约束信息使用者的行为。其次我们还需要依靠先进的技术手段，多层面、多环节对信息加以保护，让信息在产生、传递、处理、储存等过程中其安全都能及时有效地得到保障。我国在信息安全领域所做出的各种努力，不仅包含了法律法规的制定，还有我国大量自主创新和掌握核心技术的信息安全产品，所覆盖的市场领域从计算机硬件到以操作系统为代表的计算机软件。可以说我国已经在信息安全保障这个领域迈出了重要的一步，并正以稳健的步伐逐步缩小同西方发达国家在信息安全领域的差距。

结 语

“数字时代”和“信息革命”的概念早在20世纪60年代就被提出，但直到21世纪初才在真正意义上被人类实现。数字时代是信息革命的物质基础，只有以电子管计算机、晶体管计算机、微处理器、嵌入式系统模块、智能传感器为代表的将模拟信号转化为数字信号的载体的诞生，加上互联网、无线移动网络为代表的信息传输的媒介，才能推动信息革命的真正到来，到达这一历史性的时刻人类仅仅用了40年时间。

2000年，世界上以各种方式储存的信息当中只有四分之一的信息是以数字形式存在的，而到了2013年地球上存储的信息预计会达到1 200艾字节($1\ 200 \times 10^{18}$)，当中仅有不到2%的信息是以非数字形式存在的，此消彼长的变化让正在阅读此书的读者体验到了自己生活在数字时代的真切感。文字是记录人类文明的工具，最早出现在石壁和甲骨上，后来纸张的发明促进了人类历史文明的快速积累和文化的交流，人们开始频繁地以信件、图书、报纸来传递想要交流的信息。计算机的出现让人们开始以一种更为高效和持久的“0”和“1”的数字形式记录信息，从此我们可以更加快捷地编写、修改、保存、复制、携带、加密信息，而不用担心纸张保存文字带来的诸多不便，比如笨重、非环保、出版耗时长等。

信息不仅仅用来保存，更重要的是用来交流，通过信息的传递达到交流的目的，人们才能汲取众人之所长，补己之短，激发灵感，在现有的知识基础上创造出更先进、更辉煌的文明，这一切的实现离不开有效发达的信息传递媒介。互联网的诞生是数字信息通信科技发展的分水岭，它让人们足不出户，弹指一挥间就可以将以前根本无法传递的大量数据从地球的一端通过海底光缆或者海事卫星传递到地球的另一端。这一历史性的革命极大激发了人们的热情，尽情地在互联网所编织的无边的信息海洋里搜寻自己所关心的信息，如饥似渴地汲取他人的劳动成果为知识的再创造做准备。

正是有了互联网作为在数字时代信息高速传递的主干网这一网络骨架，加上人们在数字时代创造力的高效提升，还有人们对物质文明生活品质的不断追求，促使了移动互联网的诞生，这是继互联网之后又一崭新的信息革命，让数字时代的信息传递延展到了“最后一千米”。现在人们可以随时随地打开自己的智能手机、掌上电脑或是其他移动终端，以3G移动通信网络或是Wi-Fi的形式就能轻松接入互联网，运行以前只能在台式电脑前完成的工作、娱乐、生活上的应用，让人们变得更为移动和高效，彻底摆脱了数据线的束缚，让人们的思维更加活跃和开放。

信息技术的每一次变革都给生产力带来了大幅度的提高，也给人们的生活带来前所未有的便捷，这一切的发生离不开数字化“大数据”的积累。人们每时每刻都在产生海量的数字信息来进行彼此的交流，比如网络搜索引擎公司谷歌每天要处理24拍字节（24×10^{15}）的数据，其容量是美国国会图书馆所有印刷制品量的上千倍；最大社交网络公司脸谱网每一名注册用户每天点击“喜欢”或留言的次数将近30亿次；视频网站YouTube每月有8亿注册会员上传超过1小时的视频资料；国外与新浪微博同等的工具Twitter用户以每年200%的速度增长，到2012年每天发布微博超过4亿次。人们在这场信息革命中的角色较之以前由单一的信息吸收者变成了既是吸收者也是创造者，而且信息的创造者变得越来越平民化、实时化。地球上越来越多的人参与到这场史无前例的信息革命中来，大家对信息所关注的广度和深度也急剧提高，对于感兴趣的物体或信息都希望得到尽可能多的数据来帮助他们去了解和分析问题。数据量的爆炸式增长催生了“大数据”的产生，它是人类一种崭新的处理信息的能力，以此提供给我们前所未有的洞察力和具有高附加值的服务，比如全民电子健康医疗和人性化、定制化的网上购物及生物DNA排序等。“大数据”的到来依托于物联网和云计算，物联网的发展催生了海量数据产生的平台，云计算让每一个人成为大数据的消费者成为可能，多种信息技术的融合必将在不远的将来推动信息产业上又一次重大的革命。

2013 年 6 月，英国的《卫报》和美国的《华盛顿邮报》先后披露了美国中央情报局前职员爱德华·斯诺登提供的关于美国国家安全局一项代号为“棱镜”的秘密项目的相关资料，揭露美国政府利用大型跨国网络企业对人们的互联网信息和行为进行秘密监视。随着“泄密者”斯诺登的行踪去向被全世界所关注，“棱镜门”事件仍在持续发酵，对世界各国来说，“棱镜门”事件无疑重重地敲响了信息安全问题的警钟。

多年以来，通过管理和维护互联网的主、辅根服务器，美国始终实际掌控着全球互联网的绝对话语权。美国的“互联网名称与数字地址分配机构”是全球互联网的最高管理机构，它决定着互联网技术的取舍、网络通信协议的制定、域名和 IP 地址的分配、域名登记与出售以及相关政策的制定。因此，尽管我国网民数量已超过 5.91 亿，但美国始终居于网络结构的中心位置，是国际互联网的实际控制者。而全球大部分用户经常使用的软硬件设备，包括交换机、手机、芯片、系统等的主流厂商均来自美国，用户在使用过程中很容易被监听、过滤个人信息，并且物联网、云计算的发展使得通过互联网获取个人信息更加容易，可获取的内容也更多。

“棱镜门”事件已经使美国陷入了“全球偷窥者”的尴尬境地，事态愈演愈烈，思科、微软、谷歌、雅虎等遍布世界各国的美国企业都被披露参与其中，而由于我国使用外国互联网产品所占的比重非常大，可想而知，在美国的监视计划中，我国无疑成为了最大的受害者。近年来，以 Twitter、脸谱网、微信等为代表的社交媒体受到人们热捧，人们都热衷于在这些社交媒体上发布自己的照片、心情、工作等各类信息。而与此同时，服务器还会记录下用户的登录时间、消费习惯、地理位置等大量后台数据。而网络具有跨区域性，互联网设备及技术又掌握在外国人手中，我们无异于任人宰割的羔羊，这是多么可怕的场景，相当于我们的一举一动都有双眼睛在盯梢。最可怕的是当网络威胁的触角延伸到掌握国家信息的有关核心部门，我国的国家机密都有可能随时被其他国家所掌握！

随着信息化对我国经济和社会发展的影响不断加深，“信息安全”亦上升为关系国家安全乃至国家生存发展的战略性问题，是时候该好好反思一下我国的互联网信息产业的方向和战略了。“棱镜门”事件不仅为我国国家信息安全保护敲响了警钟，也更让国产软件厂商深切地体会到产业发展的重要性和自己所肩负的国家信息安全保护的重大责任，因为只有依靠我国自身的力量，使用国产自主知识产权的信息化产品才可能从根本上杜绝外国产品所带来的威胁，所以必须加快信息安全产业的国产化、本土化，提高国内企业的产业水平和自主研发能力。希望我国的各级政府和企业单位，真正将信息安全放在第一位，加快制定相关法律法规，并全力支持国产基础软件企业加快自主研发和做大做强，进一步有力地维护我国本土企业的合法权益，使我们能够从整体网络的根本层面建立起强大而有效的信息安全保障体系，为我国未来的信息化建设和发展保驾护航！

参考文献

[1] 叶平．电脑史话［M］．北京：北京大学出版社，1999.

[2] 马伯庸，阎乃川．触电的帝国［M］．杭州：浙江大学出版社，2012.

[3] 白全贵，许文胜，王越霞，等．信息传播——穿梭时空的无极之旅［M］．北京：军事科学出版社，2003.

[4] 米立根，刘国良，张阳普，等．信息技术——现代社会的变形术［M］．北京：军事科学出版社，2003.

[5] 东鸟．网络战争［M］．北京：九州出版社，2009.

[6] 游五洋，陶青．信息化与未来中国［M］．北京：中国社会科学出版社，2003.

[7] 苏扬．传呼机兴衰史：服务中国 20 余年［EB/OL］．（2013－04－22）［2013－06－28］http：//tech. qq. com/a/20130422/000016. htm.

[8] BENNETT P J，SOGA K，WASSELL I J，et al. Wireless sensor networks for underground railway applications：case studies in Prague and London［J］. Smart Structures and Systems，2010，6：619－639.

[9] 托马斯·弗里德曼．世界是平的［M］．长沙：湖南科学技术出版社，2006.

[10] GEELAN，J. Twenty one experts define cloud computing［J］. Virtualization，2008［2013－07－10］.

[11] RICHARD H. ICT4D 2. 0：The Next Phase of Applying ICT for International Development［J/OL］. Computer，2008，41（6）：26－33［2013－07－12］. http：www. computer. org/portal/web/csdl/doi？doc = abs/html/mags/co/2008/06/mco 2008060026. htm

[12] KRANENBURG V R. The internet of things：A critique of ambient technology and the all－seeing Network of RFID［M］. Amsterdam：Institute of Network

Cultures, 2007.

[13] Liu Ruoshui, WASSELL I J, Ian. Opportunities and Challenges of Wireless Sensor Networks Using Cloud Services [M]. Tokyo: Proceedings of the workshop on Internet of Things and Service Platforms (IoTSP 11), 2011.

[14] TERO O, RAMJEE P. An Overview of Air Interface Multiple Access for IMT-2000/UMTS [J]. IEEE Communications Magazine, 1998, 36: 82-86, 91-95.

后 记

随着经济社会的快速发展，电子产品走进了千家万户，与电子产品相伴的信息技术也已渗透到人们生产生活的方方面面。加强信息技术普及，已成为业内人士的共识。鉴于此，在有关部门的大力支持下，经过认真筹划，我们编辑出版了《信息革命》一书。该书以时间为经，在记述信息技术发展历程的同时，深入浅出地介绍了信息技术的相关知识，对人们更好地利用现代信息技术服务经济社会建设和个人生产生活必将产生积极作用。由于时间仓促，加上学识所限，本书还有很多不尽如人意的地方，敬请广大读者批评指正。